KB274339

21세기를 향한 새로운 사회과학 ②

# 문화, 조직, 그리고 관리

## 신병현 지음

# 머리말



18세기에서 20세기 초를 특징지었던 공장, 학교, 병원, 감옥 등 권력과 감금의 장치들이 더 이상 효과적인 장치가 될 수 없는 위기와 이행의 시대를 살아가고 있다. 산업사회의 핵심적 권력 요새로서 독특한 위상을 차지해 왔던 공장체제의 급속한 변화 양상은 특히 인상적이라고 할 수 있다. 거대한 규모로 인구들을 집중된 장소에 감금한 채, 역학적인 리듬에 따라 효율적인 권력의 장치로 작동해 왔던 공장 및 사무실 등 작업장체제가 전 지구적인 차원에서 전개되고 있는 축적체제의 변화과정 속에서 급속하게 변모해 가고 있는 것이다. 이와 더불어 정보기술에 바탕을 둔 새로운 통제 장치들이 대중문화, 기업문화 등 대중의 일상생활 속에서 그것들의 정치적 효과를 발휘하도록 하는 문화적 통제기법들을 동원함으로써 시장의 화폐 흐름 속으로 대중들을 새롭게 종속시켜 가고 있다. 마지막 미개척지로 남아 있었던 대중들의 일상적 삶마저 이제는 제3의 기계로서 컴퓨터 및 정보기기들을 매개로 한 자본의 폐쇄회로망 속으로 갇혀 가고 있는 것이다.

더 이상 분리 불가능한 존재로서 개인들(individuals)은 이제 '나누어질 수 있는 존재(dividuals)'로서 철저하게 분해되고 통제된다. 그들을 더

이상 제한된 공간에 감금할 필요가 없게 된 것이다. 들뢰즈가 말하고 있듯이, 전자 목걸이나 전자 ID카드에 의해 막상 본인은 전혀 통제를 느끼지 않으면서도 단말기를 통해 연결되는 컴퓨터의 전자회로망 속에서 분류되고 배치되어 자신의 존재를 확인받아야 하고, '기업문화'가 제시하는 회사의 비전을 공유한 팀장치의 일원으로서 자신의 존재를 입증해 가야만 하며, 나아가 대중문화의 문화정치적 개입에 무방비한 상태로 노출될 수밖에 없는 사회로 이행하고 있는 것이다.

문화에 관한 논의들에서 흔히 정서나 감동 및 감수성의 문제들이 인문학적 관심사로 국한하여 편협하게 이해되고 있으나, 문화의 문제는 이러한 정서나 감동 및 감수성의 맥락을 어떻게 조직화하고 관리하는가의 문제로 간주되어야 한다. 이러저러한 것들이 '문화'라고 규정하는 것 자체가 '문화과정'이며 정치이데올로기적 과정인 것이다. 정보화 사회나 멀티미디어에 관한 담론들 역시 이와 같은 변화하는 세계에 대한 감응성과 그 맥락을 창출하는 문화과정으로 독해되어야 할 것이다. 이러한 담론들에 숨겨져 있는 것은 바로 대중들의 일상적 삶에 새로운 의미를 부여하고, 새로운 방식으로 조직하고 관리하고 그것을 상품화함으로써 새로운 방식으로 상품, 화폐, 인간을 취급하고자 하는 시장, 인구 및 노동력 관리에 대한 자본과 권력의 집요한 욕망이다.

이처럼 개인들의 생활이 철저하게 타자의 목적에 따라 동원되고 활용되는 '통제사회' 속에서는 우리는 어떠한 방식으로 삶을 살아가야 할까? '어떻게' 살아가야 하는가의 문제는 그 사회가 어떻게 '작동되고 있는지'에 대한 기본적인 이해를 필요로 한다. 그러한 작동기제가 작용하는 공간과의 관계 속에서 '나'와 '우리'의 위상을 사고하는 문제이다. 이를 위해서 먼저 그러한 사회에서 시도되고 있는 대중의 통제기제의 본질은 어떤 것인지, 그리고 우리들의 삶의 방식의 어떤 측면이 기존의 조직과 관리에서 무엇이 문제가 되는지를 새로운 시선하에서 살펴보아야 할 것이다. 이 책은 바로 이와 같은 문제들이 문화와 조직관리와 관련되어 있다고 보고 있다. 조직관리에 대한 문화론적 인식의 부재로 인하여 현실적인 조직관리는 늘 실용주의적 기술론과 원칙론 사이에서 동요하거나 타협의 지점들을 향유하는 방식으로, 즉 현실적으로 제기된 문제들을 방치하거나 다른 문제로 전위시켜 무한히 지연시킴으로써 조직 구성원 및 대중을 동원하는, 현상유지의 강력한 기계로 작동될 수밖에 없는 도구로 이용되어 왔을 뿐이다.

이 책에서 드러나듯이 알튀세, 페쇠, 푸코, 그리고 들뢰즈와 가타리를 경유하면서 조직과 관리의 새로운 사유모형을 지속적으로 탐색해 온 과정은 '우리'가 과거의 문제에 더 이상 얽매이지 않고 무한한 다양성 속에서 창조적인 길을 찾아나갈 수 있는, 즉 대안적이고 자율적인 새로운 삶의 공간을 '어떻게' 찾아 낼 수 있으며 '어떻게' 그것을 창출할 수 있을까라는, 강도 높은(intensive) 문제인식에 이르기 위한 개인적인 관심의 운동이었다고 할 수 있다.

1995년 8월
신 병 현

# 차례

## 제2부 의례와 실천논리

■□

## 제3부 노동과 문화

# 서론

　'세계화'와 관련된 담론이 각종 매스컴과 비중 있는 정치적 논객들의 발언들에 범람하고 있다. 그런데 세계화라는 용어를 듣는 이들 모두가 그 용어가 발하는 다의성과 모호성에 당황하는 모습이 역력한 것 같다. 세계화와 정계개편, 세계화와 경영합리화, 세계화와 교육개혁, 세계화와 지방자치제, 세계화와 통일, 세계화와 능력주의적 평가, 세계화와 성차별 및 인종 및 민족차별(외국인 노동자의 유입과 착취), 세계화와 시장개방 등등 모든 이질적 요소들의 보편 논리로의 결합이 이루어지고 있다. 원래부터 관리 및 통치는 한 가지 주어진 목적을 위해 주위의 모든 것들을 필요하다고 인식되는 한 이접시켜 자신의 영역으로 만드는 비상한 특성을 발전시키기 때문에 그러한 용어 사용법이 별 문제는 아니라고 이해할 수는 있다. 그러나 평범한 사람들이 이와 같은 용어 사용을 한다면 그를 정신질환자라고 하지만 그것이 네로황제, 연산군, 히틀러나 스탈린 치하와 같은 전제군주적이거나 파시즘적인 권력 작동의 일환이라면 그것이 갖는 보편화 작용과 기능적 일반화과정은 그로부터 영향을 받게 되는 수많은 사람들을 새롭게 분류·배치하거나 불안과 공포 속에서 삶을 살아가도록 하는 위력을 발휘할 것은 명백하다. 이렇게 볼 때, 평범한 일상생활을 살아갈 수밖에 없는 일반 민중은 구체적으로 세계화와 어떻게 관련되는지 다시금 생각토록 한다. 최근 들어 불고 있는 기업문화운동, 경영합리화와 신인사제도와 관련된 담론들 역시 세계화 담론과 자의적인 결합이 이루어지고 있음을 볼 수 있다.

자본주의의 역사적 발전은 봉건제 및 고대국가들의 통치기법을 거의 그대로 자신의 것으로 자유자재로 구사하는 유연성과 흡착력을 보여왔다. 자본의 운동과 모순되는 국가의 존재 및 기능은 오히려 사회체제를 더욱 공고히 하는 안전판으로 기능해 왔음은 누구나 알고 있을 것이다. 이러한 국가들의 특정 지역적 분할과 지역내적인 조정역할의 지역외적 관계체계가 곧 월러스타인(I. Wallerstein)이 말하는 세계체제이다. 그에 의하면 세계체제의 역사적 발전의 모습은 주기적인 응축과 팽창의 구조로 묘사된다. 역사적 자본주의의 경우도 그 활동의 경역을 유럽중심에서 동양으로 아프리카로 팽창시켜 그 극한들을 전위시켜 왔다고 할 수 있다. 지리적·공간적 은유에 의해서 볼 때 이러한 팽창은 이제 그 마지막 단계의 극한으로 치닫고 있음을 알 수 있다.

세계화라는 단어는 글자 그대로 풀이한다면 전세계적 범위로 경계를 확장시키는 것이다. 이는 곧 기존의 경제·정치·문화적 경계를 허무는 새로운 영역의 개척과 기존 경계내의 전반적 구조의 재편을 내포한다. 다국적 기업 및 초국적 기업들의 활동에서 드러나듯이 기업의 경제활동이 기존의 세계경제활동에서의 중심 영역들로부터 동구권이나 제3세계를 포함하는 전세계적 공간으로 그 경역을 확장해 가며, 이에 따라 자본 및 노동력의 이동과 생산 및 판매구조의 공간적·지역적 재편이 이루어지는 경향이 경제적 측면에서 언급되는 세계화의 의미라 볼 수 있다. 이러한 경제활동 영역의 확장이 가능하게 된 것은 무엇보다도 정보통신기술로 대변되는 신기술이 70년대 초반의 경제불황을 계기로 산업 및 일상생활에 급속하게 확대·적용되었기 때문이다. 이러한 발달이 전지구적인 공간과 시간의 압축(compression)을 가져오게 됨에 따라 정치·경제·문화적 측면에서 엄청난 변화가 가속화되고 있다. 정치적 측면에서 세계화는 자본이 투자수익률을 극대화시킬 수 있는 어느 곳이라도 자신의 시장으로 삼아 자유롭게 이동할 수 있고, 저렴한 노동력을 최대한 유리하게 활용할 수 있는 지역으로 자유롭게 이동할 수 있는 정치적 조건들의 확보이다. 이는 곧 새로운 국제질서의 제도화(예컨대 WTO, NAFTA, EC, 우루과이라운드 등)이며 국가경계의 약화와 개별국가들의 경제활동에 대한 규제와 개입의 축소(소위 대처주의나 레이거노믹스로 대변되는 작은 정부론)가 이를 위한 구체적 정책표현들이다. 문화적 측면에서는 인종적, 민족적, 따라서 문화적 다원성을 인정하는 가운데 서구 중심적 세계 공동체질서의 성원으로서의 참여의식을 강조하고 적극적으로 동참하고자 하는 의지의 표현이기도 할 것이다. 이러한 조건의 구비는 흡사 작은 정부들을 지역별로 거느리고 허구적인 신용과 금융시장을 통제하고 지배하는 다국적 및 초국적 독점기업이라는 봉건귀족의 연합체로 구성된 세계국가의 출현과 같다는 인상을 가지게 한다. 동구권이 자본주의화하고 북한도 개방화하는 가운데 접근 불가능한, 따라서 통치 불가능한 더 이상의 후배지는 남아 있을 수 없는 것이다. 이러한 징후는 특히 문화적인 측면에서 이루어지는 전세계적 통일화 경향에서 잘 드러난다. 특정 국가의 문화정책 수립과 관리가 이루어지는 것처럼 전세계적 차원에서 상품의 소비문화와 이에 따른 획일적인 쾌락추구와 같은 일상생활 스타일에서의 변혁이 이루어지고 있다. 혹자들이 신세대를 한탄할 때 거론되는 미국과 일본의 쓰레기 자본주의 문화의 전세계 정복이 눈 앞에 다가온 것이 아닐까? WTO와 더불어 이에 편승하는 세계화는 문화산업에 의한 문화상품시장의 새로운 개척의 조건확보와 비서구문화권의 문화적 식민화를 야기할 가능성을 높인다.

80년대 이후 서구에서 전개된 이러한 세계질서의 재편과정은 제한된 시장을 둘러싸고 이루어지는 자본들 사이의 치열한 국제적 경쟁과 노동조합과의 권력분점의 부담을 국가간의 개입과 조정을 통해서, 그리고 특정 국가 내에서는 국가개입의 축소와 노동운동의 약화조치라는 신자유주의적이고 신보수주의적인 경제·정치이데올로기의 현실화이기도 하다. 우리는 이러한 포드주의적 축적체계의 위기대응 시도들이 야기하는 정치경제적 귀결의 일부로 노동시장의 지역적·인종적·성적 재분할과 이에 따른 노동조합의 규제력 약화, 대량의 고용문제 창출과 노동문화 및 일상생활문화의

식민지화에 특히 주목할 필요가 있다. 그것은 노동과정에서의 노동강도의 강화, 노동밀도의 증대로 나타나기도 하며 하청 및 파트타임제의 일반화된 확대 및 임시직의 채용 증대와 같은 고용관행의 외부화로 나타나기도 한다. 여기서 특히 문제가 되는 것은 노동조합의 작업장 규제력이 약화된 가운데 이루어지는 자의적인 능력주의적 평가와 같은 인사관리의 퇴행현상이다. 소위 일본적 생산방식 및 경영관리를 경영합리화 및 기업문화라는 유연화전략의 일환으로 모방하려는 문민정부 및 주요 대기업의 최근의 모습들에서 이러한 양상이 드러난다. 그것은 전근대적인 방식으로 종업원들을 회사에 인격적으로 종속시켜 관리하고자 하는 무한한 자본의 관리에 대한 욕망의 표현인 것이다.

어느 시대에나 그러했듯이 인간집단들은 삶을 살아가는 데 있어 항상 복잡한 사회적·경제적인 문제들을 해결해야만 하는 실천적 긴요성에 직면할 수밖에 없는 것이 현실이다. 이러한 수많은 문제들을 해결하려는 나름대로의 특수한 비법들은 과학기술의 시대적인 발전의 정도를 반영하면서 해당 사회집단의 문화적 생활양식으로 용해되어간다. 그뿐 아니라 그러한 세속적 지식들은 다양한 분야에 걸쳐서 포괄적으로 적용되는 문제해결의 방법으로, 그리고 '과학'의 이름으로 일반화된다. 그런데 이러한 경험들의 일반화 과정은 지식사회학이나 과학사 분야의 최근 논의들에서 볼 수 있듯이, 특정한 정치·이데올로기적 세력관계하에서, 그리고 필연적으로 비대칭적인 권력관계하에서 다양한 삶의 측면들이 지니는 이질성이나 차이들 또는 상이한 관점이나 이에 근거한 해석들을 의식적, 무의식적으로 배재한 채 특정한 지배적인 관점을 부과하는 이데올로기적 형태를 띠고 전개된다. 특정 사회집단의 문화적 생활양식이라는 것은 결국 지배-종속관계 속에서 중층적으로 결정된 절합의 형태를 띠며, 여러 집단들의 지배나 생존을 위한 책략과 관행들 속에 집단적 무의식과 같이 침전된 채로 기능하는 과정이라고 할 수 있다. 이렇게 볼 때, 특수한 문화적 행동양식들에 대한 이러저러한 관념으로의 체계화과정(ideation process)은 특정한 시대의 정치·이데올로기적 과정으로 이해되고 분석되어야 할 것이다.

푸코(M. Foucault)가 보여주고 있듯이 이데올로기적 세계관이나 세속적인 지식 및 이론적 이데올로기(과학적 지식)들은 조직적 활동이 전개되면서 보다 정련되고, 보편적인 '진리'로서의 지위를 제도적인 장치들 속에 물질화시키며 경제적인 실천들 속에 그 효과성의 지표들을 새롭게 각인시킨다. 경영학을 인간의 목적의식적인 경제활동과 관련된 보편적인 행동원리에 관한 학문으로 정의하려는 입장이 지배적이라 할 수 있다. 그러나 이것은 특정한 학문 및 실천적 관점을 불변적 진리로 제도화하려는 담론적 실천과 이러한 담론 구성체를 둘러싸고 있는 이해관계집단의 권력 작용 또는 이데올로기의 한 형태에 불과한 것이다. 따라서 기업의 성격 및 경영관리 관행, 나아가서 노사관계까지도 그것들이 지니는 내용과 형식적 측면의 일반성을 보다 깊이 이해하기 위해서는 그것들을 둘러싸고 전개되는 지배의 욕망과 담론적 실천의 역사적 변천에 주목하여야 할 것이다. 또한 경영담론의 역동적 성격도 이러한 문화 및 이데올로기적 과정의 측면에서 이해하고 비판할 필요가 있는 것이다. 이 책에 실린 글들은 그러한 조직관리와 지배 욕망 사이의 결합을 둘러싸고 전개되는 문화와 이데올로기적 과정의 정치에 대한 비판적 개입의 글들이다.

제1부 문화와 조직에서는 문화 및 이데올로기적 과정의 측면에서 조직과 관리를 이해하고 구체적으로 분석해 나가기 위한 이론적 대안 탐색을 시도하는 부분이다. 대중문화에 편승하는 소비의 물결과 다른 한편으로 '기업문화'와 '경영혁신'과 관련한 경영담론들의 홍수 속에서 우리는 현대 자본주의의 독특한 기능양식을 읽어낼 수 있다. 문화적 생활양식의 어느 영역으로나 침투해 들어가 자신을 영역화하는 상품화 경향은 소비와 대중문화의 확산을 초래하는 반면, 들뢰즈와 가타리(G. Deleuze & F. Guattari)가 보여주듯이 이것들이 지닌 다양화와 개별화, 욕망의 분출과 해방을 새로운 가치와 기호들로 재등록시키고 코드화하는 사회통합의 경향이 그것이다.

제1부의 두 글들은 첫째로, 현대 자본주의적 기업조직들이 당면하는 동

14

기부여와 동원의 문제, 즉 다양하게 분산되는 조직구성원들의 욕망과 생산을 조직이 추구하는 목표에 종속시켜 생산요소로서 충실하게 기계부품으로서 기능하도록 하는 노동력 재생산에 대한 관심을 표현하는 '기업문화론'에서 드러나는 이데올로기적 성격을 구체적으로 분석하기 위한 기초작업의 일환이다. 그 중 「문화관리와 조직문화연구: 기업문화이데올로기 비판」은 '기업문화론'의 '이론이데올로기적' 성격에 대한 비판을 위한 선행작업이라고 볼 수 있다. 여기서는 제도적 학문의 연구성과라는 포장하에 제시되는 다양한 '기업문화' 상품들의 담론들에서 나타나는 이론적·방법론적 문제점들을 비판하고 있다.

「이데올로기와 주체형성」은 보다 이론적으로 천착하여 기존의 문화론적 연구성향의 이데올로기적 성격을 '주체형성'에 초점을 두어 파악하고 역동일시의 대안적 실천 방향을 모색해 본 글이다. 이 부분은 알튀세(L. Althusser)와 페쇠(M. Pecheux)의 이데올로기 이론에 기초하고 있기 때문에 다소 생소할 수도 있으나 현재 전국가적 차원에서 어느 영역에서나 치밀하게 진행되고 있는 기업문화운동이나 경영혁신운동의 계급정치적 성격을 이해하고 비판하기 위해서는 반드시 경유되어야 할 부분이라고 생각한다.

제2부 의례와 실천논리에서는 우리들의 조직내·외적 삶의 양식에서 드러나는 일상적 의례실천과 담론들이 기존의 비판이론이나 주체중심주의적 거대 담론들에서와 같은 이데올로기적 분석의 대상이거나 의식화되지 못한 천박한 수준의 실천과 관습으로만 간주될 수 없다는 관점에서 전개된다. 일상적 실천에서 드러나는 의례나 담론적 차이들 자체가 행위자 및 사회집단들 나름의 실용적이며 전략적인 상징적 자본축적 행위로 간주되어야 한다는 것이다. 이때 우리는 대부분의 조직들에서 발생하는 일상적 사고나 대형사고, 심지어는 노동운동이나 사회운동조직들이 당면하고 있는 곤란의 핵심을 제대로 이해할 수 있을 것이다. 이 글들에서는 푸코의 감시나 감금으로서 은유되는 19세기적 또는 맑스시대적 조직이해를 넘어서서, 들뢰즈나 가타리, 부르디외 등의 정보이론, 사회생태이론 및 신과학이론에

천착한 사회 및 조직이해를 위한 통합과학적 접근의 필요성을 강조하고 있다.

「사이보그와 실천논리: 대형사고 사례」에서는 대형사고를 일상적 실천에서 드러나는 자기준거적 조직과 관리의 문제로 파악하고 이로부터 논의의 실마리를 풀어간다. 조직론적으로 볼 때, 사고는 노동과정의 조직원리 및 관리체계로부터 필연적으로 야기되는 구조적 원인을 가지고 있어서 '불가피하게 발생하는 것,' 따라서 '정상적인 것'이라고 볼 수 있다. 물론 이와 같은 조직론적 접근은 자칫 사회관계의 다양한 측면과 조직과의 관계를 조직구성원들의 사고, 행동, 태도나 의식의 부분의 문제로 환원시켜 버릴 위험이 있다. 그런데 오히려 조직관리과정에서 그러한 환원적 사고 및 행동경향 및 조직적 실천들은 매우 일상적인 조직과정에 참여하는 사이보그 주체들의 역할수행일 뿐이며, 모든 조직구성원들에게 당연시되는 것이라는 점을 오히려 강조할 필요가 있다. 이 글은 이러한 경향을 낳은 시선, 관계 측면을 거리를 두고 살펴봄으로써 대형사고의 구조적 발생을 이해하고자 한다. 따라서 이 글에서는 사고를 대형사고로 발전시킬 수밖에 없는 근본 원인이 자본주의적 사회관계, 그 중에서도 특히 국가장치 및 여러 유형들의 자본주의적 조직의 관료제 장치들과 그 조직원리와 긴밀히 관련되어 있음을 살펴본다. 또한 사고 발생 이후에 공통적으로 드러나는 이데올로기적 관계의 봉합(조직화)과정의 자기폐쇄적이고 순환론적인 인식 및 행동의 연결고리들이 자본주의적 국가장치 및 조직들의 관리에서 노동과정의 조직화와 지배관계의 조직화라는 이중적이고 모순적인 방식으로 작동되는 현실적 과정이 지닌 지배관계 재생산의 집요한 경향 및 그 효과들에 종속되어 있음을 실천의 논리에 초점을 맞춰 살펴보고 있다. 이러한 논의는 부르디외(P. Bourdieu)의 논지에 초점을 두고 노동과정뿐 아니라 일상생활의 전영역을 관통하고자 하는 관리의 욕망과 그 조직적 장치 및 제도의 그 물망 속에서 단지 기계조직의 부품으로서 '자율적으로' 판단하고 작동되는 사이보그(cyborg)들이 되어온 현대 조직인들의 일상적 삶의 현실을 인정하고, 그것의 실천 논리를 적극적으로 사고함으로써 대안적 삶과 실천의

16

논리를 모색하기 위한 탐색적 작업을 '주체형성'과 관련하여 수행한 것이다.

「팀조직과 작업장체제: 근경이론과 사회운동」에서는 노동자운동과 노동조합이라는 특수한 조직형태, 그리고 작업장 지배체제의 핵심기계로서의 팀조직(또는 팀, 집단작업), 그리고 사이보그화되어 버린 노동자(그들의 일상생활과 일상적 행동 및 태도) 사이의 관계가 관리 메커니즘과 조직형식을 매개로 하여 어떻게 절합된 채 작동하는지에 초점을 둠으로써, 절합의 지점들을 확인하고 이에 따른 (사회운동들의) 개입의 지점들도 확인할 수 있으리라는 전제하에 쓰여진 글이다. 따라서 이 글은 들뢰즈와 가타리의 근경(rhizome)이론에 초점을 두고 이데올로기와 문화론적 관점에서 작업조직의 정치를 새롭게 사고하기 위한 탐색적 성격의 글이다.

제3부 노동과 문화에서는 앞에서 다루어진 이론적인 내용을 우리나라의 기업들 및 국가적 차원에서 전개되는 세계화, 일본화 실천기제들 속에서 구체적으로 확인하는 성격을 띠고 있는 동시에, 현재의 사회운동 및 노동운동들이 당면하고 있는 딜레마들이 어디에서 근원하는지를 밝히려 했다.

「경영혁신운동과 기업문화전략: 일본적 관리의 주체형성기제」는 현재의 자본합리화경향을 기업문화전략과 유연화전략의 통일로 파악하고 직능자격인사제도(신인사제도)가 사이보그와 같은 기업형 인간주체를 조형하고자 하는 기업문화전략을 실현시키기 위한 이데올로기적·물질적 장치임을 분석하고 있다.

「문화와 정치형태로서의 노동자교육」은 기업문화전략과 유연화전략을 핵심으로 하는 경영혁신운동에 대한 노동운동의 대응방향을 교육과 문화정치의 측면에서 새로운 접근을 시도한 글이다. 기존 노동운동계에서 시행되어 온 교육방식의 한계를 노동교육논쟁과 사례연구를 통해 적출하여 이를 극복하기 위한 새로운 교육론을 문화와 정치의 형태로 제시함으로써, 노동운동 및 노동조합운동에서의 문화운동 정책관을 해체하는 동시에 새로운 전략적 방향설정의 필요성을 강조하고 있다.

우리는 세계화정책이 우리 자신과 관련해서 구체적으로 작동되도록 보장하는 장치가 신인사제도라고 보아야 할 것이다. 주요 재벌기업들을 중심으로 87년 이후 노동조합운동의 활성화로 인하여 변화된 노사관계 지형을 다시 변화시키기 위한 시도가 기업문화운동, 경영혁신전략 등의 구호하에 은밀히 추진되어 왔으며 문민정부는 이를 정부투자기관 및 공기업 등을 시범 케이스로 하여 전국가의 전영역에 걸쳐 확대하고자 하는 의도를 분명하게 표출하고 있는 것이다. 공적 영역과 사적 영역의 구분이 점점 더 불명확해지는 추세는 이를 통해 가속화될 것이다.

신인사제도는 일본의 경제적 성공의 휘광에 현혹된 관리적 관심사가 강하게 표출된 제도이다. 대부분의 주요 대기업들과 은행계의 시행안들을 검토해 보면 그 모체가 되는 일본기업들의 직능자격인사제도를 약간 변형시켜 모방하는 경향이 드러난다. 경영층에게 신인사제도는 과거 급속한 산업 발전이 이루어지는 시기에 무분별한 인력정책으로 인해 야기되는 인사 및 생산관리상의 문제들을 일거에 해결해 줄 수 있는 만병통치약으로 인식되고 있는 듯하다. 그러나 우리는 이 제도가 일본이라는 특정한 사회문화적 전통과 정치경제적 조건하에서 발전된 인사제도라는 점을 유념할 필요가 있다. 우리사회에서도 그것이 동일한 효력을 발휘하리라는 것은 근거 없는 환상일 뿐이다. 단지 다른 은폐된 목적, 즉 수량적 유연성과 임금유연성과 같은 단기적 이익추구나 노조 약화라는 목적을 은폐하고 형식적으로 일본의 잘 포장된 인사제도를 도입하고자 하는 제스처로 그칠 가능성이 크다. 일본적 경영관리는 그 자체로도 많은 문제점을 지니고 있다. 일본적 관리는 핵심인력의 안정성과 더불어 주변부 인력에 대한 차별화 및 양극화, 집단 내적인 협동과 동시에 평가에 의한 경쟁의 조장, 집단화와 동시에 개별화를 통한 인사관리, 평등성의 추구와 동시에 주변인력에 대한 불평등화, 자율적 참여로의 유인과 동시에 철저한 통제라는 상호모순적인 관리라는 특징을 지니고 있다. 제도를 형식적으로 구비하고 이를 집단에 따라 차별적으로 관리하는 비일관적인 운영이라는 형식성과 비일관성이 곧 일본적 관리의 큰 특징이며, 이는 일본사회의 역사문화적 특징과도 일치하며 봉건적인 잔재의 영향이기도 한 것이다. 그러나 이러한 관리 스타일은 최근의 젊은 세대들에게는 더 이상 효과적으로 영향을 미칠 수 없다는 것이 드러나고 단지 연구직과 같은 특수 분야에만 적합할 뿐이라는 지적들이 나오고 있다. 더욱 문제가 되는 것은 핵심인력의 처우보장과 신분의 유지가 주변부 인력 및 하청, 임시직 사원들의 열악한 근로조건과 생활상태를 대가로 한다는 점이다. 미시적인 기업중심적 효율성은 사회적 비용을 희생으로 하고 있는 것이다. 국가적인 차원에서 이를 적용하면 계급·계층적 차별화이며(일등국민, 이등국민) 세계화에 적용하면 그것의 귀결은 세계적인 인종, 민족, 성, 계급적 위계화에 의한 노동시장 및 지역 재편(일등 세계시민, 이등 세계시민)일 것이다.

따라서 신인사제도의 기업내적 적용이나 전국가적 차원에서의 동원논리로서 세계화전략의 추구가 우리 민중들의 구체적 삶의 모습을 어떻게 변화시키고 삶의 질을 향상시키며 기본적인 인권을 향상시킬 수 있는 것인지 아니면 오히려 다양한 집단적·지역적·공간적 재분할을 통한 중층화된 위계구조를 온존·강화시키는지에 대해 엄밀하고 냉정하게 평가해야 할 것이다. 전혀 다른 접근방법이 필요한 것이다. 과거의 조직구조와 노동과정을 실질적으로 변화시키지 않은 채, 낡은 체제를 그럴듯하게 포장함으로써 노동자들을 강제로 참여시키고자 하는 시대착오적 접근이 이 시대의 최신 경영관리기법으로 각광받는 아이러니를 경영관리의 본질과 관련해서 이해할 필요가 있다. 강제와 지배가 아닌 자발적 참여와 협동의 조건이 중요하다. 혁신은 오직 자발성을 통해서만 창출될 수 있다. 기계와 같은 인간행동이 나타나는 조직은 죽은 조직이나 진배 없는 것이다. 그것은 오직 경영층의 머리 속에서나 효율적으로 작동하는 환상일 뿐이다. 중요한 것은 모두의 향상을 위한 변화이지 그럴듯하게 위장된 정치체제로의 귀결이나 봉건제 및 전제군주제로의 복귀가 아닐 것이다.

극소전자기술의 일반적 적용을 통해 가능해진 시간·공간적 한계를 넘어선 정보 교환과 소통, 정보기술과 일본화를 통한 노동과정과 노동시장의 재편, 기업문화전략을 통한 기업형 인간형의 주조, 나아가 대중의 일상생활 전영역을 장악해 가는 대중문화에 대한 문화정치적 개입 등 자본의 흐름은 이제 기존에는 단지 분할가능성으로만 남아 있던 계급적, 지역적, 민족적, 성적, 인종적 영역들을 관리적 상상과 욕망의 흐름을 따라 새롭게 분할하고 절단해 들어감으로써, 새로운 영역들을 그 극한까지 개척해 가며, 전지구적인 규모와 강도를 갖고 다양한 욕망의 힘들을 통합된 세계 자본주의체계(IWC)로 종속시켜 가고 있다. 이러한 변화들이 현실적인 삶의 과정에서 강력한 파급력을 발휘하게 되는 곳이 바로 조직이다. 그러한 조직 속에서, 조직을 둘러싸고, 조직을 통하여 전개되는 노동시장의 관리, 노동과정의 관리, 그리고 대중의 일상적 삶의 과정에 대한 문화정치적 개입이 관리의 핵심이 되고 있다. 대중문화, 기업문화, 신세대문화, 다물민족문화 등 문화와 관련한 담론이 범람하는 것은 축적체계의 변형에 걸맞는 노동력 재생산 문제가 관건으로 부상하고 있기 때문이다. 모호한 부정형의 범주로서 대중(mass)들의 삶의 과정에 대한 이데올로기적 개입이 최근의 신보수주의정책에 바탕을 둔 문화정치의 정수라고 보아도 전혀 무리가 아닐 것이다. 이와 같은 문화와 이데올로기 및 조직관리에 대한 관심은 지금까지 우리나라의 사회이론과 사회운동에서는 본격적인 문제로 사고되지 못했다고 볼 수 있다. 이 책에 수록된 글들은 현재의 문화와 이데올로기적 지형에 대한 기본적인 이해를 돕기 위한 것들이다.

이러한 문화와 조직관리에 대한 관심은 새로운 것이라고 하기보다는 어떻게 보면 노동력 재생산이라는 매우 고전적인 문제일 수도 있다. 그러나 그동안의 실증주의적 패러다임이 지배적인 지형에서는 이론적·실천적 차원에서 모든 문화적 실천의 문제가 단지 잔여적 범주로서 간주되거나, 그렇지 않으면 매우 실용주의적인 관점에서만 고려되어 왔다고 볼 수 있다. 이러한 경향은 자연스럽게 이론과 실천 모두에서 경직된 도그마티즘이나 실용주의적 타협 사이에서 동요하는 모습으로 귀결되었다. 최근의 전지구적 차원에서 전개되고 있는 자본합리화운동과 정치·이데올로기적 지형변화와 더불어 기존 사회운동들이 처하게 되는 딜레마를 이러한 측면에서 보다 현실적이고 구체적으로 인식할 필요가 있다. 그것은 더 이상 사고 불가능하고 효과적일 수 없게 되어 버린 기존의 조직원리와 활동방식을 근본에서부터 새로운 시선을 통해 바라보며 실험적 실천을 통해 창조적인 대안을 탐색해 가지 않으면 극복될 수 없는 딜레마라고 본다. 이 책은 이와 같은 전반적인 변화들과 딜레마들을 문화와 조직관리의 문제로 파악하고 있다. 이 책의 내용에 기반한 실천들이 현실 조직에 대한 이해에 있어서의 차이나, 조직의 관리 및 조직적 실천에 있어서 여러 가지 제약과 문제점들을 야기할 수 있음을 알고 있고 이 점에 대해서 많은 이론 및 실천가들로부터 비판을 받아 왔다. 그러나 애초에 그러한 차이나 문제들이 바로 이 책의 글들이 겨냥하는 표적인 분점권 또는 권력의 논리라고 볼 수도 있을 것이다. 새로운 시도는 언제나 새로운 언어로 말하는 경향이 있지 않는가? 새로운 활동과 새로운 시선, 새로운 언어가 필요한 시점이라고 본다.

결론적으로 이 책은 노동의 정치라는 문제설정하에서, 경제와 정치의 인위적으로 분리된 폐쇄회로들을 연결시켜 하나의 단락으로 형성하고자 하는, 문화혁명의 이론적, 실천적 문제로 적극적으로 사고하기 위한 첫 걸음이다. 이를 위해서 무엇보다도 새로운 실천의 지속적인 흐름들이 전제되어야 하며, 새로운 시선과 사유모형이 적극적으로 탐색되어야 할 것이다. 흐르지 못하고 고인 물은 썩을 수밖에 없고, 정체된 조직은 요새화된 소수인의 권력장치가 될 수밖에 없다. 들뢰즈와 가타리가 말하듯이, 중세의 영주권력을 연상시키는 기업 요새나 노동조합 요새와 같은 기존의 권력을 지키기 위한 관료장치의 회로에 갇힌 부속물로서의 편집증적 개인이 아니라, 어느 방향으로나 뻗어나가는 가운데 길거리에서 맞부딪히는 힘들과 겨루고 관계 맺는 분열자적 개인이 되는 것이 훨씬 인간적이며 생명력 있지 않을까?

# 제/1/부 문화와 조직

문화관리와 조직문화연구
이데올로기와 주체형성

# 문화관리와 조직문화연구
## 기업문화이데올로기 비판

"사람의 마음을 잡아야 기업이 산다." 이 담론은 87~88년 노동의 사회적 진출이 현격해진 이후, 90년대 범국가적 차원에서 기업운동[1]으로 자리를 잡아가고 있는 기업문화운동의 관건적 요소가 어디에 놓여 있는지를 웅변적으로 표현하고 있다. 이것은 '격변하는 환경에 적절히 대응하여 기업이 계속해서 생존·발전하기 위해서는 기존의 양적·합리적 측면의 경영만으로는 자본이 처한 위기를 돌파할 수 없다'는 인식의 확인이다. 근래 각광받고 있는 일본식 생산방식의 진원지인 일본의 기업도 예외는 아니어서[2] 전략의 효과성을 보증하는 요소로서 인간에 대한 관심이 새삼 환기되

---

1) 민자당의 국민의식대개혁운동의 정책적 구상, 문화부의 적극적인 지도하에 결성된 기업문화협의회, 1992년 8월 31일 정부가 발표한 「생산적 노사관계를 위한 새노동정책(안)」에 표명된 '대기업 소유의 분산과 기업문화의 창출을 통한 합리적 경영의 정착안,' 총자본의 이해를 대변하는 경총 주도의 '보람의 일터운동,' 그리고 전경련의 『기업문화백서』(1993. 2) 발간 및 자본의 정당성 확보를 위한 사회복지적 측면의 활동 등과 기업문화이론가의 청와대 정책수립자로의 진입 등에서 확인할 수 있다.

2) 최근 유연성 논의에 포괄되는 일본식 생산방식 역시 기업 차원의 인재조정체계가 결정적인 요소로 평가되고 있다. 인재조정체계는 내부노동시장의 관점에서 다양화된 인적 자원을 어떻게 관리할 것인가라는 점과 준내부노동시장의 성립을 근거로 한 기업그룹차원의 인사노무관리를 어떻게 할 것인가라는 두 차원을 축으로 어떻게 관리(이질화 관리)해야 노동력을 효과적으로 사용할 것인가 하는 점

고 있다. 물론 관리의 요소로서 인간에 대한 최근의 관심은 경영담론의 생산과 유포에 있어서 새로운 것은 아니나[3] 노동력을 최대로 동원화하기 위해 인간의 의식과 무의식적 측면을 상징적 조작의 대상으로 인식하고 있다는 측면에서 새롭다. 이러한 조직문화는 가치, 언어, 의식(rituals), 그리고 신화 등의 조작과 조합을 통해 조직성원들에게 조직의 비전을 제시하고 가치관에 대한 공통인식을 형성하게 함으로써 동기부여, 사기앙양, 조직과의 일체감[4]을 조성하고 조직성원의 자발적 포섭을 유도하는 것이다.

기업문화에 대한 강조는 일본기업의 성공과 '초우량기업 또는 우수기업'들의 경쟁우위에 대한 탐색의 결과로 경영담론의 영역에서 그 위용을 과시하기 시작했다. 기업문화론은 '우수기업'의 사례를 전범으로 하여 조직의 상징, 신화 그리고 관행을 건강한 조직문화의 형태로 교체하기만 하면 기업의 효율성이 증대될 것이라는 꿈에 부풀게 한다.[5] 조직문화에 대한

---

에 집중되어 있고, 관리 노동력의 효과적인 사용은 대상 노동력의 자발적인 포섭을 필요조건으로 한다는 인식에 기반해 있다. 이질화 관리의 대두는 이질적인 인적 자원(정규종업원, 시간제 종업원, 파견노동자, 출향, 스카우트된 인재, 외국인 취업자 등)들의 대상조직과 과업에 대한 몰입을 증대시킬 수 있도록 서구의 일본적 경영방식에서 고무된 경영관리기법들의 수입을 촉진하고 있다. 稻上 毅,『轉換期の勞動世界』, 有信堂, 1989 참조.

3) 초기의 경영담론으로 이해되고 있는 과학적 관리법의 출발도 빈번한 태업에 맞서 생산의 연속성을 보장하고 생산성을 높이기 위해 어떻게 공장노동자들로부터 노동조합의 영향력을 차단하고 노동의욕을 고취시킬 것인가라는, 즉 어떻게 이데올로기적으로 포섭할 것인가 하는 노동력 관리의 문제의식에서 출발한다. Frederick W. Taylor, *The Principles of Scientific Management,* New York: Harper & Brothers, 1911. 경영담론의 발전에 대한 개괄적인 이해는 로즈의 책을 참조할 것: M. Rose, *Industrial Behaviour: The Theoretical Development since Taylor,* Penguin, 1988.

4) 182개 기업을 대상으로 한 기업문화실태 조사보고서에 따르면 기업문화활동의 목표가 기업구성원의 공동체 형성과 협조적 노사관계의 형성이라고 응답한 경우가 전체의 응답자의 83%를 차지하여 경영적 차원에서 기업문화의 목적이 노사간의 일체감 형성에 있음을 알 수 있다.『기업문화백서』참조.

5) V. L. Meek, "Organizational Culture: Origins and Weakness," *Organization Studies* 9(4), 1988.

담론들은 '우수기업'들의 경우에 그 기업을 성공적이게끔 하는 고유의 특성이 있을 것이며, 그러한 특성들과 관련된 '다양한 활동들을 함께 묶어주는 접착제'가 바로 기업문화라고 본다. 기업문화론에서 주요 표적이 되고 있는 '자발적인' 참여 및 협동의 산출 메커니즘은 조직구성원들에게 '의미'를 부여하고 '통일된' 정체감을 산출함으로써 의도된 주체(good subject)로 구성해 가는 과정과 관련되어 있다. 교회를 짓기 위해 돌을 다듬는 세 사람의 석공 이야기에서 우리는 조직문화에 대한 적절한 은유를 읽을 수 있을 것이다. 무슨 일을 하고 있느냐는 물음에 "돌을 깎고 있다"고 대답한 첫 번째 석공과 "조각품을 만들고 있다"고 대답한 두 번째 석공, 그리고 "하나님의 성전을 짓고 있다"고 대답한 세 번째의 석공의 일례처럼 기업문화란 똑같은 일이라도 보람을 각각 다르게 느끼도록 만드는 것이며 이는 몸체인 기업[corporation(기업)의 어원은 corpus(육체)이다]에 정령을 불어 넣는 과정으로 이해되고 있다. 기업문화에 대한 관심은 정서적 반응에 대한 통제, 즉 주체적인 것(subjectivity)에 대한 관심에 다름 아니다.

조직의 문화적 측면에 대한 관심은 문화인류학 및 사회학의 산업 하위문화(industrial subculture)에 관한 연구들에서 비교적 이른 시기에 나타나고 있다.6) 그러나 '조직에 관한 담론'들에서 문화에 관한 강조는 비교적 최근, 즉 1980년대의 현상이라고 볼 수 있다. 1960년대를 기점으로 한 미국의 세계 정치·경제체제에서의 위상약화와 더불어 일본의 비약적인 발전은 경영관리 지식 및 기법들이 미국에서 개발된 것들이고 비교적 유사한 기법들임에도 불구하고 이를 성공적으로 적용하는 일본기업과 그들의 역사적·문화적 전통에 관심을 갖게 하였다. 이러한 일본기업의 성공에 대한 문화주의적 해석은 소위 기업문화론, 조직개발론, 그리고 조직변화기법, 혁신적 조직의 창조론 등으로 치장되어 판매되고 있다. 이처럼 '신경영기

---

6) Barry A. Turner(ed.), *Organizational Symbolism*, Berlin: Walter de Gruyter, 1989, p.104.

법'으로서 각광받고 있는 기업문화론(corporate culture)에서 관심의 주요 표적이 되고 있는 '자발적인' 참여 및 협동의 산출메커니즘(곧 동기부여기법)은 조직구성원들에게 '의미'를 부여하고 '통일된' 정체감(identity)을 형성시킴으로써 의도된 주체(subject)로서 구성(constitution)해 가는 과정과 관련되어 있다. 조직이론과 경영담론들에서는 이러한 점이 인성 및 조직풍토의 건강성과 조직문화를 강조함으로써 조직구조와 작업장의 합리적(?)인 설계로부터 남아 있는 빠진 구멍을 동기부여와 자발적인 참여를 통하여 메우려는 관심으로 나타난다. 그러나 조직문화론 특히 기업문화론의 이러한 관심과 대부분의 연구들은 실용주의적이며 실증주의에 바탕을 둔 기술합리성의 이론 및 실천이데올로기들에 종속되어 있다. 따라서 요구되는 것은 오히려 이러한 기업문화 및 노동과정연구들에서 강조되는 '당연시되는' 주체들이 어떠한 과정을 통하여 형성되며 변형되는지에 대한 관심이다. 이 글은 이 중에서도 특히 기업문화론에 관한 기존 연구행태에 초점을 두고 이를 이론적·방법론적·실천적 측면에서 비판하고 대안적인 문화연구의 지침들을 탐색해 본다.


## 1. 조직문화연구의 문제

조직에 관한 담론들에 '기업문화,' '조직문화'라는 모호하기 짝이 없는 단어가 자주 등장하고 있다. 이를 보면 마치 새로운 경영관리 및 동기부여의 비법을 발견한 듯한 느낌을 가질 법하다(business fad!). 거의 모든 경영학 분야에서, 그리고 사회학 및 노사관계론과 노동과정론에서조차 '기업문화'라는 새로운 용어가 초미의 관심사로 대두하였다고 보아도 과언이 아닐 것이다. 그러나 우리는 이러한 조직담론들에서 주체들의 실천을 예측하고 통제하려는 조급한 실용주의 및 실증주의의 경험론적 환상, 즉 기술합리성의 이론 및 실천이데올로기들에 종속된 천박한 수준의 경험주의를 볼 수 있으며, 심각한 정도의 개념적·방법론적 오류들을 발견할 수 있다.

따라서 이러한 조직담론들에서 드러나는 주요 문제들을 개념적 모호성, 방법론적 문제, 이론과 실천의 상호연관성의 측면으로 나누어 비판한다.

## 1) 문화개념의 모호성 문제

'기업문화론'에서 언급되는 '문화'개념은 인류학과 사회학의 문화의 정의와는 일정한 차이가 있다. 흔히 문화를 '공유된 의미, 가치, 행동양식의 총체' 또는 '공유된 의미의 맥락' 등으로 정의한다.[7] 여기서 '공유된'이라고 할 때 누구에 의해서, 어떠한 과정을 통하여, 어느 정도로 공유되고 있는지가 문화과정 연구자에게 이론적인 관심사가 된다. 즉 '특정한 조직'의 '통일적인' 문화가 아닌 사회적 분업관계로 인해 분화된 다양한 집단구성원들에 의해 공유된 다양한 하위문화(subcultures)가 존재하고, 이러한 하위문화들과 기업문화론에서 전략적 계획에 의해 추진되는 (지배적인?) 문화 프로그램과 그 요소들(즉 상징·가치·의미·의례 등)의 상호관계가 문화론적 접근들의 주요 관심사인 것이다. 따라서 바로 단순히 이러한 정의만 살펴보아도 기업문화론자들이 의미하는 문화개념이 지닌 모호성, 즉 '통일적'이고 '특정한 기업에 특유하고' '계획적으로 변경가능한 문화'개념의 제한적이고 자의적인 사용 문제가 드러나고 만다.

사실상 인류학 및 사회학에서는 현대 산업사회의 '조직'들에 편재하는 문화(the culture of organizations)로서 기술합리성의 문화(a culture of technical rationality)를 말한다.[8] 즉 '조직'이 속하고 있는 '거시적인'

---


7) G. B. Adams & V. H. Ingersoll, "Painting Over Old Works: The Culture of Organization in an Age of Technical Rationality," in Barry A. Turner(ed.), *Organizational Symbolism,* Berlin: Walter de Gruyter, 1989, pp.15-31와 서론의 터너의 글, 그리고 V. L. Meek, op. cit., 1988, pp.453-473; A. Yvan & M. E. Firsirotu, "Theories of Organizational Culture," *Organization Studies* 5(3), 1984, pp.193-226을 참조할 것.

8) G. B. Adams & V. H. Ingersoll, op. cit., 1989, pp.15-31; G. Morgan, *Images of Organization,* London: Sage, 1986.

의미의 맥락으로서의 문화, 그리고 그것의 제도화된 형태들로서 '조직'들에
서의 문화유형들을 비교적 일관된 방식으로 이해하는 것 같다. 그런데 조
직문화론의 일부와 기업문화론자들은 자신들의 논의대상을 '개별조직'에
국한시키면서 동시에 독특한 측면(ideosyncratic aspects)으로서의 문화
로 문화개념을 전위시킨다.9) 이들은 기업문화를 재형성할 수 있다고 간주
하며, 이와 관련된 전략적 조직변화 계획을 관리기법으로 이용할 수 있음
을 애써 보여주고자 노력한다. 이러한 '기업문화'를 구태여 정의해 보자면
'관리에서 종업원들의 몰입과 열의를 유도해내는 데 있어서 핵심적인 요소
로서 가치·언어·의례, 그리고 신화 등의 결합을 동원하는 방식'으로 정의
될 수 있을 것이다. 이들은 아마도 기업을 성공적인 기업으로 만드는 어떤
고유한 특성이 있을 것이고 그러한 특성과 관련된 '다양한 활동들을 함께
묶어 주는 핵심이며 접착제'인 것이 바로 기업문화라고 보는 것이다.10) 관
리수단으로서 특정한 기업의 하위문화를 계획적으로 형성시키고 또한 그
것을 변화시킬 수 있다고 사고하고 실천하는 것 자체가 바로 기술합리성이
라는 산업하위문화의 독특한 문화적 과정이며 문화적 사실인 것이다. 그럼
에도 불구하고 기업문화론에서의 문화개념은 그들의 담론구성체의 특성으
로 인하여, 그리고 담론과정의 특수성으로 인하여 그들의 담론영역에서
'특정 기업조직의 독특한 문화'로 타분과 학문의 기본개념을 잘못(?) 전위
(displacement)시키는 오류를 범하고 있는 것이다.11)

   이것은 또한 독특한 기업문화라는 것이 마치 기업 내부에서 발생하는
것으로 문화개념을 특수화시키는 오류이기도 하다. 즉 하위문화들을 '단수
의 문화(culture)'로 혼동함으로써 발생하게 되는 이러한 경향은 '우수기
업문화,' '강한 문화'라는 성공적이라고 자의적으로 간주되는 여러 기업들

---

9) 예컨대 샤인(E. Schein), 파스칼과 아토스(Pascale & Athos), 딜과 케네디
   (Deal & Kennedy) 등의 문화개념을 보라.
10) P. Thompson & D. McHugh, *Work Organizations: A Critical Intro-
    duction,* London: Macmillan, 1990, p.222.
11) G. B. Adams & V. H. Ingersoll, op. cit., 1989.

로부터 공통적인 속성을 찾으려는 연구관심 속에서 곧바로 그것이 지니고 있는 모순성을 드러내고 만다. 사실상 이들이 연구하는 공통적인 문화적 속성들은 산업사회에서 지배적으로 제도화된 기술합리성 추구성향의 관리 기제에 불과한 것들이다. 오히려 이러한 제도화과정은 새로이 등장하는 조직에 대한 제도적 접근들에서 더욱 명료하게 설명될 수 있다.12)

## 2) 조직문화연구방법론 비판

초기의 조직문화론적 접근들은 대체로 인류학의 '질적 방법'들을 통하여 문화가 연구되어야 한다는 입장에 서서, 실증주의가 지배적인 조직이론 구성체에 대한 비판의 자세를 견지해 왔다고 볼 수 있다. 그러나 최근의 조직문화론의 일부 담론들과 기업문화론적 연구들은 문화적 특성과 그것의 강도를 살펴 보려는 분석틀(the traits-strength framework)하에서 소위 '강한 문화(strong culture)' 가설을 경험적으로 검증하려는 시도를 보인다.13) 통일적인(unitary) 문화개념을 사용하며 조직성과 문화 사이의

---

12) L. Karpik, "Organizations, Institutions and History," *Organization & Environment,* London: ISA., 1978; M. Useem, "Classwide Rationality in the Politics of Manager & Directors of Large Corporations in the United States and Great Britain," *Administrative Science Quarterly* 27, 1982, pp.199-226; W. R. Scott, "The Adolescence of Institutional Theory," *Administrative Science Quarterly* 32, 1987, pp.493-511; J. W. Mayer & B. Rowan, "Institutional Organizations: Formal Structure as Myth and Ceremony," *American Journal of Socialogy* 83(2), 1977, pp.440-463; O. Williamson, *Markets and Hierarchies,* N.Y.: The Free Press, 1975, pp.1-81; W. Ouchi, "Markets, Bureaucracies and Clans," *Administrative Science Quarterly* 25, 1980, pp.124-141; P. Miller & T. O'Leary, "Hierarchies and American Ideals, 1900-1940," *Academy of Management Review* 14, 1989, pp.250-265.

13) 이에 대한 논의로서 G. S. Saffold III, "Culture Traits, Strength and Organizational Performance: Moving Beyond 'Strong' Culture," *Academy of Management Review* 13(4), 1988, pp.546-558을 참조할 수 있다.

관계를 자의적으로 설정한다는 문제 이외에도 이러한 접근들은 개념적·
측정방법적 측면에서 문화적 강도 개념의 모호성과 자의성을14) 드러낸다.
이들이 문화를 경험적으로 관찰할 때 주로 이용하는 면접의 표본 역시 문
제가 된다.15) 주요 면접대상자로 최고경영층이나 경영자와 유사한 이해관
계를 지닌 이들이 선정되는 경우, 기능주의적이며 인종중심적(ethnocen-
trism)인 연구가 될 위험을 수반하게 됨은 명약관화하다. 그뿐 아니라 심
지어는 계량적인 척도로서 구성원들의 심리적 반응치(즉 조직풍토의 경험
적 자료들)를 종합(aggregation)하여 문화유형과 동질성을 살펴보려는
조악한 경험주의적 연구 경향도 등장하고 있다. 이들의 주관적인 지각자료
이용은 개념적 혼란을 더욱 증대시킬 뿐이다. 어느 순간에 패러다임 논쟁
지형이 정반대로 실증주의 내부로 이동해 있음을 알 수 있다.16) 이것은 담
론구성체의 강제성을 노골적으로 드러내는 것으로도 간주될 수 있다.17)
양적 방법에 의한 문화의 연구가능성을 보여줌으로써, 질적 방법을 주장하
는 경향들과의 인식론적 논쟁에 개입하려는 경험주의자들의 폭력행사에
지나지 않기 때문이다.

　이러한 비판의 수준을 넘어서서 기존 문화연구의 보다 본질적인 문제를
건드려 보자. 문화연구의 기본적인 방법론적 입장으로 인식되어온 질적 방
법론자들은 실증주의에 대한 비판 과정을 통하여 세력을 확장해 왔다고

---

14) 예컨대 동질적인, 안정적이고 응집된, 폭넓게 공유된, 일관적인 등등의 형용모
　순적인 표현들을 들 수 있다. Ibid., p.548.
15) Ibid., pp.549-550.
16) K. S. Cameron & S. J. Freeman, "Cultural Congruence, Strength and
　Type: Relationships to Effectiveness," Research Report: School of
　Business Administration Univ. of Michigan, 1988. March; R. E. Quinn
　& G. M. Spreitzer, "The Psychometrics of the Competing Values Culture
　Instrument and an Analysis of the Impact of Organizational Culture on
　Quality of Life," in R. W. Woodman and W. A. Pasmore(eds.), *Research
　in Organizational Change and Development*, JAI Press, 1991(draft
　form).
17) 담론 및 담론구성체에 대해서는 다음 글들을 참조할 것.

볼 수 있는데, 이들의 비판은 대체로 다음과 같은 형태를 취하는 것 같다. 즉 '자연과학의 절차와 검증에 기반하여 모형화되는 기존의 전통 사회학의 이론과 방법들을 비판하는 데 있어서 이러한 비판의 요체는 특정한 이론은 단지 자신의 전제(assumption)들을 입증할 수 있을 따름이며, 이러한 가정들의 외부에 있는 것들은 표상될 수도 인식될 수도 없기 때문에 다양한 사회현상들의 풍요로움과 진실성을 유지하기 위해서는 연구의 초기 단계에 확실하게, 그리고 비교적 이론화되지 않은 원재료를 얻는 것이 필수적이라는 것이며 이렇게 함으로써 실질적인 개념과 가설들이 우선적으로 그들 자체로부터 발현되도록 할 수 있다는 것이다. 물론 언젠가는 폐쇄(closure)의 시점이 오게 되는 것을 인식하고 있지만 최종 작업에서의 선택과 이론화는 수용된 이론유형보다는 실제 세계의 유형화를 반영하게 될 것이라고 기대한다.

위와 같은 신념과 이론에 대한 불신은 기법과 방법의 제안으로 표현되는데, 연구는 실험실보다는 연구자의 주체들이 처한 환경 속에서 수행되어져야 하고 사전적인 이론으로부터 가능한 한 벗어나 현장(field)으로 들어가서 주체들에 대한 직접적인 질문보다는 당연시되어온 연구영역에 개방적으로 참여하여야 한다는 것이다.

그러나 이러한 실증주의 비판 역시 문제가 된다. 왜냐하면 비록 '자연주의적' 반역이 실증주의의 인간주체성에 대한 이해와 기록능력의 부재에 대한 것일지라도 주류 사회학 및 인류학, 그리고 조직문화론적 연구경향을 보면 끊임없이 문화연구를 실증주의적 패러다임에 종속시키려는 경향이 나타나기 때문이다. 이러한 경향은 참여관찰과 사례연구에 사회과학에서의 합법적인 지위를 부여할 수 있음을 발견하고 실증주의 위에 혹은 그와 병렬적으로 '질적' 방법론을 마지못해 수용하는 방식으로, 그것을 자신이 인정한다기보다는 방법론적 다양성에 대한 강조를 통하여 실증주의적 지형의 중심지역(heartland)을 그대로 남겨둘 수 있게 한다는 점을 보다 명확히 보여주고 있는 것이다. 관련된 모든 것을 기록할 수 없다는 기술적 무능력(technical inability)을 인식하는 곳에서(그리고 그 영역에 대한 또 다른 기법을 산출하는 데서) 실증주의는 실제적으로 그것에 가장 충실한 것, 즉 하나의 ‘대상’으로서의 탐구대상, 다시 말해서 양적 방법론과 질적 방법론의 대당관계 자체를[18] 보존할 수 있는 것이다.

단순한 인과론적 사고로부터 확실하게 분리된, 그리고 구체적으로 대안적인 규칙과 연구절차들을 발전시키는 것에 대한 관심을 통하여 의미연구에 정말로 채택되어야 할 방법들이 무엇인지를 심도있게 따져 보아야 할 것이다.

### 3) 기업문화론과 실천의 문제

과학적 관리법의 철학(?)을 널리 알리려고 노력하였던 테일러(F. W. Taylor)와 그의 후예들인 산업공학도, 그리고 호오돈 실험의 결과를 인간관계운동으로 전개시키려 하였던 메이요(E. Mayo)와 당시의 사회공학도(경영학·심리학·사회학 등) 사이의 관계로부터 또한 신인간관계론자들의 직무충실화 프로그램과 경영상담가들(management consultants) 사이의 관계 등에서 공통적으로 드러나는 이론과 실천 사이의 상호작용이 기업문화의 경우에도 동일하게 적용된다. 기업문화론의 전사(前史)를 간략하게 살펴보면 이러한 점을 보다 분명히 인식할 수 있을 것이다.

초기의 조직개발(O.D.)은 직무충실화 프로그램과 더불어 개방성, 신뢰성, 창의성을 증진시킬 수 있도록 참여적이고 반관료주의적인 조직구조(권력평등화)를 통한 조직적 장애 제거와 개인적인 성장능력을 높여줌으로써 건전한(healthy) 조직풍토로 변화시킨다는 자유주의적 슬로건을 내걸었다. 그러나 조직개발은 직무재설계와는 일정한 차이를 보이는데, 비록 양자가 인간변수(people variable)를 주요 표적으로 삼을지라도 조직개발은 구조적인 측면보다는, 즉 내용보다는 개인의 적응에 초점을 두었다.[19]

---

18) P. Willis, "Notes on Method," in CCCS(ed.), *Culture, Media, Language: Working Papers in Culture Studies 1972-79,* London: Hutchinson & Co. Ltd., 1980, pp.88-95.

따라서 애초부터 조직개발은 직무충실화를 통한 생산성 증대라는 목적에 보완적인 정치적인 수단으로 기능하였다고 간주될 수 있는 것이다. 사실상 톰슨과 맥휴(P. Thompson & D. McHugh)가 정확히 지적하고 있듯이 '해빙과정(unfreezing)'은 변화에 대한 저항을 다루는 것과 연관되어 있기 때문이다.[20] 더구나 이들이 결과(effect)보다는 과정(process)에 초점을 둔다는 것이 그러한 것의 정치적 함의를 보다 명확히 인식할 수 있도록 한다.

그러나 이러한 조직개발기법은 1970년대 후반에 이르면서 조직개발 실천가들이 초기에 표방하였던 조직변화시도가 직무행동에서의 변화, 성과, 조직유효성 등에 기여하지 못하였다는 평가의 대두와 더불어 경영자들의 실질적인 조직변화에 대한 저항을 경험하고 쇠퇴하는 경향을 보였다. 이것은 곧 순진한 조직개발이념이 현실적으로 경영이데올로기에 통합될 수 없는 것이고, 이에 대한 세찬 비판에 견디기 힘들었던 데 그 원인이 있다고 볼 수 있다. 더욱 중요한 것은 경기의 침체와 경쟁 압력이 경영이데올로기의 방향을 자유주의적·인본주의적 가치로부터 더욱 멀어지도록 만든 데(예컨대 레이거노믹스나 대처리즘) 있다고 볼 수 있다.[21] 하지만 실질적인 소득은 있었는데 톰슨과 맥휴는 경영자들과 조직 구성원들에게 기대하는 것, 즉 조직에서의 저항은 부지런한 경영자의 노력에 의해 극복될 수 있다는 신념이라고 본다. 신기술 도입과 노동자의 실직 압력에 의한 문제해결을 통하여 변화와 조직목표달성의 방법을 발견해 갔기 때문이라는 것이다.[22]

조직개발은 경쟁의 심화와 작업장의 재설계[유연전문화론(flexible specialization)]로 인한 지형변화 속에서 조직문화와 새로운 인적 자원

---

19) P. Thompson & D. McHugh, op. cit., 1990, pp.223-224.
20) 이하 조직개발과 기업문화론자들의 변천사에 관해서는 P. Thompson & D. McHugh, op. cit., 1990, pp.182-242를 참조할 것.
21) 경기와 참여제 및 직무충실화계획 사이의 연관성에 대해서는 H. Ramsay, "Participation: the Pattern and Its Significance," in T. Nichols(ed.), *Capital and Labour,* Glasgow: Fontana, 1980, pp.381-394을 볼 것.
22) P. Thompson & D. McHugh, op. cit., 1990, p.226.

관리의 넓은 틀 내부로 도입되어, 경영자 및 작업자들을 표적으로 하는 특
수한 변화기법으로서 다시금 기업의 관심을 끌기 시작하였다. 톰슨과 맥
휴는 소위 강한 기업문화론적 분석틀에 근거한 기업문화 상담가 및 조직
개발 실천가들을 문화상인(culture merchants)으로 표현하고 있다.23)
이처럼 이들은 메이요의 인간관계론적 패러다임에 근거하여,24) 갈등 없는
산업공동체를 창출하기 위한 동기부여비법을 판매하는 판매원으로의 활
동을 하는, 베스트 셀러의 저서로서의 명성을 쌓는 사람들이라고 볼 수 있
다.25) 앞서서 비판되었지만 이들의 연구 방법은 매우 어설프고 조악한 수
준이며, 심지어는 전체 면접자료들 중에서 오직 경영층의 자료만 이용하
고 작업자들의 자료는 배제하기도 한다. 그리고 이들이 이용하는 조직의
영웅이나 관리자들의 몰입과 헌신에 관한 일화, 이야기, 비네 등은 사실상
이들이 애초에 수집하고 연구하였던 자료들의 극히 적은 부분에 해당된다.
26) 이들의 연구로부터 도출된 결론 역시 자의적인 해석과 가치가 부여된
것이라는 비판을 면치 못한다.27) 그럼에도 불구하고 이들의 이론과 실천
에서의 영향은 엄청나다고 할 수 있다. 그 이유로 이들이 경영자들에게 필
요한 은유라는 도구, 즉 언어를 제공한다는 것과28) 신보수주의 이데올로

---

23) Ibid., p.228.

24) Ibid., p.234; 그런데 피터스와 워터만은 이에 대한 명확한 인식이 부족한 것 같
다. T. J. Peters & R. H. Waterman Jr., *In Search of Excellence,* N.Y.:
Warner Books Inc., 1982, pp.55-86, 235-278에서의 적극적 강화와 환호를
언급하는 부분들을 보라.

25) 이러한 점은 그들의 시조격인 엘튼 메이요(E. Mayo)에게서 내용보다는 그가
보였던 정치·이데올로기적 행태가 학습된 것 같은 느낌을 받을 정도로 그렇다.
Brimen & Friemd, "The Myth of Hawthorne Experiments," *American
Psychologist* 11(11), 1981, pp.867-878.

26) 이 점 역시 호오돈 연구의 스타일을 닮고 있다. Ibid., pp.231-232.

27) 예컨대 강한 문화와 조직성과의 연결과 같은 경우, 질적인 자신감과 양적인 정
보와의 자의적인 연결의 경우. Ibid., p.223; Safold, op. cit., p.549.

28) 이에 대해서는 B. Czarniawska-Joerges, "Merchants of Meaning: Man-
agement Consulting in the Swedish Public Sector," in B. A.
Turner(ed.), *Organizational Symbolism,* Berlin: Walter de Gruyter,

기에서 표방하는 민족주의적 미션[일본을 타도하자!(Zap a Jap a day!)], 그리고 낡은 기법을 새로운 상품으로 포장하였기 때문이라는 등 다양하지만, 그 어느 것도 초점을 벗어나 있다고 볼 수 있다는 것이다.[29] 그들이 강조하는 것은 바로 이론과 실천 사이의 관계 자체이다. 경영담론이 지닌 물질성, 즉 그러한 기업문화전략의 실천으로부터 상담가와 경영자 모두가 실질적인 혜택을 얻는 것이 있다는 점이다.[30] 아담스(G. B. Adams)와 잉거솔(V. H. Ingersoll)은 이러한 점을 경영관리에 관한 담론을 통해 볼 수 있는 기술합리성 문화, 즉 경영이데올로기를 경영메타신화(managerial metamyth)라고 표현하고 있다.[31] 그것은 ① 모든 작업과정은 결국 구성 부분들로 나누고 철저하게 이해됨으로써 완전하게 통제(또는 합리화)될 수 있다는 신념, ② 조직의 목표를 달성할 수 있는 수단들은 충분히 관심을 가질 만하며, 그 결과로서 목표는 수단들에 종속되거나 심지어 상실되기까지 한다는 신념, ③ 효율성과 예측 가능성은 조직을 관리하는 데 있어서 다른 어느 것보다도 중요한 것이라는 신념을 포함하고 있다는 것이다. 이러한 메타신화가 바로 그들이 찾고 있는 공유된 신념이며 산업하위문화이고 자본주의적 문화과정의 핵심적 특성을 구성하는 것이 아니면 무엇이란 말인가? 그와 같은 메타신화는 무엇이 존재하고 무엇이 좋은 것이며, 가치있는 것인지에 관한 의미의 맥락으로 작용하여서 경영관리 및 조직 행위에 있어서 자기충족적인 예언(self-fulfilling prophecy)의 방식으로 정당화시키고 또한 행위의 지침으로 작용한다.[32]

문제는 이러한 메타신화에 근거하는 아카데믹한 조직문화논의이며 교육실천이다. 대부분의 경영관리학의 텍스트들에 이러한 신화는 당연한 듯이 반영되어 있으며 교육실천에서의 경우도 예외가 아니다. 기업문화에의

---

1989, pp.139-150.

29) Ibid., pp.236-237.

30) Ibid. pp.236-237.

31) Ibid., pp.22-23.

32) Ibid., p.23.

이론적인 관심은 애초에 상담가들의 상업적 성공에 의해 영향을 받았으며, 그리고 다시금 실천가에게 영향을 미치고 있다.[33] 여기에서 기능주의적 문제인식과 경험주의적 인식론에 바탕을 둔 조직론의 전통적 실증주의 패러다임의 정치·이데올로기적 성격을 또다시 보게 된다. 초기의 조직문화론적 관심의 실증주의에 대한 공격이 실증주의적 지형 속에서 일정한 영역을 확보하는 것으로 끝난 모습이다.[34]

응용사회과학과 역사문화의 상호영향과정을 보면, 각 시대의 당면한 산업문제들을 해결하려는 사회공학적 접근들은 당시의 지배적인 가치에 근거한 도구적이며, 실용주의적 지향을 띠고 경쟁해 왔다고 볼 수 있다. 이들은 실증주의 및 경험주의적 '지식관'에 근거한 나름대로의 인간관(예컨대 기계인·정서인·복합인 등) 및 조직모형(기계장치, 유기체 등의 은유)을 탄생시켜 왔다.[35] 이는 곧 이론이데올로기와 실천이데올로기의 상호영향과정에 다름 아니다.

아담스와 잉거솔은 1896~1916년에 이르는 시기(소위 '진보적 발전의 시기')에 지배적이었던 두 가지 큰 흐름, 즉 과학적-분석적 풍조와 기술진보를 기술관료적 조직문화 형성의 역사적 배경으로 보아 다음과 같이 말하고 있다.[36]

"이 시기 동안에 기술합리성은 사회·정치적 세계에서 희망을 매개하는 수단으로 자리잡게 되었으며 새로운 전문가들, 경영자들, 행동주의자들, 사회과학자 및 산업심리학자들로 하여금 점점 더 사회적 갈등을 공학적인 방법으로 해결할 수 있다고 여기게 하는 풍조를 창출하였다."

33) P. Thompson & D. McHugh, op. cit., 1990, p.234.

34) 신병현, 「조직분석방법론 서설」, ≪현상과 인식≫ 15(4), 1991, 9-65쪽.

35) 이에 대해서는 대표적으로, A. Cherns, "Culture and Value: The Reciprocal Influence between Applied Social Science and Its Cultural & Historical Context," in N. Nicholson & T. D. Wall(eds.), *The Theory and Practice of Organisational Psychology,* London: Academy Press, 1982, pp.19-35을 참조할 것.

36) G. B. Adams & V. H. Ingersoll, op. cit., 1989.

설사 현대적인 표현으로서 시스템혁명, 정보혁명이 언급될지라도 조직에 대한 이해는 기본적으로 '과학적' 분석과 관리에 의해 조직문제를 공학적으로 진단하고 해결하려는 사고의 연장이다. 조직이론의 담론에서 동기부여기법의 탐색은 기본적으로 테일러의 과학적 관리법(즉 작업장의 기계화에 대응되는 과업의 세분화 및 표준화, 작업자의 전문화와 차별 성과급 임금체계 등 노조가 필요치 않은 '합리적인' 조직의 설계 및 고임금 지불을 통한 생산성 증대와 동기부여)과 인간관계론(작업장의 사회적 관계로부터 야기되는 갈등을 훈련받은 리더의 원만한 인간관계 유지 및 의사소통을 통하여, 노조와 같은 집단적 수준이 아닌 개인적 수준에서 해결하는 것과 동기부여를 모색하고자 한 것)으로 환원될 수 있다.37) 이들 이후의 신인간관계론의 작업장의 재설계 및 이에 대응되는 조직개발기법 역시 개인과 조직의 목표를 통합하고자 하는 단일한 주제로 수렴된다. '노동의 인간화'라는 슬로건하에 직무재설계와 노동생활의 질(QWL)을 향상시킴으로써 권위적 조직구조와 소외를 극복하고자 하였던 신인간관계론자들의 자유주의적 프로젝트는 이미 잘 알고 있듯이 이제는 이론적으로나 실천적으로 거의 관심을 끌지 못하고 있다.

조직심리학의 동기부여이론들을 살펴보아도 마찬가지이다. 사미르(B. Shamir)가 지적하고 있듯이, 기존의 동기부여이론들은 오직 강한 상황, 즉 보상체계 및 관리구조가 잘 설계되고 운영되고 있는 상황에서만, 그리고 서구의 가치관 중심적인, 즉 이기적이고 타산적인 인간관에 근거해서만 가능하고 따라서 그러한 가정에서 벗어난 보다 현실적인 상황에 실질적으로 적용할 수 없는, 경영자들조차 거의 관심을 기울이지 않는 제한된 이론들뿐이다.38) 이들이 제시하는 인간관과 동기부여 방안은 따라서 이들과 경영자가 추구하는 환상(경영이데올로기)의 반영물에 지나지 않는 것이다.39)

---

37) 양자의 관련에 관해서는 신병현, 「조직개발과 동기부여의 문제」, ≪홍익대학교 경영연구≫ 제8집, 1984, 107-132쪽.

38) B. Shamir, "Meaning, Self and Motivation in Organizations," *Organization Studies* 12(3), 1991, pp.405-424.

이처럼 조직이론 및 경영관리론에서 동기부여의 비법을 발견하고자 하였던 수많은 시도는 마치 미술기법(pentimenti)에서 오래된 것 위에 새로운 것을 덧칠함으로써 독특한 색조를 우러나오게 하는 것과 같다는 것이다. 조직문화에 관한 관심들도 역시 아담스와 잉거솔이 말하는 기술관료적 조직문화의 범주에서 벗어나지 않는 동기부여기법을 덧칠함으로써 개발하여 '고객에게 판매하는 상품'들에 지나지 않는다고 볼 수 있는 것이다.

이러한 현상들이 보여주는 것과 같은 주체적인 것의 통제 욕구는 이제 통제의 마지막 미개척지로서의 문화라는 지형을 선택하도록 한 것이다.40) 오우치(W. Ouchi)는 관료제가 실패하는 경우 문화적 통제로서의 씨족통제,41) 그리고 그것이 실패하는 경우에는 상징적 제도화를 통한 통제가 효율성 추구 논리하에 새로운 통제 지형으로 대두될 수 있음을 보여주고 있다.42)

## 4) 기업문화 관리기제

현대 기업문화론자들이 추천하는 동기부여기법들은 전통적인 기존의관리기법들을 변화된 작업장, 시장, 노동시장 등의 상황에 새로운 명칭과 의미부여를 통해 도색한 것에 지나지 않는다. 이러한 점은 조직문화에 관한 이론적 담론들에서의 논의들은 앨베슨(M. Alvesson)이 정확히 지적하고 있듯이 실체(substance)와 유형(style)을 혼동하고 있음을 보여주는 것

---

39) G. B. Adams & V. H. Ingersoll, op. cit., 1989, p.22.

40) C. A. Ray, "Corporate Culture: The Last Frontier of Control?" *Journal of Management Studies* 23(3), 1986, pp.287-297.

41) 씨족통제개념의 도출방식에 대해 잠깐 언급할 필요가 있다. 오우치의 씨족(clan)개념은 뒤르켐이 말하는 기계적 결속의 연대성에 관련된 것인 반면, 오우치는 이를 뒤르켐의 유기적 결속의 연대를 설명하는 부분을 인용함으로써 도출될 수 있는 것처럼 인용하고 있다. W. Ouchi, "Markets, Bureaucracies and Clans," *Administrative Science Quarterly* 25, 1980, pp.124-141. 특히 135-136쪽을 볼 것.

42) Ibid., p.137.

이다.43) 그렇다면 과연 기업문화론에서 제공하는 관리기법은 과연 어떤 것들이 있는지 살펴보자.44)

① 정서관리(emotional management): 종업원들에 대해 보다 관심을 갖고 작업이나 작업조건의 변화보다는 공유된 비전(shared vision)을 제시하여 몰입된 인력(committed workforce)을 개발하는 것. 조직에 대한 소속감, 직무에서의 즐거움(excitement), 관리에서의 자신감을 불어 넣는 것, 즉 조직의 가치, 규범을 내면화시킴으로써 종업원들의 조직몰입을 증대시키는 것.
② "인간은 매우 비합리적이기 때문에(Peters & Waterman, 1982: 86)" 상징활용(symbolism), 의식(ceremonies) 그리고 성대한 보상(awards of hoopla) 등이 호소력을 지닌다는 것. 따라서 조직내적·외적으로 이러한 상징화 작업을 통하여 영웅으로서의 리더십을 지닌 최고 경영층을 인식하도록 유도하는 것 (leadership process).
③ 회사에 관한 이야기, 신화, 전설, 회사의 제품, 영웅 등을 통하여 가치를 전파시키고 의례와 의식, 경제적 보상에 의해 그것을 강화시킴으로써 모두가 승리자임을 인식하는 것과 같은 문화적 동일화(cultural identification)를 꾀하는 것.
④ 신뢰로운 조직풍토를 창출하기 위해 정보제공을 통하여 반권위주의적인 관리스타일을 인식시키는 것.
⑤ 인사문제를 전반적인 사업전략 내부로 통합시킴으로써 소위 새로운 인적 자원 관리를 실현하는 것. 여기서는 조직구성원을 '단순히 뇌물에 의해 유인되는 경제적 존재로만 인식하지 않고 재무적 자원과 동일한 가치있는 전략적 자원'로 인식함으로써, 비교우위를 창출하고자 하는 조직 전체적인 수준에서 인적 자원 관리를 수행한다는 것이다.
⑥ 따라서 문화적 통제의 핵심적인 기제로서
  a. 심문과 유사할 정도의 철저한 선발과정을 통하여 선발된 사람이 기업에 긍적적인 이미지를 지닐 가능성을 높이는 것. 이와 연관하여 대학이나 경영대학원 등과의 연계를 증진시킴으로써 가치창출장치로 기업문화를 확장시키는 것.

---

43) M. Alvesson, "Organization: From Substance to Image?" *Organization Studies* 11(3), 1990, pp.373-393.
44) 이에 대해서는 주로 P. Thompson & D. McHugh, op. cit., 1990, pp.228-231, 238-241을 참조하였다.

b. 조직내의 사회적 활동의 범위를 확장시키는 것. 소위 경영층, 또는 관리층
   과 생산직 사원의 통합수단으로서 동료집단(peer group), 저녁 술자리
   (evening carousels) 등 일본기업의 주요 특징으로 언급되는 수단을 이
   용하여 강제적 사교성(compulsory sociability)에 기초한 공동체 의식
   을 조성하는 것.
c. 이와 연관된 것으로서 내부노동시장과 훈련 프로그램, 인사고과, 보상체계
   를 유기적으로 연결시킴으로써 충성심과 직무 몰입도를 높이고자 하는 경
   력개발계획과 관리.
d. 조직과 개인 사이의 관계를 매개 없이 직접 연결시킴으로써 의사소통채널
   에서 노동조합을 배제시키거나 조직력을 약화시키는 것. 이것은 소위 정
   보의 공개, 사무실 문의 개방(open door technique), 브리핑, 비디오, 사
   보, 상담실 운영 등을 동원하는 것을 통하여 이루어진다.

  기업문화에 관한 이론적, 실천적 담론들에서 경쟁적으로 제시하고 있는
동기부여기법들은 전통적인 관리기법, 그중에서도 기존의 인사관리기법,
조직개발기법들의 유기적 연관성을 강조하고 새로운 명칭으로 치장한 것
들에 지나지 않는다. 예컨대 평가센터(assessment center)와 같은 경영
자개발 프로그램에서 훈련받은 리더가 원활한 인간관계를 유지하고 기업
의 가치, 규범, 전략적 방침들을 원활하게 의사전달하고 사건과 상황에 대
한 정당화와 의미부여, 그리고 설득과 감시를 적절히 수행하는 것과 같은
리더십의 발휘; 인간존중철학에 근거한 전략적 자원으로서의 각 개인들의
선발과 퇴직을 철저하게 관리하는 것; 교육훈련과 경력개발, 그리고 보상
체계의 유기적인 관계를 설정함으로써 조직몰입도를 증대시키는 것; 철저
한 개인의 경력관리를 통한 '인적 자원의 개발'과 동시에 노사관계의 신축
적인 관리 내지는 무용화의 시도 등이다. 현대 인적 자원관리에서 조직구
성원을 '조직의 성공'에 전략적으로 핵심적인 요소 내지는 자원으로, '자아
실현적인' 주체로 호명하고 기업문화전략에서 제시하는 가치, 규범, 행동
유형, 그리고 기타 정보와 경험을 제공함으로써 통일적인 정체감의 형성을
통하여 동일화를 유도하고 하도급 계약, 파트타임제 등의 고전적인 내부노
동시장 관리기제를 이용하는 동시에 외부노동시장의 상황에 힘입어 경제

적 불황과 경쟁에 대처해야 한다(?!)는 비법이 제시되는 것이다.

결국 기업문화론에서는 기존의 '인적 자원관리' 기제 및 관련 제도를 둘러싸고 새로운 의미작용을 연출함으로써 '의도된 주체(good subject)'를 형성하려는 문화적 통제전략인 것이다. 따라서 이러한 관리기제와 관련해서 작용하는 담론의 물질성을 이해하고 이러한 현상들 그 자체로서 과학적으로 설명되어야 하는 정치·이데올로기적 과정으로 보아야 하며, 이에 대한 이론적인 접근이 필요하다고 생각한다.


## 2. 이데올로기와 문화연구

현대 조직이론에서의 기업문화나 정체성에 대한 관심의 대두는 개념적 인식론 및 방법론적, 그리고 이데올로기적 측면에서 많은 문제점이 있음에도 불구하고, 이론 및 실천과의 관계와 작업집단 및 노동과정의 통제, 그리고 노사관계의 관리와 연관된 중요한 연구주제로서 주체적인 것에 대한 중요한 문제제기의 성격을 띤다. 그러나 우리는 기존 문화연구와는 전혀 다른 새로운 문제설정하에서, 즉 이데올로기론의 분석적 관점과 개념장치들을 통해서 '주체적인 것'을 분석해야 할 것이라고 본다. 이때 우리는 '기업문화' 및 '조직문화'에 관한 담론에서 과연 '문화'가 어떤 의미로 사용되고 있는지, 즉 이론적인 측면에서 언어의 의미론적인 측면에서 문화라는 개념의 의미작용 또는 문화라는 관념(통념: notion)에 관하여 따져 볼 필요가 있다. 그리고 기업문화에 관한 관심을 전국적인 차원에서 전개하려는 우리나라의 '기업문화운동' 현상은 과연 무엇을 의미하는 것인지 살펴볼 필요가 있다. 이것은 모호한 개념과 '과학적' (관리)지식이 결합함으로써 창출될 수 있는 다양한 의미작용과 연관된 정치·이데올로기적인 효과, 그리고 그것이 지니게 되는 사회적 현실화로서 '조직적인 기업문화운동의 전개'양상은 이론 및 실천·이론적 이데올로기, 그리고 실천이데올로기의 상호연관성을 보여주는 것이다. 이러한 측면에 대한 이해는 기업문화담론들이 노동과정의 여러 조건 및 구체적 측면들과 어떻게 연관을 맺고 있는지를 보다 명확히 이해하고 분석하는 데 있어서 긴요한 것이다. 천박한 수준의 경험주의자가 아닌 한, 이론과 분리된 보편적인 적용 가능성을 지닌 방법은 없다. 경험주의적인 오류를 범하지 않기 위해서 최대 한도로 노력한다는 원칙에 준거한다고 할 때 분석적 관점의 명확화와 개념적 명세화, 그리고 이와 연관된 방법의 탐색이 경험연구(empirical study)에 언제나 선행하여 치밀하게 수행되어야 할 것이다.

## 1) 기업문화이론 및 실천과 이데올로기

사실상 조직담론들에서 문화적인 측면, 더 정확히 표현하자면 '주체적인 것'에 관한 관심은 인간관계론에서 비롯되었다고 볼 수 있다. 19세기 말에서 20세기 초에 걸쳐 전개된 능률증진운동과 이것의 테일러리즘으로의 응결은 당시의 노동자 동기부여에 관한 지배적인 경영이데올로기를 반영하고 있다. 테일러는 작업장의 '합리적인' 설계와 '적절한' 보상체계의 운영을 통하여 생산성의 증대와 고임금 지불을 통한 노동자의 작업관심(참여?)유도와 만족이라는 두 마리의 토끼를 동시에 잡을 수 있을 뿐만 아니라, 노동조합을 불필요한 존재로 인식하게 할 수 있으리라는 환상을 지니고 있었다고 볼 수 있다.45) 그러나 테일러의 과학적 관리법이 본격적으로 작업장의 설계에 적용되는 것은 인간관계론과 당시의 전시 경제체제하의 국가의 산업에 대한 적극적인 개입과 인간관계론 등 '조직이론'의 이론적 정련과정과 이데올로기적 합리화 및 보완과정을 거쳐야만 했었던 것이다.46)

주체는 기본적으로 이데올로기적인 호명(interpellation)을 통하여 사회적으로 구성되고 기능한다.47) 따라서 주체에 대한 이해를 위해서는 우

---

45) S. Clegg & D. Dunkerley, *Organization, Class and Control*, London: Routledge & Kegan Paul, 1980.
46) 이에 대해서는 C. Perrow, *Complex Organization*, London: Random House, 1986, pp.49-118; 신병현, 앞의 글, 1984, 107-132쪽.

선적으로 이데올로기에 대한 이해가 요구된다. 그런데 이데올로기 논의는 주로 사회학, 지식사회학에서 주요 관심 영역이었다. 이에 대한 대표적인 두 접근을 들 수 있는데, 그 하나가 베버의 '지식 사회학적 접근'이며, 다른 하나가 '역사유물론적인 접근'이다.[48] 하지만 최근의 경향은 비판이론에서의 두 접근의 통합시도와 더불어 전개되는 역사유물론 내부에서의 지식론 논쟁으로 전위된 듯하다. 이데올로기 문제는 주로 인식론과의 연관 속에서 철학적으로 쟁점화되어 왔는데, 역사유물론내의 역사주의-인간주의적 경향과 구조주의적 경향의 대립으로 전위되어 나타나고 있음을 볼 수 있다. 이데올로기에 관한 관심은 본질적으로 총체성에 대한 인식과 실천의 통일성을 추구하려는 야심과 관련되어 있으며 역사유물론내에서 지속적인 관심의 분야였다고 본다. 아이러니컬하게도 이러한 관심은 경영자의 관리 메커니즘에 대한 관심과 동일한 연장선상에 있다. 대중의 동원화, 지배이데올로기적 실천으로의 동원화, 즉 조직이론에서 말하는 '동기부여'에 대한 관심은 자발적으로 참여하는 대중 또는 종업원에 대한 환상이다.[49]

조직의 이데올로기에 관한 관심은 이미 벤딕스와 같은 사회학자들의 주요 관심사였으며 비판조직이론에서도 역시 기존 조직담론들을 이데올로기와 연관하여 이해하고 비판해 왔다.[50] 기존 전통적 패러다임에 근거하는 조직담론들에서 이데올로기를 직접적으로 논의하는 경우는 거의 없었지

---

47) 이에 관해서는 김도근, 「조직이데올로기 분석을 위하여」, 《현상과 인식》 겨울호, 1991 참조. 이 부분은 뒤에서 '이데올로기 분석틀'을 논의하는 부분에서 다루게 된다.

48) 이에 대한 내용은 애버크롬비와 어리, 터어본의 다음 책을 참조할 것. N. Abercrombi & J. Urry, *Class, Structure and Knowledge: Problems in the Sociology of Knowledge,* New York: New York Univ. Press, 1980; G. Therborn, *Science, Class and Society,* London: Verso, 1980.

49) 여기에서 환상이라는 용어는 그것이 담고 있는 사회적 관계에 관한 이데올로기적 표상으로서 동기부여에 대한 관심이 전개된다고 보기 때문이다.

50) 신병현, 앞의 글, 1991, 1-51쪽; R. Bendix, *Work and Authority in Industry,* New York: John Wiley & Sons, Ins., 1956; C. Perrow, op. cit., 1986.

만, 기존의 실증주의 패러다임에 반대하는 다양한 패러다임의 등장 이후로 특히 조직문화론적 관심이 대두하고 난 이후에는 이데올로기를 조직문화의 구성요소로 간주하는 연구들과 이데올로기 자체에 관한 연구관심까지도 서서히 등장하고 있음을 볼 수 있다.[51] 우리는 이러한 반실증주의적 패러다임의 등장 또는 조직에 관한 이론적 담론 실천을 실천적 이데올로기와 그것의 이론영역의 분견대(分遣隊)로서의 이론적 이데올로기 사이의 상호영향과정으로 특징지을 수 있다. 여기서 조직문화 담론영역에서 특정한 지배적 이데올로기와 기타 피지배적인 이데올로기들 사이의 대립, 갈등적인 관계, 그리고 이데올로기 구성체와 담론구성체 사이의 상호연계성을 기업문화 담론과 연관된 조직적 계기를 통하여 이러한 점을 살펴볼 수 있다.

우선 이론이데올로기와 관련된 이론적 담론구성체 사이의 대립, 갈등의 모습을 실증주의와 자연주의의 인식론적·방법론적 대립, 갈등이라는 측면에서 확인해 보자.

조직에 관한 이론적 담론구성체에서의 실증주의(positivism)에 대한 '자연주의적 반역(naturalist revolt)'이 이제 본격적인 궤도로 접어들고 있는 듯하다.[52] 조직현상에 이론이나 가치의 부과(imposing) 없이 있는 그대로 관찰하고 참여함으로써 그것이 지니고 있는 자연적인 풍요로움을

---

51) I. Goll & G. Zeitz, "Conceptualizing and Measuring Corporate Ideology," *Organization Studies* 12(2), 1991, pp.191-207; H. Abravanel, "Mediatory Myths in the Service of Organizational Ideology," in L. R. Pondy et al.(eds.), *Organizational Symbolism,* Greenvich: JAI Press, 1983, pp.274-287; W. H. Stabuck, "Organizations and Their Environments," in M. D. Dunnette(ed.), *Handbook of Industrial and Organizational Psychology,* Englewood Cliff: Prentice-Hall, 1974, pp.1069-1123; P. Miller & T. O'Leary, "Hierarchies and American Ideals, 1900-1940," *Academy of Management Review,* vol.14, 1989, pp.250-265.
52) P. Willis, "Notes on method," in CCCS(ed.), *Culture, Media, Language: Working Papers in Culture Studies 1972-79,* London: Hutchinson & Co. Ltd., 1980, pp.88-95.

이해하고 설명하고 변화시킬 수 있기 위한 대안적인 방법의 탐구가 필요
하다는 인식과 주장들은 이제 방법의 적합성에 관한 실증주의 비판의 수
준을 넘어서서 본격적인 패러다임 논쟁으로 접어 들었음을 볼 수 있다.[53]
새로운 유형의 조직에 관한 담론들 중, 대표적이라고 볼 수 있는 '문화로
서의 조직'을 은유하는 접근(culture metaphor)들에 속하는 담론들은 공
통적으로 새로운 존재론과 인식론, 방법론으로 무장하고 기존 조직론에서
의 위상을 확대 및 발전시키려는 모습을 보이고 있다. 이와 같은 경향들은
합리성이라는 기술관료적 이론이데올로기(theoretical ideologies)를 은
폐하는 조직에 관한 기존 담론들과 이중적인 관계를 갖는다. 첫째로 이것
은 대체로 기존 조직이론 및 방법론의 한계를 비판하거나 기존 이론에서
간과된 측면을 새롭게 지적하는 경험주의적 보완의 형태를 취한다.[54] 이
러한 경향은 비록 조직문화와는 직접적인 관계를 말할 수 없을지라도, 정
통조직이론 내부에서 대표적인 이론가들, 즉 마치(J. March), 사이몬(H.
Simon), 와이크(K. Weick) 등에게서 발견된다. 둘째로 기존의 담론들과
는 질적으로 다른 새롭고 다양한 담론의 출현이다. 이러한 인식들은 기존
의 권위적이며 획일적인 조직분석의 억압에서부터 조직의 다원성을 강조
하는 이론적 관점의 해방이라는 의미를 지닌다.[55]

그러나 우리는 이러한 새로운 경향들의 출현은 기존 조직담론들과의 공

---

53) N. Jackson & P. Carter, "In Defence of Paradigm Incommensu-
rability," *Organization Studies,* 12(1), 1991, pp.109-127. 이에 대해서는
다음 글들을 참조할 수 있다. G. Burrell & G. Morgan, *Sociological
Paradigms and Organisational Analysis,* London: Heinemann, 1980; G.
Morgan, *Images of Organization,* London: Sage, 1986; M. Zey-Ferrell,
"Criticisms of the Dominant Perspective on Organizations," *The So-
ciological Quarterly* 22, 1981, pp.181-205; J. K. Benson, "Paradigms
and Praxis in Organizational Analysis," *Research in Organizatioal
Behavior,* 1983, pp.33-56.

54) C. Perrow, op. cit., 1986. 퍼로우는 이것을 정통조직이론의 해체주의적 경향
으로 지적하고 있다.

55) G. Morgan, op. cit., 1986.

격-수정-수용-분열의 변증법적 관련 속에서[56] 다시금 기존의 조직 담론 구성체(discursive formation)에 종속되는 것을 보게 된다. 그러나 이러한 과정에서 우리의 관심사 중의 하나인 이론이데올로기 발전에서의 중요한 측면을 지적할 수 있을 것이다. 우선 초기에 현실 조직과정에서 야기되는 제반 문제들에 대한 실용주의적인(pragmatic) 관심, 즉 '동기부여'와 직무설계에 대한 관심에서 조직개발 실천가들에 의하여 도입된 주제(또는 해결의 비법)가 점차로 이론적 관심영역에 포함되거나 새롭게 위치지어지게 되고, 다시금 현실 변화를 목적으로 하는 이론적, 제도적 확산의 과정을 밟는다는 점이다.[57]

셋째로 새로운 다양한 담론의 출현과 이들의 기존 지배적 조직이론과의 관계는 공격-수정-수용-분열의 과정 속에서 소위 패러다임 논쟁으로 발전하면서 인식론·방법론적으로 무장하는 양상을 보인다는 점이다. 그런데 이러한 현대 조직이론의 패러다임 논쟁은 이제 본격적으로 권력과 법의 논리적 대결의 양상으로 전개되는 듯하다.[58] 우리가 과학적인 것을 정의할 때, 지속적인(외적, 내적) 공격-수용-수정-분열을 거치는 변증법적인 과정속에서 철학적(소위 인식론이라고 불리우는 것을 포함시키자) 이론적 내용의(이것은 논의의 지형과 연관) 경계선을 긋는 것이라고 할 때, 초기 실증주의  비판에서  드러나는  가시성-비가시성  논의와  경험주의적(empiricist) 방법에 대한 집착으로부터 분리하여 과학성을 지켜내고자 하는 인식들이 인식론과 이론체계의 정련을 통하여 분리·자립하고자 하기 때문이다. 특히 이러한 예를 우리는 조직문화와 연결된 최근의 잭슨과 카터(N. Jackson & P. Carter)의 주장에서, 그리고 노동과정론에서의 버렐(G. Burrell)과 톰슨(P. Thompson)의 고민 속에서 확인할 수 있다.

---

56) 이에 관한 논의는 신병현, 앞의 글, 1984, 10-34쪽을 참조할 것.

57) 이에 대해서는 T. Nichols(1980), P. Thompson & D. McHugh(1990)를 참조할 것.

58) N. Jackson & P. Carter, op. cit., 1991, pp.109-127은 바로 이러한 점에서 참고할 만한 가치가 있다.

이들은 모간과는 달리 다소 절충적인 해결책들을 근본적으로 비판하면서 그들의 애초의 관심을 지켜내고자 한다. 이러한 문제인식은 사회학 및 사회심리학에서도 유사한 경향을 보이고 있다.[59]

기업문화론의 실천에 대한 비판에서 보았듯이 우리는 이데올로기 구성체와 조직담론 구성체 사이의 상호연계성을 한국에서의 '기업문화운동'의 전개양상과 관련하여 확인해 볼 수 있다. 한국에서 기업문화운동이 조직적 계기를 통하여 주도권을 확보해 나가며, 대중적인 이데올로기로 이식시키려는 신한국 창조운동은 영국의 대처리즘에 비해 아직은 정치담론적인 성격이 미약하지만, 제도 정치적인 담론공간으로 지형의 확대와 전위의 징후는 점점 증가하고 있다.[60] 기업문화개념은 80년대 중반 이후 학계를 중심으로 소개되었지만 이것이 적극 고려되기 시작한 것은 87년 '노동자 대투쟁' 이후로서, 기존의 전횡적이고 권위적인 기업내 명령·지시체계가 상당정도로 침체, 손상되고 노사간의 새로운 역관계가 형성되자 대규모 재벌기업들을 중심으로 종업원들의 통합과 충성심, 몰입을 회복시키거나, 증진시킬 목적으로 기업문화 전략에 주목하기 시작하였다.[61] 이에 따라 기업들

---

59) B. M. Turner, "Sociological Aspects of Organizational Symbolism," *Organization Studies* 7(2), 1987, pp.101-115; I. Parker & J. Shotter(eds.), *Deconstructing Social Psychology,* London: Routledge, 1990.

　현대 조직논의들은 그들이 정통 조직론의 입장이든 새로이 등장한 조류이든 간에 인식론적 논의에서 보다 확고한 이론적 타당성을 확보하고자 노력한다고 가정해 볼 수 있을 것이다. 우리는 이러한 예들을 매우 풍부하게 확인할 수 있다(조직문화론, 의사결정론, 제도적 접근, 사회기술적 시스템이론, 정신분석학적 관점, 비판조직이론 등). 그리고 이들의 다양한 인식론적 탐색들을 다음과 같이 두세 개의 보다 커다란 범주로 분류해 볼 수 있다고 생각한다. 즉 자연주의적 인식론, 이것은 다시 훗설의 초기 입장과 후기의 입장, 즉 객관적 실재론과 주관적 실재론으로 명확하게 구별되는 흐름으로 나뉠 수 있다. 여기에서 칸트, 헤겔, 니체, 훗설 그리고 비트겐쉬타인 또는 윈치(P. Winch), 바스카(R. Bhaskar)로 연결되면서 분기되는 철학적 조류들이 있다. 특히 이러한 조류로서 대표적인 것이 버거 및 루크만의 사회적 구성론, 린컨(Y. S. Lincoln), 페인(R. Payne) 등의 실재론 및 맥락주의적 접근들을 들 수 있다.

60) 하지만 주요 정당의 정책 설계에 고려되고 있다는 징후는 보인다. 예컨대 보수 야당의 '신바람론'이나 행정부의 기업문화운동에 대한 조직적 관여를 보라.

은 '기업문화부'를 사내에 설치하고 경영이념의 정비와 더불어 사내·외에 이것을 효과적으로 전파하기 위한 상징체계, 즉 슬로건이나 '기업정체성 프로그램' 등을 홍보하였으며 교육훈련 프로그램의 대대적인 정비와 인사 관리 체계의 변화 등을 꾀하게 된다.[62]

이러한 맥락하에 기업문화에 대한 관심은 특정한 기업의 수준을 벗어나 전국적인 영역에 걸쳐 광범위하게 운동의 형태를 띠고 조직적으로 전개되 었다. 당시 교수 출신인 이○○ 문화부 장관의 취임과 더불어 본격적인 문 화부 사업의 일환으로 전개되고 있었던 '기업문화운동'은 자발적인 주요 대기업의 선도적인 기업문화에 대한 관심(대표적으로 선경그룹, 럭키금성, 쌍용 등을 들 수 있다)[63]과는 다른 전개 양상을 보여왔다. 초기에는 한국 통신공사 등의 정부투자기관을 중심으로 전개되었으나, 이제는 이러한 기 업들을 포괄하는 전국적인 50여 개의 기업이 회원이 되는 '기업문화협의 회'로 조직적인 틀을 갖추었다.[64] 그뿐 아니라 전국경제인연합회는 '기업 문화 백서'를 발간하여 각 회원사, 문화예술단체 등 기업문화관련 및 각종 사회단체, 각계 여론 선도층에 배포한 바 있다.[65]

'기업문화협의회'의 회칙을 중심으로 그 성격을 살펴보자.[66] 기업문화협 의회의 목적을 보면, "본 회는 회원 상호간의 친목도모 및 기업문화에 관 한 정보 교환과 기업문화활성화를 통한 기업 및 국가의 발전에 기여함을 목적으로 한다"라고 선언하고 있다.[67] 기업문화의 활성화와 국가의 발전

---

61) 박상언, 『한국 대기업에 있어서 인사·노무관리전략의 역사적 변화에 관한 연구: 1970-1990』, 연세대학교 대학원 경영학과 박사학위논문, 1992, 304쪽.

62) 박상언, 앞의 글, 1992, 304-320쪽.

63) 이에 대해서는 한국형 기업문화 창출을 위한 「92 기업문화 창달 발표, 대토론회 자료」(1992. 4. 21~22), A & AT 주최, 전경련회관, 143-167쪽, 189-201쪽; 박상언, 앞의 글, 1992, 304-308쪽; ≪인사관리≫ 1991, 39쪽 등을 참조할 것.

64) ≪매일경제신문≫ 1992. 9. 16.

65) 전국경제인연합회, 「기업문화의식 및 활동실태 조사표」, 1992. 11. 5; 「기업문 화백서 발간 관련자료 협조문」, 1992. 11. 18.

66) 이에 대한 자료는 문화부 장관이 기업문화 담당부서장이나 홍보부서장에게 보 낸 공문, 생문 35100-717(1992. 9. 4)을 참조.

을 등가적으로 표현하고 있듯이 기업의 발전이 곧 국가의 발전이라는 부르주아 이데올로기를 누구나가 독해할 수 있을 것이다. 추구하고자 하는 사업이 "기업문화에 관련된 각종 자료의 수집, 배포, 세미나 개최, 기타 국민 문화향수권 신장을 위한 사업"[68]이라고 하는 것처럼 전국적 규모의 조직적 운동으로 기업문화에 대한 국민적 관심의 유도 또는 회장의 인터뷰에서 드러나듯이 의식개혁운동을 통한 노사문제의 원활한 해결을 추구하는 조직이다.[69]

기업문화운동에 관련된 강연모임이나 세미나의 주요 연사 및 발표자는 이미 성공적으로(?) 실천하고 있는 각 기업의 기업문화 담당부서장, 기업문화 실천가, 그리고 주요 언론기관의 편집장과 같은 이데올로그들이다.[70] 이들의 주요 논리는 일본의 경제적 발전을 본보기로 하여 "인간적 측면과 효율적 측면의 조화"를 통한 한국적 기업문화를 정립하는 것이 필요하다는 것이다.[71] 심지어는 일본과 경쟁하기 위해서는 일본을 올바르게 알고 한국적인 것을 새롭게 발전시키자는 민족주의적 정서에 호소하면서 대중을 호명하는 주장을 펴기도 한다.[72] 기업문화운동의 전개 양상은 70년대의 새마을 운동, 그리고 Q.C. 분임조 활동의 전개 양상과 유사한 모습을 보인다.[73] 하지만 기업문화운동은 목적은 동일할지라도 현금의 이데올로기적 관계의 지형에 근거해 볼 때, 정치적 지형변화와 더불어 새로운 지배 이데올로기로 전위될 가능성이 다분히 있다고 볼 수 있다.

---

67) 기업문화협의회 회칙 중 총칙 1조.
68) 기업문화협의회 회칙 중 총칙 4조.
69) ≪매일경제신문≫ 1992. 9. 16.
70) 대표적인 예로 경제사회개발원, ≪경사원포럼≫ 10, 1989. 3. 20, 1-52쪽 참조.
71) 경제사회개발원, 앞의 책, 1989, 18쪽.
72) 이어령, 「일본기업, 왜 앞서고 있나」, ≪한국논단≫ 제34호, 1992. 6, 114-136쪽.
73) 이에 대한 분석은 박상언, 앞의 글, 1992, 245-273, 297-320쪽 참조.

### (1) 기업문화이데올로기: 사례

주체를 호명하는 이데올로기의 효과는 그것의 물질적 장치와 제도적 실천들에 의해 현실화됨을 살펴보았듯이, 여기에서는 주체로서 종업원들을 호명하고 가치·규범·행동유형 및 경험을 제공함으로써 통일적인 정체감을 형성시키고 동일화시키고자 하는 전형적인 사례를 살펴보자. 이데올로기의 호명 내용은 첫째 무엇이 실재하고, 둘째 무엇이 가치 있는 것이며, 셋째 무엇이 가능한가임을 살펴보았듯이 이와 연관된 전형적인 사례를 S은행의 교육훈련 프로그램 텍스트를 통하여 확인할 수 있다.

### S사의 기업문화

S은행은 80년대 후반에 설립된 매우 일천한 역사를 갖고 있으나 엄청나게 급속한 확장을 보인 대표적인 기업이다. 사례의 자료는 사례은행의 이모 이사(주: 소유주의 가족이고 사례은행의 이사임)가 부서장 연수시에 강의한 내용을 행원 교육자료로 번역한 것이다. 이 자료는 최근에 조직이론에 새로이 소개되고 있는 신과학운동의 사고들과 기업문화 이론가들의 이론을 바탕으로 작성된 것인데 그 주요 내용을 보면,[74] 1장 「조직연구를 위한 문명관」에서는 문명사가들[예컨대 토인비(A. Toynbee)]의 연구결과 및 서양 대국들의 흥망에 관한 단순한 역사적 사실들을 나열하고 있으며, 2장 「조직의 변이, 자기혁신」 부분에서는 현대 물리학에서 경험주의적 이론물리학자들의 '인간의 의식과 관찰에 의한 실재의 결정'이라는(소위 불확정성의 원리라고 이해되지만 이것은 헤겔주의적 관념론에 따른 이해이다) 상대주의적 존재론과 생물학에 사이버네틱스이론을 적용한 자기갱신적인(self-organizing or self-renewal) 조직론을 소개하고 있으며, 3장 「Hand-on Value의 강화」 부분에서는 우수기업의 기업문화 소개서의 주요 표현들을 소개하고 있고, 4장 「Boots-Strap 조직관」 부분에서는 물

---

74) 이에 대한 소개는 G. Morgan, op. cit., 1986; 신과학연구회 편, 『신과학운동』, 범양사, 1986; 에리히 얀치, 『자기조직하는 우주』(홍동선 역), 범양사, 1989; 그레고리 베이트슨, 『정신과 자연』(박지동 역), 까치, 1990 등을 참조할 것.

리학, 불교, 힌두교 등의 종교이념들과 명구들을 소개하면서 공유가치에 근거한 정체성의 강화를 주장하고 있음을 볼 수 있다.[75]

이 자료는 첫째로, 무엇이 존재하는가에 관해서 우주관, 조직관, 인간관을 포괄하는 새로운 세계관을 제시한다. 이 자료의 앞부분에서는 인류문명의 발달을 토인비적으로 해석한 흥망성쇠의 이분법적 파악을 통하여 창조적 소수의 생존이라는 신진화론적 문명관으로 전개한다.

◇ 불변으로서의 조직: 조직관
"조직 자체의 개념에는… 우주관, 시스템관을 필요로 한다. 조직 그 자체는 변하지 않으나(기업의 영원불변성(?): 필자) 그것과 관련하는 단면들에 의해 여러 가지 양상을 띠게 된다. …항상 자신의 단면, 즉 우주관을 준비해 두어야 한다. …조직을 동적으로 파악할 때, 즉 그 생성·발전·성장·정체·흥망의 요인간의 법칙성을 생각할 때(가능성의 이분법적인 고정화(?): 필자)… 문명의 법칙성을 생각하게 된다"(3쪽).

◇ 은유에 의한 좋은 주체(시민)와 나쁜 주체(우민, 백성)의 호명①
"성공 속에 흥망의 씨앗이 있다"(6쪽). …우민화, "백성은 전정 아래서는 우민화 한다. …백성은 정치에도, 전쟁에도 참여치 않고 그저 자기들의 무력을 느끼는 것 외에는 아무것도 하지 않았다. …시민은 지금까지 명령하는 신분에서 거기에 따르는 신분으로 떨어져 버렸는데, 그러기까지는 순식간이었다"(7쪽).

둘째로, 무엇이 바람직한 것인가? 즉 가치 있는 것이 무엇인가를 말하고 있는 부분을 살펴보자. 위에서 질서의 긍정적인 가치를 인용한 부분에서 볼 수 있듯이 생존과 죽음, 흥함과 망함, 모험정신과 활력, 그리고 그것의 쇠퇴 및 보수화, 엔트로피의 증대와 갈등, 유연성과 경직성 등의 이분법적(dichotomic) 대비를 통하여 다른 가능성을 배제하고 있다. 이것을 대변하고 있는 용어는 "animal sprits(즉 영원히 존재해야 한다는 강한 의지)"(2쪽), "에너지 불변의 법칙(영원한 에너지, 곧 wealth)"(1쪽), "Hand-on Value(즉 공유가치)"(69쪽), "communitas(공화정, 즉 시민

---

75) 신한은행, 『신조직이론』(사내교육자료), 1987.

사회)"(23-24쪽)이다.


◇ 질서의 긍정적인 가치

"Venecia(최소면적, 최소인구의 최강 통상국가)… 흥륭성공요인… 쇠망할 때 … 모험정신과 활력의 쇠퇴, 보수적 성격, 유연성 상실과 경직화(9-11쪽). 토인비(Arnold Toynbee)… 문명의 발생… 문명의 회전…" "문화적인 주류는 고정관념과 고정적인 행동양식으로 온통 경직화되어 있으나 여기서 창조적 소수파가 등장하여 도전과 반응의 과정을 이끌어 간다"(12-14쪽). "이런 의미에서 볼 때 문화의 틀 안에서 형성되고 있는 세계관은 끊임없이 새로이 형성되는 혼돈을 질서 속으로 집어 넣는 장치적 역할을 한다."


◇ 은유에 의한 나쁜 주체(엔트로피, 갈등, 노조)의 호명②

"… 문화는 끊임없이 증대하는 엔트로피(Entropy)와의 갈등(Conflict)의 과정으로 포착할 수 있다. …문화기동장치가 비교적 순조롭게 움직이고… 이 기동장치는 실은 인간의 의식 속에 들어 있다. 의미조정의 법칙(Fine tuning)의 영역에 뿌리를 두고 있다"(15-17쪽).


셋째로, 무엇이 가능한가? 그것은 자기혁신, 적극적인 관여자의 역할, 시민성 강화를 위한 'Boots-Strap' 조직관 형성·변용의 리더십을 통한 성공이라는 것이다. 무엇보다도 우선 새로운 세계관으로의 패러다임적인 전환을 요구하고 있다.


◇ 인식의 전환

"(토마스 쿤의 패러다임 정의와 모호한 그림의 제시-set: 필자) … (이 set의: 필자) 지각이… 착각(?: 필자)이… 무엇이 현실인지, reality는 무엇인지를 결정하고 있는 것이다. 이 set은 패러다임처럼 한 번 받아들여지면 지각을 강력하게 지배하고 만다." … "인간의 마음과 물질에 관한 깊은 통찰"(26-31쪽).


◇ 자기혁신

"(일리야 프리고진의 산일구조론을 소개하고 일본 야중욱차랑(野中郁次郎)이 이를 조직의 변이와 진화에 적용한 것을 소개하면서: 필자)[76] "그렇다면 조직의

---

76) 이에 대해서는 G. Morgan, op. cit., 1986, pp.332-391; 일리야 프리고진·이

진화를 생각할 때 열쇠가 되는 것은 어디에 있는 것일까? …'정보를 창조함'이란 말은 '새로운 의미를 덧붙인다'라는 것. "(어떻게?: 필자)… 그것은 정보를 조직화하거나 정보의 해석을 할 때의 시점의 전환(어떤 시점?: 필자)을 의미한다. … 기업이 진화해 나가기 위해서는 이와 같은 정보의 창조가 필요조건이나 그것만으로는 충분하지 않다. 조직의 일부에서 새로이 창출된 의미정보가 조직 안에서 파급되어 조직 전체가 새로운 사고방식, 행동양식 아래 움직이는 것이 중요하다"(47쪽: 이러한 변이가 만약 발생한다고 할 때 누가 도태시키고 선택하는가? 환경이? 환경이 무엇인가?-필자).

이와 같은 변이는 (창조적?) 개인 수준에서, (창조적?) 집단 수준에서 그리고 조직수준에서의 변이와 흡인(synergy 효과)이 이루어진다고 말하고 있다.77)

◇ 적극적 관여자의 역할
"(주체와 객체의 이분법적 사고를 비판하고, 현대 이론물리학의 상대성원리, 불확정성의 원리를 논거로 하여: 필자) 위치를 측정하느냐, 운동량을 측정하느냐 하는 것은 관측자의 자유다. 한편을 측정하는 장치를 설치하면 다른 한편을 측정하는 장치의 설치가 곤란해져 관측이 불가능해진다. 더욱이 측정행위는 전자의 상태를 바꿔버린다. 어떠한 것도 두 번 다 똑같은 상태가 되지는 않는다. 일어난 사실을 기술하는 데는 이제까지 사용되어 온 관측자라는 말을 버리고 관여자라는 새로운 말로 바꿔줄 필요가 있다(왜?: 필자). 어떤 의미에서는 이 세계는 관여자의 세계인 것이다"(75쪽). "지금까지 물리학상의 'Paradigm Shift'는 우리에게 다음과 같은 내용을 시사해 준다. ① 요소환원주의로부터의 자기초월(데카르트의 이원론 비판: 필자), ② '지도'와 '영역'의 혼동으로부터의 극복, ③ 사물 밖에 있는 관찰자로서의 '나'의 전면 부정, 관찰자로서가 아닌 관여자로서의 자아인식, ④ 관여자의 의식-'마음'의 중요성"(80쪽).

물리학과 철학의 지식들을 자의적으로 동원하는 가운데, 경험주의적인 명증성에 호소하고 있고 사회적 세계와 자연적 세계의 존재론적 차이를 은유(metaphor)를 통하여 은폐하고 있다. 그뿐 아니라 일원론적이고 상

---

사벨 스텐저스, 『혼돈속의 질서』(유기풍 역), 민음사, 1990을 참조할 것.
77) 일리야 프리고진·이사벨 스텐저스, 앞의 책, 1990, 48-52쪽.

대론적인 인식으로 패러다임적인 전환을 강조한다. 여기에서 적극적인 참여자로서 동원하는 호명이 작용함을 볼 수 있다(good subject). 조직개발에서의 변화과정을 상기하라! 이 점은 '변용의 리더십'을 설명하는 곳에서 더욱 강조된다.

◇ 변용의 리더십
"어떤 목적의식을 인간 내부에 심어 준다는 것은 창조성에 대한 하나의 커다란 도전이다. 왜냐하면 그것은 인간이나 인간의 집단을 무색의, 어떤 기술을 가진 어디에나 있는 집단으로부터 특정의 가치관과 감성과 의욕을 가진 색깔 있는 '참여자'의 집단으로 변용시키기 때문이다. 그것은 교육의 과정(process) 그 자체인 것이다"(86쪽: 조직개발기법의 전형이다!: 필자).

◇ 'Boots-Strap' 조직관과 리더십
"(신과학운동계열에 속한 구두끈 이론을 설명하고 수많은 철학 및 종교인들의 경구를 제시하고 있다. …경험주의자들의 전형적인 설득기법이다! 종교인들의 설교나 설법의 기법과 동일하게 신비주의에 호소한다!: 필자) 밖에서의 리더십에서 부딪히는 리더십으로, 부딪히는 리더십에서 이제는 상호 내재해 있는 동질성의 존재로서의 끊임없는 조화의 리더십의 창조인 것이다"(91쪽).

## (2) 기업문화 관리기제

기업문화론에서 제시하고 있는 동기부여기법을 구체적으로 실현하도록 설계되는 (인사)관리기제가 어떠한 것이 있는지를 몇 개의 전형적이라고 생각되는 대규모 기업조직의 기업문화 프로젝트 결과 보고서를 통하여 살펴본다.

우리는 기업문화 전략에서 제시하는 관리기제들을 기존의 조직개발기법 내지는 인적 자원관리 기제 및 관련 제도들을 새로운 명칭 또는 의미부여를 통하여 치장한 것에 지나지 않는다는 것을 살펴보았다. 여기에서는 이러한 관리기제들을 포항제철 프로젝트 보고서, 럭키금성 인력개발 및 기업문화 프로젝트 보고서를 통해서 기업문화 실천 프로그램을 중심으로 인사관리기제들을 확인해 본다.

### P제철의 기업문화 실천기제

「P제철의 국민경제기여 및 기업문화연구」라는 제목의 연구보고서는 1986년 11월부터 1987년 8월까지에 걸쳐 서울대학교 사회과학연구소 소속 14인의 교수(정치학·경제학·사회학·경영학·금속공학·신문학)에 의해 수행된 1138쪽에 달하는 방대한 프로젝트의 결과물이다. 이 자료에 대한 관심부분은 '생산시설의 확장,' '기술혁신 및 생산성 향상,' '국민경제적 과제' 그리고 선진국의 '수입규제' 등 전환기를 맞이하여 현재의 독점 상태를 민영화시킴에 따라 제기되는 기업공개 문제에 대처하기 위한 '포철의 미래상'을 설계하고자 하는 작업의 일환으로서 'P제철 기업문화의 조명'에 관한 부분이다.

이 보고서는 P제철의 기업문화적 특성을 강력한 '카리스마적 리더십,' '제철보국'과 '희생정신'의 기업이념, 가부장적 온정주의의 노사관계 등으로 들고, 현상태를 한국형(T형)과 서구형(W형)의 연속선상에서 전통적인 T형의 현상태를 확인하고 서구형(W형)으로의 변화의 필요성을 강조하고 있다.[78]

P제철의 기업문화 특성에 근거하여 이상적인 기업문화 정립을 위해 건의하고 있는 방안은 다음과 같다.

> "첫째, P제철기업문화의 틀을 기업상, 기업이념 및 사원정신으로 체계화시켜 강한 기업문화가 되도록 해야 한다. 보다 구체적으로는… 기업문화의 틀에서 사원정신으로 사명의식, 협동의식 그리고 도전의식을… 강조하는 것이 바람직하다. …둘째, 이상적인 기업문화 정립을 위하여 인사제도 및 관행이 경영이념 및 사원정신과 유기적 관련성을 갖도록 해야… 인사이념 및 목표가 설정되고, 그것이 인사방침 및 인사원칙으로 구체화되어 기업문화의 정립에 기여할 수 있어야 한다. 셋째, 기업문화에 적합한 인물이 선발되도록 선발면접의 평가요소가 설정되고 그것이 구체적으로 설명되어야 한다. …신입사원의 교육을 통한… 가치관을 습득시키는 사회화 과정이 요청… 넷째, 기업문화가 정립될 수 있도록… 인사고과 요소

---

78) S대학교 사회과학연구소, 『포항제철의 국민경제 기여 및 기업문화연구』, 1988, 40-41, 371-715쪽.

가 구체화되어야… 다섯째, 개인의 필요와 조직의 필요간의 조화가 이루어지도록 하는 경력관리를 통하여 개인의 자질에 적합한 이동과 교육관리가 이루어질 수 있어야 조직문화 정립에 도움 …여섯째, 기업문화를 정립함에 있어서 교육훈련은 … 일곱째, 소집단 활동을 통하여… 기업문화가 학습되도록 노력해야…"(42-43, 722-733쪽).

위에서 볼 수 있듯이 P제철의 바람직한 기업문화 정립을 위한 '실천 프로그램'들은 전통적인 인사관리기제 그대로이며 단지 '기업문화… 정립'이라는 수식어만 첨가되고 있을 뿐이다.

### L사의 조직문화 변화방향

이 자료는 K대 기업경영연구소에서 수행한 「L그룹의 기업문화에 관한 연구」(1989. 10)라는 제목의 결과 보고서이다.[79] 이 자료는 L그룹의 연구 대상 회사에 대한 조직진단으로부터 14개의 '조직문화요인'을 추출하고 그룹내 각 계열사들의 '바람직한 공통적 문화'와 '바람직하지 않은 공통적 문화'[80]를 확인하여 '적절한 문화창조전략 수립'의 필요성을 강조한다. 즉 이론적 배경 논의를 제외한 전반부의 논의의 결론은 사업문화에 따른 '자율경영'과 조직문화 변화의 필요성이다.

조직문화 변화전략에서 고려되는 일차적 변화요인으로 '최고경영자의 리더십 스타일'을 제시하고, 이차적 변화요인으로는 '조직구조, 체계, 규정, 절차; 물리적 공간의 배치, 기타 시설; 중대한 사건이나 인물에 대한 전설과 신화; 공식적 경영철학과 사훈-인화단결, 자율경영, 기술혁신, 미래창조'를 제시하고 있다.[81]

결론적으로 조직문화 변화를 위한 '조직설계상의 건의'와 '인사관상의 건의,' 즉 구체적인 조직문화 변화를 실현시키고자 하는 관리기제를 다음과 같이 제시하고 있다.

---

79) K대학교 기업경영연구소, 『럭키금성그룹의 기업문화에 관한 연구』, 1989. 10.
80) 앞의 책, 28쪽.
81) 앞의 책, 34-35쪽.

◇ 조직설계상의 건의

"한 기업내의 이질적 사업부서 혼재는 경영관리상 갈등을 초래하기 때문에…
독립적 사업부로 자율경영체제 확립이 필요… '조직의 소규모화'… '사업문화(규
범적 조직문화?: 필자)'(38쪽)."

◇ 인사관리상의 건의

"채용·선발·승진·보상·처벌고과제도, 인센티브제도 등은 기업의 활력을 진작
시킬 수 있는 방향으로 재조정 필요," "미래의 조직문화에 적절한 의사구조(?:
필자)를 가진 인력확보를 위한 기업이미지 관리 필요"(39쪽).

결국 기업문화에 관한 이론적·실천적 담론들에서 제시하고 있는 기법들
은 기존의 인사관리기법, 조직개발기법들의 유기적 연관성을 강조하고 새
로운 명칭으로 치장한 것들에 지나지 않음을 볼 수 있다. 예컨대 혁신적
리더가 원활한 인간관계를 유지하고 기업의 가치, 규범, 전략적 방침들을
원활하게 의사전달하고 사건과 상황에 대한 정당화와 의미부여, 그리고 설
득과 감시를 적절히 수행하는 것과 같은 리더십의 발휘; 전략적 자원으로
서의 선발의 강화; 교육훈련과 경력개발, 그리고 보상체계의 유기적인 관
계를 설정함으로써 조직몰입도를 증대시키는 것; 철저한 개인의 경력관리
를 통한 '인적 자원의 개발'과 동시에 노사관계의 신축적인 관리시도 등의
범주를 벗어나고 있지 못하다.

앞절에서 비판되었듯이 기업문화론의 주요 관심은 조직 구성원들의 '자
발적인' 참여 및 협동의 산출(곧 동기부여)에 있으며 이것은 새로운 관리
기제의 적용 및 신기술의 도입으로 변화하는 상황에 대한, 즉 기표(sign-
ifiers)들에 대한 '의미'를 부여하고 '통일된' 정체성에 대한 느낌을 형성함
으로써 의도된 좋은 주체로서 구성해 가는 과정과 관련되어 있다. 이것은
곧 이데올로기적 관계의 효과로서 생산지점에서 동의(consent)가 산출되
고 재생산되는 과정과 기제에 대한 개입과 통제로 연결된다. 따라서 우리
는 기업문화론과 같이 기술합리성이라는 경영이데올로기에 종속된 가운데
연구를 수행하는 것이 아닌, 산업하위문화들 중에서 지배적인 기술합리성

에 기초한 경영이데올로기에서의 주체호명 양식의 전위기제 또는 이데올
로기의 물질적 장치들이 지닌 비가시적인 통제방식 그 자체에 초점을 두
고 산업사회의 독특한 제도적 형태로서 조직(대표적으로 기업)의 문화전
략 및 주체형성과정을 연구해야 할 것이라고 본다. 이러한 주체적인 것에
대한 관심의 대표적인 예로서, 뷰러웨이의 노동과정 분석을 통한 동의산출
메커니즘 논의를 비롯하여 윌모트와 나이트, 톰슨 등의 노동과정에 있어서
의 주관적인 요인에 대한 관심, 더 나아가 조직내의 정체성의 생산과 재생
산, 그리고 자본주의 및 가부장제적 구조와 개인의 행위 사이의 간극을 메
우려는 '정체성의 사회심리학'적인 관심 등을 들 수 있다.[82]

2) 문화연구와 관념의 생산

문화현상에 대한 접근을 우선 아담스와 잉거솔의 분류에 근거해서 살펴
보자면 첫째, 각 개별조직에 독특하게 형성되고 발전하는 특수화된 조직문
화에 대한 연구가 있을 수 있는데, 물론 이것은 앞서서 살펴보았듯이 인류
학적 문화개념의 잘못된 전위에 근거한 연구이다. 둘째로, 다양한 조직들
에서 공통적으로 존재한다고 여겨지는 문화적 요소 또는 제도화된 유형들
을 단순히 경험적으로 확인하고자 하는 연구들이 있을 수 있다. 그러나 이
러한 연구는 문화연구에서 오직 이론적인 특정한 사회·역사적인 배경을
통하여 형성·발전되어온 문화과정에 대한 문화 외부적인 시각하에서만 접
근(etic approach) 가능할 뿐이다. 따라서 여기서 문제가 되는 것은 공통
적인 문화요소 및 유형을 확인하는 이론틀과 도구가 지닌 객관성이다. 이
러한 점은 일찍이 인류학에서 비판되고 반성되었던 민족중심적인 이데올
로기에 종속될 위험을 갖고 있을 뿐만 아니라 문화연구에서 강조하는 질
적 연구방법의 기본 원칙과 모순되고 실증주의에 종속될 위험을 갖고 있

---

82) D. Knights, "Subjectivity, Power and the Labour Process," in D.
   Knights & H. Willmott(eds.), *Labour Process Theory,* London:
   Macmillan, 1990, pp.297-335.

는 것이다. 설사 여기로부터 분석을 더욱 진전시켜서 비교사회문화연구를 진행시킨다고 할지라도 문제는 여전히 그대로 남는다. 물론 비교문화연구를 통하여 관찰된 문화적 공통점과 차이를 다국적 기업의 관리나 경영학 이론의 선별적인 적용에 고려할 수 있도록 하는 것처럼, 단순한 실용주의적 목적하에 이러한 접근의 유용성을 주장할 수는 있을 것이다. 셋째의 연구수준은 위의 두 수준에 근거하여 수집된 자료와 이에 대한 분석을 보다 넓은 문화과정과의 연계 속에서 분석을 심화시키는 수준이다. 이러한 접근이 기존의 문화인류학 및 사회학에서 이루어지는 접근의 수준이라고 볼 수 있다. 그러나 여기서 분석을 더욱 진행시켜야 한다. 왜냐하면 다양한 경험적 자료의 수집과 그것들로부터 확인된 일반화된 결론을 통하여, 타문화와의 비교연구는 가능할지라도 그렇게 확인된 차이들과 공통점의 근원, 즉 도대체 왜 그러한 사회-역사적으로 특수한 문화과정이 실현되고 문화적 사실들이 현상하는가에 관한 설명은 아니기 때문이다. 바로 여기서부터 본격적인 분석이 진행되어야 한다.

　문화에 대한 접근은 기본적으로 '관념론적 문화론'과 '유물론적 문화론'으로 대별될 수 있다.[83] 유물론적 문화론은 물론 다양한 접근으로 분기되어 발전하고 있고[84] 문화를 특정하고 상이한 삶의 방식을 만들어 내는 '구성적인 사회과정 또는 실천' 등으로 다양하게 정의하지만, 본질적으로 문화를 단순한 관념체계나 그러한 관념체계의 산물로 파악하지 않고 사회적 과정의 구성적인 성격을 특징짓는 특수한 사회-역사적 과정으로서의 문화개념을 지향한다.[85] 또한 유물론적 문화론은 '사유 속의 구체(具體)'와 '현실적인 구체'를 명확히 구분하고자 하기 때문에 주체와 그 주체의 주관적

---

83) 이에 관해서는 M. Harris, *Cultural Materialism: The Struggle for a Science of Culture,* New York: Vintage Books, 1980; 오세철, 「문화변동 이론 사이의 쟁점들: 유물론을 중심으로」, ≪현상과 인식≫ 겨울호, 1983, 8-25쪽을 참조할 것.
84) 이러한 다양한 문화에 대한 접근의 소개와 평가의 글로는 M. Harris(1980)의 책이 있다.
85) 윌리암스, 『이념과 문학』(이일환 역), 문학과 지성사, 1982, 21-31쪽.

인 경험과 같이 직접적으로 주어진 명증성에 근거한 문화기술이 아닌, 실재로서의 문화과정과 그것의 효과를 사회의 물질적 삶과 조건, 그것의 변형에의 실천과정과의 긴밀한 연관하에서 분석하고자 한다.[86]

기존 조직이론의 문화에 대한 접근은 근원적으로 관념론적 문화론의 관점을 공유하고 있으며 그 중에서도 특히 기능주의적 문화론이 지배적인 경향이라고 볼 수 있다.[87] 관념론적 문화론은 문화를 주관적으로 공유된 의미 및 상징체계, 유형화된 가치지향성 및 행동양식, 규칙체계 등의 일반화된 정의를 통하여 문화론의 연구대상을 가시적이고 경험되는 문화영역, 문화적 사실이라는 실존적 현상으로 설정함으로써, 문화적 사실과 실제적인 과정으로서의 문화과정을 혼동하고 있다. 이러한 관념론적 문화관은 본질적으로 인식주체와 대상세계 사이의 관계 속에서 인식을 설명하며 지식은 외적 대상에 대한 주체의 경험에서 나온다고 보는 경험주의 인식론에 기반하고 있다. 이것은 곧 사유 속의 구체(concrete-thought)와 현실적 구체(real-concrete)를 혼동하는 것에 지나지 않는다. 알튀세에 의하면 지식의 대상과 현실적 대상범주를 구분하고 과학의 대상이라고 우리가 생각하는 것은 현실적 대상이 아닌 기존하는 관념과 표상들이라는 것이다. 즉 경험을 통하여 지각되는 현실 그 자체가 아니라 보이지 않는 추상적인 것, 즉 지각체와 이미지로부터 오는 개념들이 과학의 대상이라는 것이다.[88] 실제의 대상을 지정하는 이러한 사유 속의 구체인 개념들을 생산하기 위한 지식대상의(개념과 연관된 지식의 원재료들의) 변형 속에서 이루어지는 이행적인 과정에 사고가 작용한다는 것이다. 문화론의 연구대상을 관찰 가능한 경험대상으로 설정하는 것은 경험하는 주체, 관찰하는 주체 역시 상정하는 것이다.[89] 연구대상인 문화가 이미 주어져 있다고 보는 것은, 곧

---

86) 윌리암스, 앞의 책, 1982, 30-31쪽; 강내희, 「유물론적 문화론의 정초를 위하여」, 《문화과학》 문학과학사, 1992, 70-90쪽을 참조할 것.

87) V. L. Meek, "Organizational Culture: Origins and Weakness," *Organization Studies* 9(4), 1988, pp.453-473.

88) L. Althusser, *Essays in Self-Criticism*, London: NLB, 1976, p.192.

89) 강내희, 앞의 글, 1992, 73-74쪽.

그것을 당연히 주어진 문화적 사실로 간주하는 주체의 설정이며 이것은 문화론의 주체와 대상은 동일한 장에 이미 마주하고 있는 것으로 나타남을 의미한다. 이와 같은 문제인식은 문화에 대한 개념이 아닌 이러저러한 문화의 기술(記述)과 문화과정에 관한 관념(통념)들을 생산하는 것에 지나지 않는다. 따라서 바로 이 지점에서 유물론적 문화론이 이데올로기 비판의 형태로, 즉 관념론적 문화연구의 이론담론 과정과 그 구성체, 그리고 정치·이데올로기적 효과에 대한 비판을 통하여 개입할 필요성이 생긴다.

## 3. 문화연구 방법론 비판과 담론분석의 지침

우리가 조직문화를 이데올로기의 문제인식에 입각하여 살펴보아야 함을 주장하였듯이, 이에 대한 연구방법도 역시 이데올로기에 대한 독해의 방법(reading method)과 절차를 따라야 함은 물론이다.[90] 우리는 반실증주의적 관점내에 속한 일상적 담론 실천의 분석과 구조주의적 접근으로부터 도출되는 독해, 실천 사이의 이론적·절차적 연결을 모색하는 데 관심을 가질 필요가 있다고 본다. 구체적으로 이러한 연결은 이데올로기적 의례, 철학적 담론, 정치적 진술들, 미적·문화적 여러 형태들에 내포된 담론적 물질성에 대한 분석을 그것들의 일상생활과의 관계, 특히 조직현상과 관련된 의미의 '일상성'에 대한 분석으로 나아가는 방향으로 작업을 수행하는 방식이다.

이러한 유형의 작업이 부과하는 필요조건들은 우선적으로 담론적 물질성의 기술(description)에 선차성을 부여하는 것이다. 이 관점에 의하면 기술은 무분별한 해석으로 이끄는 현상학적·해석학적 숙고가 아닌 해석이 의존하는 특수한 실재의 재인(recognition), 즉 담론, 발화, 텍스트 등의

---

90) 방법과 체계에 관해서는 C. Sumner, *Reading Ideologies,* London: Academic Press, 1979, pp.59-63을 참조할 것.

존재조건으로서의 랑그에 관한 기술을 포함한다. 우리는 여기서 한걸음 더 나아가 사회적 관계구조에 관한 구체적인 분석과 연관된 담론분석을 진행하는 것이 필요하다고 본다. 그것은 역사–특수적인 사회관계의 분석에 기초하여 노동과정 및 관리기제에 각인된 이데올로기의 효과성 및 그것의 주체형성과의 연관성을 분석함으로써 담론적 물질성에 대한 인식론 및 방법론적 혼란으로부터 벗어날 수 있다고 보기 때문이다.

## 1) 이데올로기의 독해방법에 관하여

우리가 담론분석에 기초한 이데올로기 분석을 구체적으로 진행함에 따라 사용할 수 있는 기법과 절차는 다양하다. 그러나 이데올로기 분석기법으로 알려진 것들은 지나치게 피상적인 분석에 머물거나 엄격한 분석을 수행하지 못함으로써 타당성에 많은 문제가 있다. 예컨대 텍스트에서 발화되는 문장이나 단어, 구절들의 빈도, 반복 횟수에 초점을 둔 내용분석방법(content analysis)이나 문학비평과 같이 발화 빈도뿐만 아니라 어떤 문장이나 제스처 등에 포함된 전제에 초점을 두고, 담론의 체계 및 그 계열을 파악하고자 하는 추론적 비평(speculative criticism) 등은 이데올로기를 인간의식의 표현으로만 파악하고 의미작용에 관한 이론 없이 특정한 관점을 은폐하고 실용주의적 분석을 진행한다는 점에서 '이데올로기적인 이데올로기 이론'으로 비판받을 수 있다.[91] 또한 구조주의적 담론분석의 경우에는 발화의 빈도를 내재적으로 고려하면서 전제들의 분석과 담론의 체계 및 그 계열에 초점을 둔다. 하지만 구조주의적 방법은 경험주의적으로 자발적으로 관찰되는 기호들 사이의 관계에 주목하여, 단지 이데올로기적 부호의 발견과 그것들 사이의 관계에 대한 이해만을 산출하고 특정한 정치·이데올로기적 전제하에 이데올로기적 구성체의 역사·사회적 측면을 단지 은폐할 뿐이기 때문에 비변증법적이고 경험주의적이며 관념론에 빠

---

91) Ibid., pp.65-100.

져 있다고 비판받는다. 신구조주의적 계열의 다양한 기호론적 방법들의 경우에는 위의 접근들을 모두 다 진행하면서 특히 담론의 비일관성이나 담론에서 억압 또는 배제되는 특정한 주제에 관심을 둔다.[92] 다른 접근들이 일상적인 독해의 수준에 머물고 있다면, 기호론적 접근은 의미작용에 관한 나름대로의 체계화된 이론을 지니고 있으며 분석의 엄밀성을 기한다는 점에서 커다란 차이가 있다. 우리는 이러한 신구조주의적 방법들에 일차적으로 관심을 기울이지만 이들의 문제인식(problematics)에서의 상이점과 이들의 관념론으로의 경도에 대해서는 비판적일 수밖에 없다. 따라서 우리는 이들이 지닌 이러한 문제점들을 체계적으로 비판하는 가운데, 방법 및 개념을 선별적으로 발전시킬 수 있는 가능성을 탐색할 필요가 있다고 본다. 그렇지만 어떤 방법이든 연구하고자 하는 담론에의 접근은 필수적으로 요구될 수밖에 없다. 이데올로기의 독해에서 긴요한 것은 바로 일상적 담론실천에 관한 자료의 수집이다. 질적 방법론의 고려가 필요한 것은 바로 이 때문이다.

## 2) 이론의 역할과 질적 방법론

유물론적 문화이론에서는 '대상'을 '보는' 진정으로 비이론적인 방법은 없다고 간주된다.[93] '대상'은 오직 자료들의 내적인 조직을 통하여, 개념적 구성이나 세계를 보는 방식에 매개되어 지각되고 이해된다. 대상에 대한 최종적인 설명은 대상 그 자체에 대한 것과 같이 관찰자에 대하여서도 동일하게 말해 준다. 앞서 논의되었듯이, 설명은 거꾸로 관찰자의 의식, 문화, 이론적 조직을 드러내고 설명해 준다.

질적 방법론(대표적으로 참여자 관찰법)에서 추구하는 야심은 직접적으로 자료에 접함으로써 발견하는 '놀라움에 대한(being surprised) 방법론

---

92) Ibid., pp.145-204.
93) L. Althusser & E. Balibar, *Reading Capital,* London: Verso, 1979; 신병현, 앞의 글, 1991, 15쪽.

적 가능성에의 야심'이다.94) 이들은 시작하는 패러다임의 사전적인 윤곽이 전혀 없는 지식의 독해를 표방한다. 그러나 이데올로기적 구성체와 담론구성체에 관한 논의에서 볼 수 있듯이, 이것은 오직 전 구성적인 이데올로기의 효과에 불과한 독해일 뿐이다. 따라서 우리는 새로운 지식의 생산을 위한 실질적인 범위(scope)를 명확히 인식해야 할 필요가 있다. 기본적인 문제인식과 출발시의 입장에 대한 이론적인 분석틀(theoretical organization)이 개괄적으로 제시되어야 할 뿐 아니라 이에 대한 명확한 인식이 선행되어야 한다. 이러한 점은 사회 세계에 대한 연구자의 태도와 관련된 것으로서 비록 일반적인 형태라 할지라도 사회적 관계에 대한 특정한 관점, 즉 그것의 결정, 설명에서의 분석적 절차들, 주제 선택의 이유 등에 관한 이론적 고백인 것이다.95)

질적 방법론의 핵심적인 사항은 최대한의 관련 자료와 대면해야 한다는 점이다. 여기에 놀라움으로 이끄는 입증력이 있으며 진실성, 질적인 촉감(authenticity, qualitative feel)의 유일하게 가능한 원천이 자리하고 있다. 그러나 앞서 이데올로기를 다루는 부분에서도 살펴보았듯이 '관점·이론에의 구속 없는 직관적 자연주의'는 허용될 수 없다. 그 속에는 이론적 작업을 은폐하는 기술이 숨겨져 있기 때문이다. 따라서 생생한 일상성을 관찰하여 얻은 자료의 질에 가미되어야 하는 것은 비일관성, 모순, 오해를 감시할 수 있는 능력, 그리고 그것들에 대한 이론적 해석능력이다.

윌리스(P. Willis)에 따르면 우리는 질적 방법의 이용에서 다음과 같은 점들의 고려가 있어야 한다고 본다.96) 첫째, 대상으로 선정된 것은 하나의 주체이며 연구자 자신의 주체성과 동일한 양식으로 이해되고 제시되어야 한다. 이것이 질적 영역에서의 '타당성'의 진정한 의미라는 것이다. 그렇다고 해서 이러한 진실성의 인식이 모든 형태의 객관성에 대립하는 것은 아니다. 여전히 우리는 증거를 존중하고 확증(corroboration)을 추구하며

---

94) P. Willis, op. cit., 1982, pp.88-95.
95) Ibid., p.92; C. Sumner, op. cit., 1979, p.8.
96) P. Willis, op. cit., 1982, pp.91-94.

왜곡을 최소화하는 방법을 필요로 하고 있다. 자료의 신뢰도 확보에 있어서 전통적인 양적 방법, 또는 객관성을 추구하고자 하는 기법들과 같이하는 부분이 있으나, 양적 방법의 한계인 자료수집의 과정을 넘어서는 지점이 바로 반성적이며 질적인 방법론이 들어오는 곳이다. 따라서 반성의 계기가 남아 있는 것은 주관적인 측면과 문화체계 사이의 관계인 것이다. 둘째, 질적 방법을 통해 발견할 수 있는 "놀라움의 가능성이 있는 곳은 바로 인간의 의미, 문화적 약호들, 여러 형태들의 상호연결(interlocking)" 속이다. 새로운 지식의 창출이라는 측면에서 보면 그것은 공유되지 않았기 때문인 것이다. 주관적인 입장들, 문화적인 형태들 사이의 차이들을 탐구하고 발견하는 것이 요구되는 시점인 것이다. 셋째, 그러나 "이러한 위기의 계기," 즉 설명되지 않는 차이들의 발견이 하나의 창조적 불확실성으로 간주될 때 더 나아간 이론적·방법론적 선택이 가능하다는 것이다. 즉 "적극적이고 반성적인 방법이 재구성의 형태로 보다 정확한 절합이 이루어질 수 있다"는 것이다. 요지는 질적 방법의 맥락에서 의미 있는 자료는 방법의 순수함이나 과학주의를 통해서가 아니라 사회적 관계로서의 방법의 지위, 그리고 특히 그러한 관계 속에서의 위기의 계기, 그리고 공유되거나 공유되지 않은 발견된 유형을 통하여 수집된다는 것이다. 현장연구의 진행 속에서 어려움에 직면할지라도 반성성은 이론과의 관련 속에서 구체적인 것의 점진적인 구성을 역동적이고 변증적인 방법으로서 가능하게 한다는 것이다.

이와 같은 방법론적 지침은 단순한 자료수집의 기법에 대한 관심을 넘어서고 있다. 특정한 방법을 개발하고 비교하며 방법론적 원리를 고안해내며 분석적 설명을 위한 특정한 문제의 선택을 유도하는 이론적인 관심을 주장하는 것이다. 양적 방법론에서 거론되고 질적 방법론자들도 역시 동조할 수 있는 기법과 그것의 타당도는 중요하지만 이들의 경우에는 이론적 인식이 부재하다고 할 수 있다. 따라서 우리는 특정한 기법의 헤게모니화 경향을 거부해야 한다. 기법의 헤게모니화 경향은 물론 양적 방법론의 기본 특징이지만 질적 방법론의 경우에도 동일한 경향을 지적할 수 있다.97) 따라서 요구되는 것은 참여자 관찰의 신비화된 통념들을 해체하고 이론적 요구에 따라 도출되는 특정한 기법들의 신축적인 범위를 제시하고 그들을 필요에 따라 상호결합하는 방식으로 다양한 적용을 모색해야 한다는 것이다. 결국 우리는 '방법론'이라는 통념을 전체적으로 해방시키고 궁극적으로 연구자와 연구주제의 반성적인 관계를 인식할 것을 주장하는 것이다.

지금까지 기업문화론의 '주체적인 것'에 대한 관심과 연관된 이론적·방법론적 문제점들을 비판하고 기업문화론적 담론들에서 당연시되는 보편적인 주체는 이데올로기 이론틀에 근거한 연구를 위한 이론적·방법론적 고려 사항들에 대하여 살펴보았다. 특히 문화연구 방법론으로 당연시되었던 질적 연구방법들의 비판을 통하여 이데올로기 독해방법의 연결을 통한 경험적 연구수행의 지침들을 모색해 보았다.

우리는 조직문화이론과 실천 사이의 관계를 비판적으로 살펴보면서, 과학적 이론이 갖는 진리적 성격은 실천과 일정한 거리를 유지함으로써 그 효과를 발휘할 수 있음을 말하고자 하였다. 그것은 이론적 담론이 어쩔 수 없이 지배적인 담론구성체에 의식적·무의식적으로 종속될 수밖에 없다고 할 때, 그것이 초래할 수 있는 진리성은 오직 지배적인 담론구성체로부터의 이탈과 비판적 거리의 유지가 지닌 정세적 효과일 수밖에 없다고 보기 때문이다. 우리는 결국 조직문화론적 연구들에서 드러나는 기업의 문화적 통제전략 및 실천과의 긴밀한 연결관계는 기업에 도움을 주기는커녕 눈을 멀게 하여 문제의 핵심을 보지 못하게 할 뿐만 아니라 조직 자체의 학습능력 자체도 쇠퇴시킬 위험이 있다고 보는 것이다.

이 글에서는 이데올로기, 담론 등의 개념과 그들 사이의 관련성에 대한 상세한 논의를 전개할 수 없었으며 이데올로기 분석에 필수적으로 요구되는 사회적 여러 관계 측면, 특히 노동과정 및 노사관계에 대한 이데올로기

---

97) Ibid., pp.94-95.

적 사회관계 측면을 연관시킨 논의가 수행되지 못하였다. 따라서 노동과정과 이데올로기의 보다 구체적인 절합양식에 관한 이론적 논의가 보다 필요할 것이다.

# 이데올로기와 주체형성

　주체적인 것(subjectivity)에 대한 관심이 기업문화론과 같은 부르주아 경영담론뿐 아니라 최근의 비판조직이론 및 노동과정이론에서도 동일하게 쟁점으로 부각되고 있음을 앞 장에서 살펴보았다. 생산에서 동의가 산출되고 그것이 재생산되는 과정에 대한 뷰러웨이(M. Burawoy)의 접근을 비롯하여 주관적인 요인에 대한 관심, 더 나아가 조직내의 정체성의 생산과 재생산, 그리고 자본주의 및 가부장제적 구조와 개인의 행위 사이의 간극을 메우려는 ‘정체성의 사회심리학’적인 관심 등 지금까지 비판조직이론 및 노동과정론에서 소홀하게 다루어져 왔다고 생각되는 ‘누락된 주체’의 실존적 측면에 관한 관심이 그것이다.1) 그런데 이러한 주체적인 것에 대한 관심은 조직이론과 경영관리의 경우, 노동통제의 마지막 전선으로서 인성 및 조직풍토의 건강성과 조직문화를 강조함으로써 조직구조와 작업장의 합리적(?)인 설계에서 ‘빠진 구멍’을 동기부여와 자발적인 참여를 통하여 메우려는 관심에서 출발하나 그것은 단지 기술적 합리성이라는 지배적 경영담론에 동기부여기법을 덧칠함으로써2) 복합적 사회구조의 불균등성

---

1) P. Thompson, “Crawling from the Wreckage: The Labour Process and the Politics of Production,” in D. Knights & H. Willmott(eds.), *Labour Process Theory,* Macmillan, 1990, pp.95-124.
2) G. B. Adams & V. H. Ingersoll, “Painting Over Old Works: The

에서 파생되는 이질적 담론의 유포를 제한하고 배제할 뿐임이 지적되었다. 이러한 점들은 결국 조직문화론에 있어서 주체적인 것의 관심이라는 것들은 조직성원을 기술합리성에 길들여진 보편적 주체로 호명하고자 하는 경영이데올로기에 바탕을 두고 투박한 직접적 통제로부터 헤게모니적 통제로 세련화시키고자 하는 통제기법의 변형과정인 것이다.

사회이론적 분석의 경우에서도 이와 동일한 관심을 볼 수 있다는 것은 아이러니라고 할 수 있다. 구조적 모순의 격화 속에서도 격발되지 않는 대중적 반역의 문제를 설명하기 위해 구조적 분석의 지평에서 이탈되어 있던(sic) 주체들의 자발적인 실천이라는 잔여를 말끔하게 봉합(suture)함으로써 사회적인 것에 대한 총체적 인식의 야심을 드러낸다. 그러나 이러한 '통일 과학(royal science)'의 환상에서 드러나는 실용적이며 실증주의적인 문제인식은 그것이 지니는 논리적 안정성에도 불구하고 상황적 설명력이라는 모호하기 짝이 없는 일반적인 공식화로 귀결되거나 자율적 주체로의 개념적 퇴행을 함으로써 유물론의 궤도를 벗어나기도 한다. 노동과정론에서의 주체에 대한 관심 역시 자율적 주체의 상정과 그들의 노동과정에서의 '생생한 경험'을 강조하는 가운데, 심리학 및 사회심리학적 주체이론에 기웃거림으로써 주체들의 실천을 예측하고 통제하려는 조급한 실용주의 및 실증주의의 경험론적 환상에 종속되어 있다.

따라서 요구되는 것은 기업문화 및 노동과정 연구에서 강조되는 '당연시되는' 주체들이 어떻게 형성되고 변형되는지에 대한 보다 근원적인 관심이며 지배이데올로기하에서 대중의 반역을 어떻게 사고할 것인가에 대한 실천적 관심이다. 이 글은 이 중에서도 주로 기업문화론에 관한 기존 연구 행태에 초점을 두고 조직내 주체형성과정과 그 메커니즘에 관한 살펴보는 것에 논의의 초점을 두고자 한다.

현대의 기업문화론의 주요 전략적인 표적은 역시 조직 구성원들의 '자

---

Culture of Organization in an Age of Technical Rationality," in Barry A. Turner(ed.), *Organizational Symbolism,* Berlin: Walter de Gruyter, 1989, pp.15-31.

발적인' 참여 및 협동의 산출(즉 동기부여) 과정이다. 이것은 다름 아닌 새로운 관리기제의 적용 및 신기술의 도입으로 변화하는 상황에 대한, 즉 기표들에 대한 의미를 부여하고 통일된 정체에 대한 느낌을 형성시킴으로써 의도된 좋은 주체로서 구성해 가는 과정인 것이다. 이러한 자발적으로 참여하는 주체로의 형성과정은 뷰러웨이가 보여주듯이 이데올로기적 관계의 효과로서 생산지점에서 동의를 산출하고 재생산하기 위한 개입 및 통제장치들과 연관되어 있다.3) 우리는 주체형성을 통한 문화적·상징적 통제에 대한 접근은 기존 문화연구와는 전혀 다른 새로운 문제설정하에서, 즉 이데올로기 이론의 분석적 관점과 개념장치들을 통해서만 올바르게 접근할 수 있다고 보는 것이다.

따라서 이 글은 이데올로기와 문화의 절합관계의 지배구조하에서 어떻게 다양한 주체들이 구성되고 의미의 전위가 이루어지는지를 관리장치와 담론이론의 측면에서 살펴보기 위한 것이다.


## 1. 이데올로기와 담론

문화과정에 관한 분석을 진행시키기 위해서는 우선적으로 기본적인 관점과 문제를 명확히 하여야 한다. 따라서 이 절에서는 조직문화과정, 즉 주체와 정체성의 사회적 구성과정과 그 기제들을 분석하기 위한 이데올로기 이론의 기초적인 개념장치들을 살펴보고 질적 방법론이 지닌 여러 문제들을 극복할 수 있는 대안적인 방법으로서 담론이론의 기초 개념을 살펴본다.

---

3) M. Burawoy, *Manufacturing Consent,* Chicago: Chigaco Univ. Press, 1979; *The Politics of Production,* London: Verso, 1985.

## 1) 이데올로기의 물질성과 조직 분석

### (1) 조직과 이데올로기 분석의 기본 관점

기존의 ‘문화’ 및 ‘조직’에 대한 통념들과의 분명한 단절(epistemo-logical break)을 위하여 우리는 조직의 유형(type)과 조직의 형태(form)는 구별되어야 한다고 보아 조직을 새로이 개념화한 바 있다.[4] 즉 자본주의적 생산양식이 지배적인 사회구성체에서 국가의 유형은 국가의 자본주의적 이해와 연관된 모순적인 기능 방식(국가의 내용적 측면, 즉 기능)이 지니는 계급적 성질, 즉 국가의 계급성을 의미한다. 따라서 우리의 조직에 대한 이해에 터하여 보면 조직의 유형과 형태는 국가의 정치·이데올로기적 장치들, 엄밀하게 말하자면 정치·이데올로기적 사회관계들, 즉 정치적·이데올로기적 계급실천이 실현되고 그것들이 제도적으로 분리되어 물질화된 장소(site)이며 정치적·이데올로기적 변형적 실천의 조건들이라는 측면에서 개념화된다. 조직의 유형은 자본주의적 생산·재생산의 총과정에서 차지하는, 즉 잉여가치의 생산과 유통 그리고 배분의 총과정에서 사회적 생산관계들을 모순적인 방식으로 재생산하는 경제적·정치적·이데올로기적 실천의 장소이며 조건들로서 이러한 요소들의 모순적이며－불균등한 가운데의－지배와 종속으로 과잉결정되는 구조적 복합체에서의 한 영역을 구성하는 과정들로 개념화될 수 있다(예를 들어 정당 및 기업의 종별적 유형들, 국가 외부에 존재하는 변혁적 정치조직들－민주노조, 혁신 정당). 또한 조직의 형태는 특정한 사회구성체내에서 특정한 역사적 국면에서 모순적이며－불균등하고－지배와 종속의 관계구조로 형성되는 영역적 속성들로의 전문화(국가의 분화)[5]와 계급입장(class position)에 따라 그 중요성을 달리하는(즉 조건지어지는) 정치·이데올로기적 사회관계의 물질화된 효과들이다.[6]

---

4) 신병현, 「조직분석방법론 서설」, ≪현상과 인식≫ 1991, 56-57쪽.
5) E. Balibar 외, 『맑스주의의 역사』(윤소영 편역), 민맥, 1991, 41-50쪽.
6) 이것의 예로는 관료제와 민주집중제 등을 들 수 있다.

이러한 관점에서 조직과 이데올로기를 구체적으로 분석한다는 것은 구체적인 사회구성체에서 생산관계의 재생산과 변형의 정치·이데올로기적 여러 조건들에 대한 구체적인 분석을 수행하는 것이다. 이데올로기적 관계의 효과는 국가와 시민사회 사이의 법이데올로기에 의해 허구적으로 창출되는 대당설정과 분리라는 모순에 근거하고 있고, 그러한 모순적인 분리가 정치적·이데올로기적 사회관계의 효과성으로서 제도에 각인되어 고유한 물질성을 띠며, 이러한 것들이 사회적 생산관계의 측면에 교차하는 방식으로 지표를 갖게 된다. 이에 대한 체계적인 분석은 물론 노동과정 및 사회적 관계, 특히 직접적 생산과정에서의 이데올로기의 효과성을 확인하고 그것의 변형과 연관된 조건을 탐색하는 것이 요구된다. 따라서 우리는 법이데올로기에 의해 허구적으로 창출되는 국가와 시민사회의 분리라는 표상, 조직으로서의 국가라는 표상, 그리고 조직에 대한 신비화된 표상들 그 자체를 적극적으로 문제시하는 이론적 관점, 즉 이데올로기 이론이라는 관점 하에서 국가 및 조직을 사회적 관계들(즉 경제·정치·이데올로기적 관계)의 효과성(effectivity)이라는 측면에서 이해할 필요가 있는 것이다.

역사유물론에서 전통적으로 언급되어왔던 토대와 상부구조라는 건축술적 범론은 무엇보다도 최종심급에서의 경제적 토대에 의한 결정, 이것은 곧 '최종심급에서'라는 효과성의 지표(index of effectivity)를 경제적 토대에 부여하는 것이며, 이러한 효과성의 지표가 주어졌을 때 상부구조는 이와는 다른 효과성의 지표가 주어짐(상대적 자율성, 상호작용: reciprocal action)을 의미하는 것이다. 그런데 이러한 상부구조의 도출된(또는 이차적인) 효과성의 유형이 무엇인가라는 이론적인 문제를 제기할 때 국가와 법, 그리고 이데올로기적·정치적 관계에 대한 이론적 분석의 장애로 작용하는, 즉 기술적(descriptive)인 성격으로 남을 수밖에 없게 된다.[7] 따라서 알튀세와 같은 이는 토대-상부구조의 범론을 재생산의 토대에 근

---

7) L. Althusser, *Lenin and Philosophy and Other Essays,* N.Y. and London: Monthly Review Press, 1971, pp.134-140.

거하여 상부구조의 존재와 성격을 특징짓는 것이 무엇인가라는 질문으로 대체함으로써 재생산의 관점에서 법, 국가, 이데올로기를 분석하고자 한다.

　재생산의 관점에서 이들을 분석한다는 것은 모든 사회구성체가 존재하고 생산하기 위하여, 즉 생산과 동시에 생산의 조건들(생산력: 생산수단과 노동력 그리고 기존의 생산관계들)을 재생산하는 것을 분석하는 데 있어서, 첫째로 생산관계의 재생산을 실현하는 전체 과정의 한 요소로서 이데올로기적 국가장치가 이러한 재생산에 기여하며, 둘째 이러한 재생산이 실현되는 곳은 생산과정 및 순환과정이라는 점, 특히 노동력의 재생산과 연관된 이러한 과정들의 내적 기제들 속에서 상이한 이데올로기들의 효과들이 감지된다는 점, 셋째 모든 계급사회에서 생산관계는 착취관계이며 적대적인 계급들 사이의 관계이고 지배계급의 궁극적인 목표는 그러한 관계의 재생산이라 할 때, 지배계급의 이데올로기에서만 존재할 뿐인 '기술적 분업' 측면에서의 노동력 재생산은 단지 노동의 사회적 분업(즉 계급: 발리바르에 의하면 특히 정신-육체 노동의 분업) 및 조직화를 형태짓고 은폐하는 것이기 때문에 생산관계의 재생산은 한 계급, 곧 지배계급이 수행해야 하는 몫이며, 따라서 대치하는 지배 및 피지배계급 사이의 계급투쟁을 통하여 재생산이 실현된다는 점을 강조하는 것이다.

　따라서 재생산이 실현되는 곳이 생산 및 유통과정이고 이데올로기적 국가장치가 이에 기여한다고 할 때, 이러한 이데올로기적 국가장치의 2차적 효과성은 비록 그 장치들 속에서 은폐될지라도 생산 및 유통과정 속에서의 지표로 각인된다는 점을 지적할 수 있다. 직접적 생산과정 및 유통과정에서의 재생산의 실현 속에서, 이러한 2차적 효과성의 지표가 대응되는 것은 아닐지라도, 즉 비록 모순적인 방식으로-불균등한-지배·종속의 과잉결정하에서일지라도 정치·이데올로기적 사회관계(여기서는 국가장치)와 생산의 사회적 관계들 사이의 교차 또는 절합의 양식 자체를 규명하는 것이 문제로 제기될 수 있는 것이다.

　그런데 알튀세가 말하는 "이데올로기는 물질적 존재를 갖는다"라는 가설적인 테제는 비록 단언적인 형식으로 제출되었기 때문에 엄밀하게 논증

되지 않았을지라도 우리는 이것을 하나의 가설적인 테제로 설정하여 이데
올로기의 성질에 관한 실제적인 분석을 진행할 수 있다고 본다. 알튀세는
국가의 (이데올로기적) 장치와 그 실천에 관해 말할 때, 이들은 각 이데올
로기들이 현실화된 것이라고 말한다. 여러 국지적인 이데올로기들(종교적
·도덕적·법적·정치적·미학적 등)은 지배이데올로기로의 포섭 속에서 나름
대로의 통일성을 보증받는다. 이러한 생각은 곧 하나의 이데올로기는 항상
하나의 장치 속에, 그리고 그 장치의 실천 또는 실현들 속에 (물질적으로)
존재한다는 것인데, 이러한 가설적인 테제는 나름대로 현실적인 사회과정
들의 분석, 특히 자본주의적 생산과정의 분석을 통하여 논증해 볼 수 있을
것이다.8) 즉 사회적 실천에 의해서, 또한 그 속에서 객관적으로 산출되는
암시·환상, 승인·부인의 효과는 보다 적극적인 원인, 즉 계급투쟁 속에서
역사적으로 형성되는 실제의 이데올로기적 사회관계들(법적·도덕적·미적
·정치적 관계 등등)의 존재와 기능에 의해서만 설명될 수 있음을 잘 보여
준다.9) 이러한 이데올로기적 사회관계는 실제로 생산관계와 구별되는 독
자적인 사회관계이다. '실제로 구별된다'는 것은 특수한 이데올로기적 장
치들에 의존하는 독자적인 실천들 속에서 현실화되고 물질화된다는 것을
의미한다.

### (2) 이데올로기 개념

알튀세에게 있어서 이데올로기는 현실과의 관계를 표상하는 체계이다.
이러한 의미에서 인간은 표상(representation)들을 통하지 않고서는 자
신의 사회적 존재를 규정하는 여러 관계들과 관련을 맺을 수 없다. 경제적
·정치적 인간으로 태어나는 것과 마찬가지로, 인간은 동시에 이데올로기

---

8) 예를 들어 뷰러웨이가 보여주고 있는 노동과정에서의 동의산출기제들은 사실상
   이데올로기의 효과에 관한 분석이라고 할 수 있다. M. Burawoy, op. cit.,
   1979; M. Burawoy, op. cit., 1985.
9) E. Balibar, "The Vacillation of Ideology" in C. Nelson & L.
   Grossberg(eds.), *Marxism and Interpretation of Culture*, The Univ. of
   Illinois Press, 1988, p.216.

적 인간으로 태어나는 것이다.10) 이데올로기는 인간과 인간, 인간과 그들의 과업 사이의 응집력을 확보해 주는 접착제(cement)와 같은 기능을 한다. 다시 말해, 이데올로기는 인류 역사를 통하여 모든 실천들을 관통하고 있는 것이다. 그러나 이데올로기는 의식과는 아무런 관련이 없으며 이데올로기가 반영된 형식을 통해 드러날 때조차도 지극히 무의식적이다. 대부분의 경우에 있어서 이 표상은 이미지와 개념으로 이루어지는 의식과 연관되기보다는 무의식의 문제, 즉 배후에 놓여 있는 구조들로서 인간의 의식을 거치지 않은 채 대다수의 인간들에게 부과된다.11) 따라서 이데올로기는 관념적으로 존재하는 것이 아니라, 모든 사회적 총체성의 유기적인 부분으로 객관적으로 존재하는 것이다. 이데올로기의 특성이 우리가 역사 전체라고 부르는 것 속에 그 구조와 기능들이 동일한 형태를 띠고 나타난다는 의미에서 이데올로기 일반은 역사를 갖지 않는다. 표상체계로서의 이데올로기는 표상의 인식작용에 필연적으로 포함된 오류(표상과 표상되어진 것 사이의 오류)로 말미암아 현실과 조응하지 않는다. 그러나 이데올로기는 표상이라는 경험적 틀이 가지고 있는 환상에 의해 존재의 실재조건들을 소외된 형태로 (상상적으로) 전위시키는 것은 아니다. 알튀세에게 있어서 상상성의 본질은 '실제 세계에 대한 개인들의 관계'의 표상이라는 표상의 대상에 내재해 있는 것이다. 이데올로기는 개인들의 실재 존재조건에 대한 개인들의 상상적 관계의 표상이다. 이데올로기는 인간이 생활하는 과정과 방식을 구성한다는 점에서 항상 이데올로기 국가기구나 제도적 실천의 형태를 통해 물질적으로 존재하고, 상상적 표상은 최종심급에 있어서 생산관계와 계급투쟁에 의존한다는 점에서 모순으로 존재한다.

인류의 전역사를 통해 이데올로기는 사회구조의 불투명성에 의해 생겨나며, 따라서 사회적 결속을 위해여 구조가 개인에게 부과하는 위치를 말해 주는 표상을 통해 기능한다. 인간의 인지에 있어서 사회구조의 불투명

---

10) L. Althusser, 『마르크스를 위하여』(고길환·이화숙 역), 백의, 1990, 185-249쪽.
11) L. Althusser, op. cit., 1971, pp.162-165.

성은 지식대상과 실재대상의 차이에 의해서 생겨나며, 현실과 개인의 체험된 관계를 표상하는 이데올로기를 통해서 사회구조는 개인에게 인지되기 때문에 신비롭고 상상적이다.12)

이데올로기적 영역에서 이데올로기들은 '실천적 이데올로기'와 '이론적 이데올로기'라는 두 가지 형태로 존재한다. 실천적 이데올로기는 개념, 표상, 이미지들이 행동, 행위, 태도, 몸짓 등으로 형상화되는 복합적 구성체이다. 이러한 앙상블들이 사람들의 구체적인 입장과 태도를 지배하는 규범으로 작용한다.13) 이론적 이데올로기는 체계화된 이론의 형태로 존재하는 이데올로기를 말하는 것으로, 이론적 영역에서 이론적 이데올로기는 최종심급에서 실천적 이데올로기의 분견대이다.14) 종교적 이데올로기의 영역에서 신학의 경우가 이론적 이데올로기에 해당되며 의례와 규율 등 제도화된 실천들이 실천적 이데올로기가 된다.

이제 이데올로기의 기능방식에 대해서 살펴보자. 이데올로기는 개인들의 존재조건과 개인들의 상상적 관계를 표상함으로써 이데올로기적 인식과 오인의 기능을 수행한다. 이러한 이데올로기의 기능은 주체의 형태를 통해 발휘된다. 즉 이데올로기가 개인을 주체로 구성함으로써 실천의 주체로서의 개인은 사회와 유기적인 관계를 맺게 된다. 이데올로기의 주체구성의 효과에 의해 인간들은 자신과 타인을 인지하고 또 이데올로기적 질서 속의 자신의 위치를 자유의지에 의한 행위의 결과로서 느끼게 된다. 따라서 알튀세는 "주체에 의하지 않고 주체를 위하지 않는 이데올로기는 없다"15)고 본다. 이데올로기는 오직 주체라는 범주와 그 기능에 의해서만 존재한다. 비록 주체의 범주가 법이데올로기의 출현에 의해서 나타난다 할지라도, 주체는 그 명칭을 달리하며 모든 이데올로기를 구성하는 범주인 것이다. 알튀세

---

12) J. Mepham, "The Theory of Ideology in Capital," *Radical Philosophy* 1(1), 1972, pp.12-19.

13) L. Althusser, *Philosophy and the Spontaneous Philosophy of the Scientists*, ed. by G. Elliott, London: Verso, 1990[1967], p.83.

14) L. Althusser, *Essays in Self-Criticism,* London: NLB, 1976, pp.185-191.

15) L. Althusser, op. cit., 1971, p.171.

는 이데올로기가 주체를 구성하는 구체적인 방식을 '호명한다(hails or interpellates)'고 표현한다.

> "이데올로기는 구체적인 개인들을 구체적인 주체들로서 호명한다"(L. Althusser, 1971: 171)

그는 경찰관의 일상적인 호명의 예를 통해서 이데올로기가 개인들을 주체들로 구성하는 방식을 표상한다. 길거리에서 경찰관이 길을 가는 한 사람을 소리쳐 부르면 호명된 그 개인은 뒤돌아볼 것이다. 이때 뒤돌아본 그 개인은 호명된 자가 바로 자기 자신이라는 사실을 깨달았기 때문에 뒤돌아본 것이며, 그렇게 함으로써 그는 그 순간 주체로서 호명된 것이다. 이데올로기도 동일한 방식으로 현실의 존재조건과 개인들의 상상적 관계에 대한 표상을 통해서 개인들을 주체들로 호명한다. 이데올로기는 영원하기 때문에, 정확히 말하자면 개인들은 '항상' '이미' 주체로 호명되어 있다고 볼 수 있다. 즉 뱃속의 태아 역시 이미 주체로서 호명되고 있다. 수태 이후의 아기가 그 탄생을 기다리는 특수한 가족이데올로기적인 모습(성은 무엇이며 가풍에 따른 이 아이의 장래는 어떠해야 한다는 등)에 의해 다른 무엇과도 대체되지 않는 주체임을 보장받는 것이다. 이미 주체로 호명되었다는 사실은 계급이해와 개인의 인성적 이해의 분리를 통일시킬 수 있는 하나의 돌파점이 된다. 따라서 개인의 인성적 특성 역시 다양한 이데올로기들의 주체호명의 절합에 의해 구성된다고 볼 수 있는 것이다.16) 이데올로기의 주체로의 호명과정이 이데올로기의 구조 자체에 반영되는 방식은 이 중적인 거울 구조로 나타난다. 즉 의도된 주체(subject)로의 호명, 호명발화주체(Subject)에 대한 복종, 호명된 주체와 호명주체간의 상호 인지 그리고 호명관계의 절대적 보장 등의 4중의 체계 속에 사로잡혀 주체

---

16) A. Woodiwiss, "The Discourses of Production(Part I): Law, Industrial Relations and the Theory of Ideology," *Economy & Society* 16(3), 1987. 8, pp.275-316.

들은 활동한다는 것이다.

## 2) 담론구성체와 담론과정

위와 같은 문제설정(problematics)하에서 조직이론과 조직실천, 그리고 주체의 구성과정 사이의 상호연관성을 담론과정과 담론구성체 개념을 통하여 분석할 수 있는 방법론적 지침들을 모색해 볼 수 있을 것이다. 이데올로기는 개인을 주체로 호명하는 담론으로서 작동한다.[17] 따라서 이 절에서는 이러한 호명작용을 분석하기 위한 방법론적 탐색의 일환으로써의 담론, 담론적 과정과 담론구성체 개념을 살펴보고 이를 통하여 조직담론과 기업문화과정의 분석적 틀을 모색하기로 한다.

담론(discourse)의 기본 조건은 대화이다. 그리고 모든 말과 글은 사회적이다. 따라서 담론들은 그것이 형성되는 제도와 사회적 실천의 종류, 말하는 사람들과 그들의 상대적 위치에 따라 모습을 달리 한다. 그뿐 아니라 어떠한 상황인가에 따라서 동일한 단어들이 서로 상충되는 의미의 문맥을 구성하기도 한다. 사회·역사적으로 형성되고 발전하는 제도들과 연관된 담론들은 각각 개인들에게 배당되어 있으며 그것의 위계도 형성되어 있다. 또한 담론은 그것이 유래하는 화자, 그리고 그와 관련된 제도를 특징짓는 서로 대립된 입장들에 의해 규정될 수 있다(예컨대 경영자와 노동자). 그리고 상이한 담론들은 각각 상이한 대상(예컨대 과학에서의 개념)을 갖고 있으며 상이한 담론은 상이한 개념과 범주들을 창출해 내기도 한다. 그러나 의미는 말이나 글뿐 아니라 비언어적 기호의 연쇄나 배열, 상호교환을 반영하고 있다. 따라서 담론은 의미를 지시하거나 의미를 갖는 모든 것으로 폭넓게 볼 수 있는 것이다. 의미는 기술적인 과정, 제도, 일반적인 행동패턴, 전달과 유포를 위한 다양한 형성물들에, 그리고 교육형식에 구체화

---

17) G. Therborn, *The Ideology of Power and Power of Ideology*, London: Verso, 1980, p.15.

되어 있다.[18] 결국 의미와 사회적 생산이 발생되도록 하는 모든 제도적인 실천이나 기술도 담론의 일부로 간주될 수 있는 것이다.

어원학적으로 담론이라는 용어는 라틴어의 동사 '자유롭게 놀다, 뛰어 돌아다니다(discurrere: run about)'를 어원으로 한다. 고전 수사학(rhetoric)에서의 담론개념은 작동하고 있는 활동으로서의 언어를 강조하는데, 이를 통한 단어들과 인물이나 주제의 연결과 분류를 수행하고 대상과 연구목적을 구성하는 데 관심을 가졌다. 주로 이러한 수사학에서의 담론은 연속적인 발화(continuous utterance) 속에서의 형태나 주체를 결합하는 것, 즉 문장보다는 큰 단위에서의 언어의 절합(articulation)을 지칭하였다.[19] 이러한 수사학에서의 담론적 관심은 서론(exordium), 서술(narratio), 논쟁(argumentatio), 논박(refutatio), 결론(peroratio) 등의 초문장적인(supra-sentential) 분화를 이루어내는 데 관심을 갖는다. 특정한 절합의 집합은 입증과 반증이 가능한 장소인 '담론성(discur-sivity)의 영역'을 산출하게 되며, 이에 따라 우리는 진실성이 구속하는 언어과정을 이해하게 된다. 이러한 진실성이라는 제약은 바로 주체의 존재를 요구하는 언어과정 자체에 의해서 분화된 주체의 생산을 불가피하게 그 귀결로 삼는다.[20] 라캉(J. Lacan)의 기표개념에서의 분화, 즉 언어에서의 이러한 분화는 담론이론 발전에 핵심적인 개념으로 받아들여지고 있다. 이를 통하여 담론이라는 용어는 단순히 언어학적인 형식주의나 사회학적 주관주의의 치장물이 아닌 언어와 사회성의 절합의 장을 지시하게 되었다.[21] 그렇지만 이러한 라캉주의적 담론개념의 차용은 라캉 자신이 지닌 구조주의 언어학과 정신분석학의 독특한 해석이 야기하는 일반이론 추구적인 주관주의로 선회할 수 있는 위험에 지속적으로 노출되어 왔다. 그뿐 아니라

---

18) D. Macdonell, *Theories of Discourse: An Introduction*, London: Blackwell, 1986, pp.1-7.
19) C. MacCabe, "On Discourse," *Economy & Society* 8(4), 1979, pp.279-307.
20) Ibid., p.280.
21) Ibid.

역사유물론에서 이데올로기의 이론화에 라캉적 틀을 수용하는 과정 역시 동일한 관념론적 오류를 범하였음을 볼 수 있다.[22]

이러한 오류들은 문화론적 접근의 유행과 더불어 다양하게 확산되고 있다고 생각되기 때문에 여기서 잠깐 이러한 경향의 대표적인 학자들로서 라클라우와 무페(E. Laclau & C. Mouffe)와 포스트 구조주의(post-structuralism) 담론이론의 관념성을 비판하고 넘어갈 필요가 있다.

### (1) 포스트주의 담론이론의 문제

각종 포스트주의, 그 중에서도 라클라우와 무페의 논의를 둘러싸고 전개된 저간의 논쟁들의 쟁점은 대체로 그들의 언어구성주의적 사회관계의 결정성 문제 그리고 헤게모니적 접합논리에서 드러나는 계급정치의 특권화에 대한 부정의 문제로 대별할 수 있을 것이다.[23] 우리는 그러한 포스트 맑스주의 논쟁이 라클라우와 무페의 독특한 담론개념을 둘러싸고 전개되고 있음을 볼 수 있다.[24] 따라서 우선 이들이 말하는 담론 및 담론구성체의 정체가 과연 무엇인지에 초점을 두고 살펴보자.

이들은 "그 실천의 결과로서 요소들의 정체성이 변화되는 요소들 사이의 관계를 설정하는 모든 실천들"을 접합으로 정의하고, "접합적 실천의

---

22) 대표적인 예로서 프랑스의 뗄켈그룹(Tel Quel Group)을 들 수 있다. 이에 관해서는 J. Larrain, *Marxism and Ideology*, Hong Kong: Macmillan, 1983; M. Pecheux, *Language, Semantics and Ideology*, N.Y.: St. Martin's Press, 1975. 그리고 라캉의 이론과 역사유물론의 관련성에 대한 보다 깊은 논의를 참조하려면 M. Thom, "Unconsciousness Structured like a Language," *Economy and Society* 5(4), 1976, pp.435-469; M. Pecheux, op. cit., 1975, pp.103-170을 보라.

23) 대표적으로 제라스와 라클라우, 무페 그리고 무젤리스의 라클라우 비판 등 ≪신좌파평론≫에서 전개되었던 논쟁에서, 그리고 지젝의 담론개념 비판, 우드의 이데올로기적 심급의 자율화에 대한 비판 등을 들 수 있다. 이에 대해서는 이경숙·전효관(편), 『포스트 맑스주의인가?』, 민맥, 1992에 실린 글들을 참조할 것. 그리고 E. M. Wood, *The Retreat from Class*, London: Verso, 1988, pp.47-75.

24) 특히 제라스와 라클라우 및 무페와의 일련의 논쟁에서 이러한 점을 확인할 수 있을 것이다. 이경숙·전효관(편), 앞의 책, 1992, 15-92, 93-137, 164-216쪽.

결과로 생긴 구조화된 총체성"을 담론으로, 그리고 "차별적 위치들이 담론 내에서 접합된 것으로 나타날 경우"를 계기로, 또한 "담론적으로 접합되지 않은 모든 차이"를 요소로 정의하면서, 푸코의 담론구성체(discursive formation) 개념을 '특정화'시키고 있다.[25] 첫째로 담론구성체를 "분산"에 초점을 둔 "규칙에 의해 지배되는" "요소들의 분산"으로, 그리고 "분산 속의 규칙성"에 초점을 둔 "외재성의 맥락에서 총체성으로 의미화될 수 있는" "차별적인 의미의 총체"로서 "윤곽을 구성"하는 것(기호학적인 텍스트의 폐쇄)으로 '특정화'시킨다. 이 중 두 번째의 것에 초점을 맞추면서 모든 요소가 차별적인 위치를 점유하는, 즉 총체성의 계기로 모든 요소들이 환원된, 접합된 담론의 총체성 속에서 모든 정체성들이 지닐 수밖에 없는 관계적이며 필연적인 성격, 즉 언어학에서 말하는 랑그(langue: 언어체계)의 필연성을 말하고 있다. 둘째로, 푸코의 담론적 실천과 비담론적 실천구분을 기각하면서 구조화된 담론구성체내에서 이루어지는 "의미의 사회적 생산" 내적 분화로서 사회적 실천이 갖는 위치를 강조한다. 이는 곧 임의적으로, 또는 선험적으로 구성된 요소들 사이의 관계체계가 담론적 과정(discursive process)을 통하여 설정됨을 말하고 있는 것이다. 이러한 논의 속에서 그들은 뒤에서 보게 될 포스트 구조주의자들에게서 드러나는 제도, 기술, 생산조직 등의 비담론적 복합체들, 즉 담론적 대상들이 지닌 물질성과 그것에 준거할 수밖에 없는 담론들의 물질성 담론들의 물질성 자체를 융합시키고 있다. 그들이 사유와 실재의 구분을 기각하고 담론과정을 통해서 "사회적인 것의 지형 그 자체의 일부분"이 구성된다고 말하고 있는 곳에서 이러한 점을 잘 볼 수 있다.[26] 이들은 담론의 중심성과 그것이 지닌 생산성—이데올로기의 작용을 통한 텍스트적 주체의 생산

---

25) 어네스트 라클라우·샹탈 무페, 『사회변혁과 헤게모니』(김성기 외 역), 터, 1990, 135-138쪽.
26) 어네스트 라클라우·샹탈 무페, 앞의 책, 1990, 135-138쪽. 이러한 것들에 대한 논거로서 그들은 비트겐슈타인의 언술행위이론을 들고 있다. 이에 대한 검토와 비판으로는 심광현, 「언어비판과 철학의 새로운 실천」, ≪문화과학≫ 제2호, 1992, 11-46쪽을 참조할 것.

과 의미의 생산―이 객관성의 영역을 확장시키며(*sic*), 다수의 관계들을 사유할 수 있는 조건이 창출됨을 주장하고 있다. 이것은 담론을 통한 담론 조건의 창출을 말하는 것인데, 바로 이러한 주장들 속에서 우리는 이데올로기의 절대적 자율성과 언어에 의한 사회적 구성이라는 이들의 '세련된 유물론'의 관념론적 성격을 볼 수 있다.27) 이와 같은 방식으로 유물론적 전제들을 담론 및 담론구성체, 담론과정에 대한 물질성론으로 환원시키고 이들은 셋째로, 담론적 총체성의 불완전하고 불투명한 폐쇄성, 즉 사회적 정체성의 완전한 봉합을 불가능하게 만들며 제한하는 담론적 '외부'를 설정한다. "또한 정체성들은 순전히 관계적이기 때문에 완전히 구성될 수 있는 정체성이란 존재하지 않는 것을" '은유'적인 방식으로 '고정화'시키는 것이며 문자성이 이러한 은유의 첫 번째임을 말하고 있다. 차이들의 영역을 고정하는 단일의 원칙이나 토대는 존재하지 않고 오직 해결 불가능한 담론적 폐쇄의 긴장이 모든 사회적 실천의 조건이며, 사회적인 것의 구성 또는 부분적인 고정화가 이루어지는 곳이 바로 이러한 정체성의 "중층결정의 영역"이라고 본다.28) 이러한 부분적 고정화의 특권화된 담론적 지점들을 결절점이라고 부르며, 다의성을 지닐 수 있는 기표들의 부동적 성격(의미의 과잉)을 접합적 실천을 통하여 부분적으로 의미를 고정하는 결절점의 구성을 말하고 있다. 이러한 논의는 우리가 뒤에서 다루게 될 이데올로기구성체, 담론구성체, 그리고 이데올로기구성체내의 담론구성체들 사이의 상호 관계, 즉 담론내적 관계 및 담론 사이의 관계를 말하는 것인데, 우선 여기서 지적할 수 있는 것은 이들의 담론논의에 있어서 작용하는 구조주의적 잔영들이다. 이들이 말하고 있는 주체란 구조적 관계 속에서의 중층결정된 위치인데 이것은 단순히 이러한 주체위치로부터 초래되는 효과로서의 주체구성 또는 이데올로기를 의미하는 것이고, 은유적 또는 상징적 정치―또는 새로운 정의의 부과, 헤게모니적 실천―를 통한 역사적 블

---

27) 유물론적 인식의 근본전제에 관한 논의로는 알튀세의 글을 참조. L. Althusser, op. cit., 1976.
28) 어네스트 라클라우·샹탈 무페, 앞의 책, 1990, 138-139쪽.

록의 구성과 변혁으로밖에 불 수 없다. 이러한 논지는 곧 이들의 참신한 정치학적 시도 역시 구조화된 세력관계 속에서의 정치적 전술과 기법을 통하여 고전적 맑스주의를 극복하려는 것에 지나지 않는다고 볼 때, 우리는 여기서 양자의 상호승인과 거울과 같은 반영을 지적할 수 있다.

대체로 정리해 본, 위와 같은 라클라우와 무페의 담론개념들, 나아가 이들의 이데올로기 이론 구성시도는 라캉과 푸코, 그리고 포스트 구조주의의 기호학의 문제인식과 주요 개념들에 암묵적으로 또는 명시적으로 준거하고 있다. 특히 헤게모니 개념의 계보학을 구성하고 이에 대한 담론분석을 전개하는 부분에서, 그리고 담론구성체와 담론적 실천개념의 명세화, 즉 분산된 모순, 적대들과 헤게모니적 접합을 논의하는 부분에서 이러한 점을 명확하게 볼 수 있다.[29]

라클라우와 무페는 푸코의 불변적인 것(invariants)의 대당으로서의 가변적 요소의 고려(episteme)[30] 또는 담론적 반복성 및 규칙이라는 독특한 인식론에 기초한 담론개념과 "언어와 같이 구조화된 무의식"에 대한 '과학적 분석'을 추구하는 라캉주의적 기호론에서 드러나는 구조주의적 관념성의 잔영[31]들을 그 극단으로까지 발전시켜 담론 외부의 대상에 대한 담론적 준거를 전면적으로 부정한다. 이러한 언어구성주의적 담론개념은 제라스(N. Jeras)의 비판에서도 볼 수 있듯이 "담론적 가능성의 조건들"을 인정하지 않는다.[32] 여기서 그들이 사회적 실천들을 담론적 실천으로 환원시키는 문제, 즉 그들의 담론적 구성주의와 밀접히 연관된 포스트 구

---

29) 앞의 책, 1990, 17-66, 117-184쪽.

30) 이에 대한 인식론적 논의 그리고 바슐라르와 알튀세가 사용한 단절개념의 차이와 유사성에 대해서는 다음 글을 참조할 것. E. Balibar, "From Bachelard to Althusser: The Concept of Epistemological Break," *Economy and Society* 7(3), 1978. 8, pp.207-237; D. Lecourt, *Marxism and Epistemology,* London: NLB, 1975, pp.187-213.

31) 이에 대해서는 발리바르와 르쿠르의 앞의 글들, 그리고 J. 라레인, 『현대사회이론과 이데올로기』(한상진·심영희 역), 한울, 1984를 참조.

32) 노만 제라스, 앞의 책, 1992, 15-92쪽.

조주의적 담론(또는 이데올로기)이론의 여러 문제들을 중심으로 잠깐 우회하여 포스트 맑스주의의 담론이론의 문제들을 살펴보기로 하자.

우선 우리는 맑스주의, 언어학, 정신분석학적 문제인식의 절합을 통한 이데올로기의 이론화 문제를 다루려는 시도들이 지니고 있는 역설적인 측면들을 눈여겨볼 필요가 있다. 푸코의 경우를 고전적 맑스주의에 대한 근원적인 비판의 한 형태로 본다고 할 때, 대표적으로 그가 보여준 이론적·실천적 여정에 비추어 살펴보면, 그의 맑스주의의 기각은 국가권력에 대한 기존의 관념과 철저하게 단절한 가운데 이데올로기의 작동을 미시적이고 분산된 권력의 장치들과 욕망, 그리고 담론구성체의 주요 메커니즘들을 통하여 분석함으로써 위로부터 강요되고 행사되며 장악될 수 있는 국가권력에 대한 기존의 사고방식을 전복하고자 하려는 시도라 볼 수 있다.[33] 푸코의 분석은 권력 내지는—국가에 의한?—폭력의 상이한 형태들과 담론적 실천들이 신체를 종속시키며 피지배자들의 종속을 물질적으로 보증하는 개별화와 규격화의 과정을 보여준다. 이러한 분석으로부터 우리는 권력과 욕망이 작용하는 담론영역에서 신체적 종속과 감시와 규율에 종속된 개인의 주체형태 속에 자리하고 있는 타자의 구체적 현존을 강조할 수 있으며, 알튀세가 말하는 호명의 추상성과 구체성에 입각한 이데올로기적 호명과 억압적 폭력이 동시에 구체적인 역사적 국면하에서 어떻게 작용하는지에 관한 이해, 그리고 담론이 종속에 작용하는 방식에 대한 이해와 구체적인 분석의 지침으로 삼을 수 있다. 또한 푸코의 시도는 이데올로기의 물질성과 호명을 구체적인 분석수준에서, 즉 이데올로기적 사회관계와 정치적 사회관계들, 그리고 사회적 생산관계들을 서로 가로지르는 제도적, 담론적, 기타 사회적 실천과정의 통일성에 대한 구체적인 분석에 있어 하나의 가능한 경로를 보여준다. 이러한 시도는 알튀세의 이데올로기적 국가장치와

---

33) 푸코에 대한 잡다한 이데올로기적 독해들이 있을 수 있다. 우리는 이러한 다양한 해석들보다도 맑스주의와 이데올로기, 대중적 실천에 대한 푸코의 관계라는 측면에서, 그리고 포스트 맑스주의에서의 푸코의 전유방식이라는 측면에서 푸코를 본다.

억압적 국가장치의 분리에서 초래되는 문제를 교정하여 이데올로기적 구성체가 구체적으로 어떻게 작동하는지의 이해에 유용성을 제공해 준다. 그리고 사실상 이데올로기에 관한 문제인식이 담론적 실천의 다양성과 담론 구성체 자체에 대한 분석으로 전위된 것은 푸코의 영향이며 그의 기여라고 볼 수 있다. 비록 푸코가 이데올로기 개념을 폐기할지라도 권력과 지식의 문제는 이데올로기의 문제인식이다. 그러나 후기로 접어들면서 그가 보여주는 권력에 대한 구체적인 분석—미시물리학은, "분산된 권력"이라고 언급되는 이 개념은 라클라우와 무페의 사회적 적대 개념의 설명에서 핵심적인 지위를 차지하고 있다—은 사회적 관계들 그리고 국가 및 정치관계들의 심층적이고 곤란한 여러 문제들을 단순히 회피하는 것이며 일반화되고 본질화된 권력개념, 즉 누구나를 또는 서로서로를 제약하는 사회의 추상적인 힘 또는 집합적 양심으로서의 권력개념, 사회적 통제개념, 규율의 개념으로서의 뒤르켐적인 구조기능주의의 권력개념으로 퇴행하고 있는 것이다. 이것은 기본적으로 국가와 같은 모순들의 응축과 절합의 지점에 준거하지 않고 권력을 사고하고자 함으로써 야기되는 문제이다. 푸코의 맑스주의와 정신분석학과의 대립, 그리고 실용주의적이며 경험주의적인 경향으로의 경도는 지배와 피지배자간의 권력의 비가시적이며 비대칭적인 관계에 대한 주의를 분산시키고 있으며,34) 변혁적 투쟁을 국지적 저항의 실천으로 은폐시키고 계급적 저항과 반역을 파악할 수 없게 만드는 효과를 산출하고 만다.35)

푸코의 지적·실천적 여정에 비추어 볼 때, 우리는 대개의 포스트 맑시스트들 역시 맑스주의의 이론과 대중적 실천의 역사적 모순 속에서 그 효과로 산출되는 계급과 계급투쟁의 역동성에 종속된 채로, 맑스주의에 대한 발본적인 비판이건 절대적인 부정(否定)의 고백과 폐기의 선언이건 간에, 지속적으로 맑스주의적 담론에 준거할 수밖에 없거나 맑스주의로 회귀할

---

34) 이에 대해서는 다이안 맥도넬, 『담론이란 무엇인가』(임상훈 역), 한울, 1992, 99-144쪽 참조.

35) M. Pecheux, op. cit., 1975, pp.219-220.

수밖에 없는 이론 및 실천적 담론구성체의 물질적·실제적 현존과 그 효과들에 종속될 수밖에 없음을 보아야 할 것이다. 푸코가 규율, 제도, 관리장치 및 담론의 작동의 강조와 더불어 이데올로기 개념을 폐기하는 가운데[36] 그것의 물질성을 구체적으로 보여주는 것으로부터[37] 권력의 부정적인 측면뿐 아니라 생산성을 강조하고 권력을 탐색하는 후기의 지적인 여정은 지속적인 맑스주의에 대한 준거와 대체의 과정이며 회귀의 과정인 것이다.[38]

　지금까지 살펴보았듯이, 이러한 라캉주의적 담론개념의 관념론적 차용은 라캉 자신이 지닌 구조주의 언어학과 정신분석학의 독특한 해석이 야기하는 일반이론 추구적인 주관주의로 선회할 수 있는 위험에 지속적으로 노출되어 왔다.[39] 한편 라캉이 헤겔변증법적 도식에 의존하여 주체의 형성을 설명하는 것은 철학의 영역에서 '의식적이고 통일적인 중심으로서의 주체개념'에 대한 대당(opposition)으로서 정신분석학적 의미에서의 '탈중심화된 주체개념'을 설정하려는 이론적 실천으로 평가될 수 있다. 무의식의 기본 범주로서 욕망(desire)이 지닌 특수성은 유기체적인 생물학적 필요나 역사사회적인 특수성으로 환원될 수 없는 무의식적 타자 또는 억압의 실존에 의해서 결정된다.[40] 라캉의 욕망 범주는 오직 무의식적 담론

---

36) 콜린 고든 편, 『권력과 지식』(홍성민 역), 나남, 1991.

37) 미셸 푸코, 『감시와 처벌』(박홍규 역), 강원대 출판부, 1989; 미셸 푸코, 「담론의 질서(상)」(김화영 역), ≪세계의 문학≫ 7(1), 1982(봄), 97-120쪽을 참조할 것.

38) 에티엔 발리바르, 「푸코와 마르크스: 명목론이라는 쟁점」(윤소영 역), ≪이론≫ 제3호(겨울), 1992, 282-309쪽. 그리고 프로이트 맑스주의에 대한 비판을 통한 성욕성의 계급성을 논하는 부분으로 미셸 푸코, 『성의 역사-1권, 앎의 의지』(이규현 역), 나남, 1991을 볼 것.

39) 라캉주의의 문제를 지적하는 글로는 M. Thom, "Unconsciousness Structured like a Language," *Economy & Society* 5(4), 1976, pp.435-469; 라레인, 앞의 책, 1984, 224-233쪽.

40) 그러나 라캉주의적 욕망의 결여이론은 상징주의와 형식주의로 퇴행함으로써 프로이트주의 정신분석학의 신화주의적 퇴행과 동일한 역정을 보여왔다. 여기서 제대로 분석되지 못하는 것은 들뢰즈(G. Deleuze)와 가타리(F. Guattari)가 지적하고 있듯이, 사회적 억압과 가족적, 조직적, 제도적, 나아가 무의식적 억압의 상

으로 구성된 '의미작용의 연쇄' 속에서 그리고 그것에 의해서 출현하는 의미로서의 특수성을 지니기 때문에 생물학적 범주와는 분명히 구분되는 무의식의 범주로서 옹호되고 강조되어야 함은 물론이다.[41] 바로 이러한 철학과 무의식의 '과학'인 정신분석학 사이의 갈등적 관계로부터 우리는 라캉의 논의가 지닌 과학적 성격을 인식할 수 있다. 즉 알튀세가 말하는 주체 없는 과정으로서의 과학성 또는 자발적인 유물론들이 지닌 갈등적 성격이라는 측면에서 우리는 라캉의 철학적인 경계 구분을 긍정적으로 평가할 수 있는 것이다. 그러나 그가 보여주는 후기의 수학적 공리로서 정신분석학의 일반이론화의 시도 또는 그의 구조-언어학적인 형식주의와 무의식에 관한 추상화되고 일반화된 이론구성이라는 관념론적 시도는 인간존재의 역사특수적인 실재를 추상화시킨다는 조건하에서만 전개될 수 있을 따름이다. 물론 라캉의 무의식 논의에 의해 우리는 호명효과에 의해 주체를 결정하는 원인으로서의 무의식의 특성, 곧 주체 그 자체 속에 있는 원인이라는 점을 보다 잘 이해할 수 있다.[42] 라캉에 의하면 기표의 무의식적 흔적은 결코 지워지거나 잊혀지지 않고 분리된 주체 속에서 센스와 넌센스 사이에서 동요하는 가운데 작동한다. 따라서 기표의 기원 없는 미끄러짐에 의해서 넌센스 속에서 어떤 센스가 산출된다는 것, 즉 은유작용을 통한 기표의 기의화가 남는다. 그러나 이러한 미끄러짐은 의미의 명증성에 의해 동일화된 이데올로기적 주체형태의 주체-자아 속에 흔적을 남겨둔다는 것이다. 이러한 점들은 이데올로기가 무의식적 등록(register)들에 준거하

---

호관련성에 관한 분석이다. 이에 대한 상세한 논의로는 G. Deleuze & F. Guattari, *Anti-Oedipus: Capitalism and Schizophrenia*, Minneapolis: Univ. of Minnesota Press, 1992, pp.51-138를 보라.

41) L. Althusser, "Freud and Lacan," *Lenin and Philosophy and Other Essays,* N.Y. and London: Monthly Review Press, 1971, pp.212-213을 참조할 것. 그리고 알튀세와 라캉에 대한 평가의 변화에 대해서는 W. Montag, "The Emptiness of a Distance Taken: Freud, Althusser, Lacan," *Rethinking Marxism* 4(1), 1991, pp.31-38.

42) M. Pecheux, op. cit., 1975 참조.

지 않고는 사고될 수 없다는 것을 말해준다. 그러나 이것은 동시에 무의식의 질서가 이데올로기의 질서와 일치하지 않는다는 점, 즉 정신분석학적인 의미에서의 억압은 종속이나 정치적인 억압과 동일시될 수 없다는 점을 분명히 보여주는 것들이다. 따라서 일반론적이고 관념론적인 '언어와 같은 무의식'의 형성이 아닌 사회역사적인 특수성에 근거하는 언어와 무의식, 그리고 그것의 담론성의 결정이 문제시되어야 한다.

역사유물론에서 이데올로기의 이론화에 라캉적 틀을 수용하는 과정 역시 동일한 관념론적 오류를 범하였다. 만일 맑스가 말하는 '실천적 의식'으로서의 언어가 기호의 체계라면, 소리나 문자화된 텍스트뿐 아니라 모든 '의미 있는' 사회적 실천과 문화적 현상들 또한 특정한 종류의 언어를 구성하며, 따라서 이데올로기도 언어와 관련시켜 연구되어야 할 현상으로 간주될 수 있다.43) 이데올로기가 언어의 사용 속에서 발견될 뿐만 아니라, 이데올로기적 실천들이 그 효과로서 각인되고 작용하는 물질적 실천이 의미작용의 체계로서 분석될 수 있다는 점에 근거를 두고, 이러한 관심은 구조주의 언어학에 바탕을 둔 기호학, 인류학 등 다양한 분야에서의 상징적인 것(the symbolic)에 대한 관심들을 발전시켰다. 분명 이러한 상징적인 것의 강조는 기존의 실증주의적 '과학의 왕도'를 추구하는 경향들에 대한 이미지의 전복이라는 의미를 지닌다. 이러한 전복의 효과가 한편으로는 '문화혁명'의 기본 전제들을 지지하나 다른 한편으로는 그 구조주의적 경향으로 인하여 통일화된 개념의 논리적 공간 속에서 임의적인 독해를 수행하고 그것을 재각인시키는 경향을 창출하였다. 이것은 곧 구조적인 전체의 효과들로서 부분적인 요소나 인상 또는 몽타주들에 대한 과잉적인 해석으로 이끄는 형식주의적·이론주의적 경향을 산출하였으며, 나아가서는 경험적 진술을 개념구조에 중첩시키는 경험주의적 오류도 초래하였던 것이다.44)

---

43) 라레인, 앞의 책, 1984, 177-180쪽.
44) 이러한 비판으로는 M. Pecheux, "Discourse: Structure or Event?" in Nelson & Grossberg(eds.), *Marxism & the Interpretation of Culture,* The Univ. of Illinois Press, 1988, pp.633-650.

역사유물론과 구조주의 언어학, 그리고 정신분석학의 절합을 시도하였던 소위 '뗄켈(Tel Quel)'그룹의 이데올로기 이론과 이를 문예비평에 적용하려고 시도한 ≪스크린(Screen)≫지의 멤버들이 사용하는 담론 및 언어학적 이해가 라클라우와 무페의 보다 직접적인 이론적 준거라고 할 수 있다. 알튀세와 라캉에 의존하는 이들의 이론들은 언어적 형성체 속의 구조화된 현상적 의미구조보다는 그러한 현상적 텍스트를 이해할 수 있는 기반으로서의 의미 생산과정—의미있는 생산성—을 강조한다. 이러한 언어 속의 의미생산과정으로부터 이데올로기적 현상이 나타난다는 것이다. 즉 텍스트의 분석, 의미의 생산과정으로부터 이데올로기의 분석을 추구한다. 이들은 이데올로기는 기호의 구성과정 안에서 존재하며 이데올로기의 작용은 텍스트의 의미를 폐쇄시킴으로써, 즉 주체와 관련해서 당연시되는 하나의 의미로 환원시킴으로써 이루어진다고 본다.45) 이처럼 이들은 의미와 주체가 담론적 구조 속에서 생산됨을 강조하는 점에서 기존의 구조주의 언어학과 차이를 보인다. 여기서 주체는 언어에 의해 특정한 의미를 위하여 특수하게 구성된다고 간주되는데, 이에 대한 분석은 라캉주의적 언어분석을 통한 무의식적 심리구조의 분석이라는 방법을 취한다. 라캉주의의 문제에 대해서는 앞에서 이미 보았지만 영국 ≪스크린≫지—대표적으로 카워드와 엘리스, 맥케이브 등의—알튀세와 라캉의 수용방식 자체도 문제가 있음이 지적될 수 있다. 많은 이들이 지적하듯이 이들이 직접적으로 준거하고 있는 라캉이나 알튀세의 문제인식의 자의적인 적용 또는 원저자들 스스로의 부정과 변화를 무시하고 있는 점 이외에도, 이들의 유물론에 대한 인식이 지닌 독특성에 주목해 볼 필요가 있다. 특히 이들은 무의식에 대한 심리분석을 '진정한 유물론'으로 강조하며 역사·사회적 실천에서 물질적 조건이 지니는 중요성을 소홀히 한다. 뿐만 아니라 이들은 이데올로

---

45) 라레인, 앞의 책, 1984; C. Sumner, *Reading Ideologies,* London: Academic Press, 1979, in CCCS(ed.) *Culture, Media, Language: Working Papers in Culture Studies 1972-79,* London: Hutchinson & Co. Ltd., 1980.

기에 의한 주체의 구성과 그것의 물질적 기반을 융합시켜 인식하는 경향을 보인다.46) 이러한 점들로부터 우리는 알튀세가 말하는 이데올로기의 물질성 개념에 대한 이들의 이해에 작용하는 구조주의적 관념성이 드러난다. 이들의 이데올로기적 실천의 상대적 자율성에 대한 지나친 강조에서 드러나는 이데올로기의 절대화는 전체 구조내의 위치가 개인에 대해 갖는 효과로서 결정되는 주체구성이 환상에 근거하고 있다고 간주하고, 이에 대한 분석이 이데올로기에 대한 심리분석으로 진행될 때 이러한 환상의 제거, 즉 이데올로기로부터 벗어나는 것은 항상 개인적이고 주관적인 것일 뿐이고 여전히 남아 있는 것은 이데올로기적 관계들이어서 관계 자체의 변혁이라는 사회적 실천은 그대로 남아 있을 뿐이다. 사실상 '주체'라는 개념은—법, 이데올로기에 사로잡힌—이데올로기적 개념이다. 이러한 주체의 이데올로기적 형태를 설명해주는 것이 바로 이데올로기적 사회관계이다. 물신성이론 및 구조주의는 오히려 '주체'로서 이데올로기적 사회관계를 설명하려 한다는 것이다. 이들의 의미작용이론은 이데올로기 독해방식에 근거한 이데올로기적 이론의 한계를 벗어나지 못한다.

담론분석을 구체적으로 진행함에 따라 사용할 수 있는 기법과 절차는 다양하다. 그러나 기존의 이데올로기 분석기법으로 알려진 것들은 지나치게 피상적인 분석에 머물거나 엄격한 분석을 수행하지 못함으로써 타당성에서 많은 문제가 있다. 이에 비해서 구조주의적 담론분석의 경우에는 발화의 빈도를 내재적으로 고려하면서, 전제들의 분석과 담론의 체계 및 그 계열에 초점을 둔다. 하지만 구조주의적 방법은 경험주의적으로 자발적으로 관찰되는 기호들 사이의 관계에 주목하여, 단지 이데올로기적 부호의 발견과 그것들 사이의 관계에 대한 이해만을 산출할 뿐이기 때문에 특정한 정치·이데올로기적 전제하에 이데올로기적 구성체의 역사·사회적 측면을 단지 은폐할 뿐이며 비변증법적이고 경험주의적이며 관념론에 빠져 있

---

46) 이러한 지적으로는 라레인, 앞의 책, 1984, 232쪽; D. Macey, *Lacan in Contexts,* N.Y.: Verso, 1988을 참조할 것.

다고 비판된다. 포스트 구조주의적 계열의 다양한 기호론적 방법들의 경우
에는 위의 접근들을 모두 다 진행하면서 특히 담론의 비일관성이나, 담론
에서 억압 또는 배제되는 특정한 주제에 관심을 둔다.47) 다른 접근들이 일
상적인 독해의 수준에 머물고 있다면, 이들의 기호론적 접근은 의미작용에
관한 나름대로의 체계화된 이론을 지니고 있으며 분석의 엄밀성을 기한다
는 점에서 커다란 차이가 있으나 이들의 관념론으로의 경도는 구조주의에
대한 비판을 그대로 공유한다. 이러한 라캉주의적 틀이 지닌 구조주의적
잔상들이 바로 라클라우와 무페가 준거하고 있는 주체개념과 담론개념을
에워싸고 있다.

### (2) 유물론적 담론이론 기본조건

구조주의적 관념론으로부터 벗어난 담론 연구경향은 담론들 사이의 갈
등과 대립, 담론을 가로지르는 상이한 입장들 사이의 투쟁이라는 관점하에
서 의미의 역사적 조건들을 설명하고자 하기 때문에, 이들의 관심사로서의
의미는 서로 다른 사회적·제도적 실천의 구체적인 형식들에서만 발견될
수 있다는 입장을 견지한다.48) 결국 의미의 가능성은 실정적인(positive)
조건의 구조를 통해서라기보다는 담론이 만들어지는 사회적·제도적 위치
에 의해 고정되고 명확한 의미로 된다는 것이다. 따라서 페쇠와 같은 이는
말, 표현, 명제 등은 그것을 사용하는 사람들의 사회적 관계구조상의 위치
에 따라서 그 의미를 달리 한다고 주장한다. 사실상 이러한 접근들은 우리
가 앞서 살펴보았던 알튀세의 작업들, 그 중에서도 특히 「이데올로기와 이
데올로기적 국가장치」라는 글에 입각한 것들이다. 이 글은 이데올로기가
국가의 한 부분을 이루는 장치(종교, 교육, 가족, 법률, 정당정치제도, 노동
조합, 커뮤니케이션, 문화 등)내에 존재하는 것으로서 그 장치들을 가로지
르는 사회적인 것, 궁극적으로 계급갈등에 의해 통합되거나 상호연관된다

---

47) C. Sumner, op. cit., 1979 참조.
48) D. Macdonell, op. cit., 1986, p.7.

는 점을 보여준다.49) 이러한 논의는 신념이나 의미가 자유롭게 떠돌아 다
닌다거나 의식으로부터 유래된다는 식의 추상적인 관점으로부터 벗어나
있다. 그는 의식은 이데올로기에 의해 구성되며 이데올로기는 물질적 실체
를 가지고 모든 사람에게 그들이 살고 있는 실제 관계에 대한 상상적인 관
계를 부여하는 의미체계로 본다.50)

언어학자인 페쇠(M. Pecheux)는 이데올로기와 무의식의 구조는 서로
상이한 구조들이지만 양자의 공통적인 특징은 그것들의 작용 내에서 '주관
적으로 명백한 진실성'을 산출함으로써 그것들의 존재를 은폐한다는 점이
다.51) "당신과 나에게 있어서 주체라는 범주는 기본적인 명백한 진실성이
다. 즉 당신과 나는 (자유롭고?, 윤리적인? 등등) 주체들이라는 점은 명백
한 진리"라는 알튀세가 말하는 주체의 명증성(the evidentness of the
spontaneous existence of the subject)과 사물의 이름을 붙이는 것이
나 그것이 지닌 명백한 의미, 즉 "당신과 나"라는 언어의 투명성에 근거하
는 의미의 명증성(the evidentness of meaning), 양자 모두는 담론에서
작용하는 이데올로기적 호명의 효과라는 것이다. 사실상 페쇠의 논의가 지
닌 중요성은 알튀세리안의 이데올로기적 국가장치와 억압적 국가장치를
호명이 갖는 추상성(주체의 명증성: 이데올로기적 주체, 사고가능하고 지
식을 부여해 주는 측면)과 구체성(주체의 예시성: 법 앞의 동등한 주체, 정
체를 법적으로 입증가능한 주체)을 통하여 결합시켜 파악할 수 있도록 한
점이라고 볼 수 있다.

페쇠는 이러한 문제인식에 입각해서 유물론적 담론이론을 구성하고자
했다. 우리는 그의 담론개념이 특히 우리의 조직문화분석의 유용한 분석적
개념이 될 수 있다고 본다. 페쇠의 담론개념은 구조주의 언어학자인 소쉬
르(F. de Saussure)의 랑그(langue) 개념과 밀접한 관련이 있다. 소쉬르

---

49) L. Althusser, op. cit., 1971, pp.121-186.

50) Ibid., pp.162-177.

51) M. Pecheux, op. cit., 1982, p.104. 여기서 주관적이라는 것은 주체에 영향을
  미친다는 의미가 아니라 알튀세를 따라 주체가 구성된다는 점에서 그렇다.

는 랑그와 **빠롤**(parole)을 구분하고 랑그 속에서 구성되는 가치에 의미작용(signification)을 종속시킨다. 따라서 특정한 사회·역사적 조건들에 의해 의미작용이 결정된다고 보았다. 페쇠는 이러한 사회·역사적 조건들과 그 효과들에 초점을 둔 담론개념을 도입한다. 그런데 그것은 알튀세의 이데올로기 개념으로부터 도출된 담론 개념이다. 알튀세가 말하는 이데올로기적 국가장치는 계급입장(class positions)을 통합하는 '이데올로기적 구성체(ideological formations)'로 조직된다. 페쇠는 이러한 이데올로기적 구성체는 그것의 한 구성요소로서 몇 개의 담론구성체를 포함한다고 보았다.[52] 그것을 구성체라고 본 것은 우리가 말하고 말할 수 있는 것들, 우리들의 의식, 통념, 가치 등등이 사회구성체내의 특정한 입장으로부터 결정되는 것이라고 보기 때문이다. 따라서 표현은 그것이 발생하는 담론구성체로 인하여 의미를 갖는다고 본다. 그것의 의미는 어떤 특정한 담론구성체의 언어적 요소들 사이의 관계들에 의해 구성되어지기 때문이라는 것이다.

그런데 이러한 언어적 요소들 사이의 관계, 즉 대체, 동의어, 부연설명 등의 관계를 '담론과정(discoursive processes)'이라 부른다. 이러한 담론과정의 분석은 담론구성체내의 랑그의 여러 요소들간의 상호연결성을 분석하는 것이다. 모든 담론구성체는 구조화된 전체 담론구성체들(inter-discourse) 내에 자리하고 있다. 그리고 이러한 전체 담론구성체는 언제나 스스로 발견하는 주체를 배제한 채로 존재하기 때문에 이것은 전구성적인 이데올로기의 주체호명 효과로서 특정한 담론 내적인 환유, 은유, 억압의 과정을 통하여 외재성(exteriority)의 형태로 담론 내부에 현존한다는 것(intradiscourse)이다.[53] 그렇다면 어떻게 하여 그러한 외재성의 내재화가 이루어지는가? 페쇠는 이를 언어 철학을 비판하는 과정에서 망각과 무의식에 근거하는 '전구성적(pre-constructed)'인 이데올로기의 효과로

---

52) Ibid., p.99; J. B. Thompson, *Studies in the Theory of Ideology,* Polity, 1984, pp.232-254.
53) M. Pecheux, op. cit., 1982, pp.110-129.

설명하고 있다.54) 그러나 페쇠는 이를 더욱 진전시켜서 이러한 담론과정
에서 작용하는 의미의 일상적인 등록체가 지닌 동요적이고 역설적인 성격
을 지적한다.55) 즉 그것은 호명효과에 의해 주체를 결정하는 원인으로서
의 무의식의 특성, 곧 주체 그 자체 속에 있는 원인이라는 것이다. 왜냐하
면 기표의 무의식적 흔적은 결코 지워지거나 잊혀지지 않고 분리된 주체
속에서 센스와 넌센스 사이에서 동요하는 가운데 작동하기 때문이라는 것
이다. 따라서 남는 것은 기표의 기원 없는 미끄러짐에 의해서(은유의 의미
에 대한 선차성 설정) 넌센스 속에서 어떤 센스가 산출된다는 것이다.56)
그러나 이러한 미끄러짐은 의미의 명증성에 의해 동일화된 이데올로기적
주체형태의 주체-자아 속에 흔적을 남겨둔다는 것이다.

이러한 점들은 무의식의 질서가 이데올로기의 질서와 일치하지 않는다
는 점, 즉 정신분석학적인 의미에서의 억압은 종속(subjection)이나 정치
적인 억압과 동일시될 수 없다는 것을 분명히 보여주는 것들이다. 그러나
이것은 동시에 이데올로기가 무의식적 등록들에 준거하지 않고는 사고될
수 없다는 것을 말해준다. 따라서 라캉적인 문제의식과는 달리, 일반론적
이고 관념론적인 언어의 무의식적인 형성이 아닌 사회-역사적인 특수성에
근거하는 언어와 무의식, 그리고 그것의 담론성 결정이 문제시 되는 것이
다.57) 이러한 담론의 타자성에 대해 페쇠는 다음과 같이 말한다.

"사회와 역사 속에 '타자'라는 어떤 것이 존재하고 담론의 영역에 이러한 타자
에 상응하는 하나의 연결(동일시 및 전이)이 가능하기에, 즉 해석의 가능성이 개

---

54) Ibid., pp.61-68.
55) M. Pecheux, "The French Political Winter: Beginning of a Recti-
    fication," 1982, pp.211-220.
56) M. Thom, op. cit., 1976.
57) 이에 대한 논의는 C. Weedon, A. Tolson & F. Mort, "Theories of
    Language and Subjectivity," in CCCS(ed.), *Culture, Media, Language:
    Working Papers in Culture Studies 1972-79,* London: Hutchinson &
    Co. Ltd., 1980, pp.195-216; M. Thom, op. cit., 1976; M. Pecheux, op.
    cit., 1982, pp.103-170.

방된 관계라는 점에서 해석의 학문이 그 중요성을 갖는다는 것이다. …이러한 관점에서의 요점은 담론분석의 실제에 있어서 기술(記述)과의 연관하에 해석의 시점과 장소를 결정하는 것이다. 어떠한 기술도 해석에 개방되어 있다는 것은 모든 것에 개방되어 있다는 것이 아니라 발화 및 발화의 계열(sequence)에 대한 기술이 필연적으로 그것들에 대한 독해의 실질적인 공간으로서 어떤 ‘타자’ 담론을 포함하고 있으며, 담론 또는 그것의 연속이 갖는 식별가능한 물질성으로부터 사회적 공간 및 역사적 기억의 법칙으로서의 타자의 지속적인 현존을 표시하는 것, 그리고 해석의 학문을 이러한 등록체내에서 작용하는 학문영역으로 부르는 것을 정당화하는 것은 바로 이러한 실제적 현존으로서의 담론적 타자성(discursive otherness)이다”(Pecheux, 1988: 647).

푸코(M. Foucault)의 분석은 국가(국가에 의한?)폭력의 상이한 형태들이 신체(bodies)를 종속시키며 피지배자들의 종속을 물질적으로 보증하는 개별화와 규격화의 과정(the process of individualisation & nor-malisation)을 드러내 보여주는데58) 이를 통하여 권력과 욕망이 작용하는 담론적 타자성에 대한 강조가 가능하며 앞서 보았던 호명의 추상성과 구체성에 입각한 알튀세리안의 이데올로기적 호명과 억압적 폭력 사이의 연계 가능성을 제공해 준다.

지금까지의 이데올로기에 대한 분석적 관점과 개념들 및 담론구성체와 담론과정 개념, 그리고 담론과 이데올로기의 상호연관성에 관한 논의들은 의미작용에 대한 사회·이데올로기적 결정성과 언어적 특수성이 주체의 위치와 그것에 의한 의미의 고정을 야기시킨다는 점을 보여주고 있으며, 이러한 것들에 의하여 다양한 문화적 실천들 속에서 담론적 실천이 작용하며 일상적인 이데올로기들이 생생하게 경험되고(lived) 표상된다는 점을 보여주고 있다. 주체 없는 과정으로서의 문화과정 속에서 이루어지는 이러한 다양한 문화적 실천들은 공유된 의미, 가치 등의 명백하게 자발적인 형태들로 나타나고 발화주체로서의 개인에게 있어서 사전에 당연하게 주어진(a priori) 외연적인 의미를 지닌 것으로 여겨진다. 사실상 그것들은 사

---

58) M. Foucault, 『감시와 처벌』(박홍규 역), 강원대 출판부, 1989.

회적으로 그리고 역사적으로 구성된 특수성을 띤 것들임에도 불구하고 말이다.

## 2. 이데올로기적 주체형성기제

지금까지 살펴본 것이 이데올로기적 호명에 의한 주체구성의 본질이 무엇인가에 관한 것들이었다면, 여기서 요구되는 것은 특수한 역사적 맥락에서 특정한 사회적 관계 구조로부터 결정되는 위치와 관련해서 이용되는 담론 및 그 구조에 대한 구체적 분석의 기제들이라고 할 수 있다. 따라서 역사적으로 특수한 사회구성체의 상징적 질서내에서 주체의 위치가, 그리고 특정한 이데올로기구성체와 담론구성체 속으로 사고가 지속적으로 전위되고 재구조화되는 과정과 그것의 여러 조건들 및 기제가 관심의 초점이 된다.

### 1) 주체구성의 내용과 유형

이데올로기의 주체에 대한 호명의 내용은 어떠한 것들인가? 테르본은 어떤 사회에서든 '복종(subjection)'과 사회성원으로서의 '자격부여(qualification)'는 동시에 발생한다고 보아 주체구성의 이 중거울구조 중에서 절대적 보장을 자격부여로 대체하고 정신분석학과 언어학적 측면을 제외한 사회적·정치적 측면에서 복종과 자격부여를 중심으로 이데올로기적 호명의 내용을 세 가지로 분류하고 있다.59) 호명의 내용을 노사관계에 관한 S재벌그룹의 신입사원 연수과정에서 교육되고 있는 노사관계에 대한 담론과 함께 살펴보자.

---

59) G. Therborn, *The Ideology of Power and the Power of Ideology,* London: Verso, 1980, p.94.

첫째는 존재에 대한 정체의 확립이다. 즉 우리는 누구이고 우리를 둘러싼 세계는 어떠하며 실재하는 것은 무엇인가 등 주체를 둘러싼 세계에 대한 정체를 규정하는 것이다. 이러한 이데올로기적 호명의 내용을 통해서 우리들은 정체성을 획득하게 되고 세계에 대한 가시성이 구조화된다. S그룹에서 교육되는 노사관계 담론에서는 "기업구성원 모두가 한솥밥 한식구라는 마음으로 생산성 향상을 통해 이익을 많이 내서 함께 잘 살자는 것이 S그룹이 추구하고 있는 노사화합체제의 경영이며, 경영자의 역할은 회사의 이익을 극대화할 수 있는 원천을 개발하고 사람관리, 급여, 복리후생, 작업환경을 잘 관리하는 것이다. 또 근로자는 생산의 역할을 담당하기 때문에 생산성을 향상시키는 데 힘써야 하며, 조합원의 권익을 보호·향상시키는 노조의 역할은 노사대립체제에서나 노사화합체제에서나 차이가 없다"라는 식으로 조직성원과 노사관계에 대한 호명이 행해진다.

둘째는 의미 및 도덕적 정당성의 부여과정이다. 무엇이 선하고 올바르며 정당하고 아름답고 즐거움을 주며, 그것들과 반대되는 것은 무엇인가에 대한 호명이다. 이것을 통해 우리들의 욕망은 구조화되고 규범화된다. S그룹 노사관계 담론에서 "우리라는 공동체 의식이 강한 사회에서 한 식구끼리 다투는 것은 매우 창피스러운 일로 여길 뿐만 아니라 타인의 비난거리가 되곤 한다. 이와 같이 우리 사회에서는 한솥밥 식구끼리 다투는 것은 도리가 아니라는 관념이 강하기 때문에 노사가 대립하지 않는 노사화합체제를 선호하고, 또 그렇게 되지 않으면 제대로 경영하기도 어렵다"라고 노동측의 단체교섭요구를 한솥밥 식구끼리 다투는 창피스러운 비난거리로 비하하고 있다.

셋째는 세계의 변화 가능성에 대한 경계지움이다. 무엇이 가능하며 무엇이 불가능한가에 대한 호명을 통해 우리는 존재하는 세계의 변화 가능성과 변화의 결과에 대한 유형화를 하게 되고, 이런 과정을 통해서 소망과 공포가 형성된다. 임금인상률과 관련한 담론에서 세 번째의 호명의 내용은 다음과 같이 이루어진다.

　"우리는 많은 회사들이 임금인상률 2~3%의 의견차이를 좁히지 못하고 끝내 분규에 이르는 많은 사례를 보아왔다. 그런데 파업까지 해가면서 2~3%의 임금인상을 추구하는 것보다 회사의 이익을 크게 하여 100~200%의 특별보너스를 받는 것이 노사 모두에 훨씬 이득이라는 것은 손쉬운 계산으로도 알 수 있다. 따라서 노사가 눈 앞의 이익을 위해 극한 대립에 이를 필요가 없고 대화를 통하여 적정한 수준에서 합의를 이룰 수 있는 것이다."

　기업문화전략에서 의도하는 일체감 형성을 통한 조직성원들의 자발적 포섭은 바로 의도하는 주체로의 각 개별 조직구성원들의 호명이며, 이때 개입하는 호명기제는 조직구성원의 사회적 관계구조 속의 긍정적 주체, 즉 기업문화전략에서 새로운 의미작용을 산출하도록 전위된 미션이나 가치, 규범으로의 동일시이고 경영담론의 내면화를 통한 동일시는 인사·노무관리의 관리기제와 대면집단내 소외와 배제라는 형태로 진행되는 강압적 과정인 것이다. 그런데 이러한 동일화 과정을 통한 통일적인 주체로서의 정체감 형성이 과연 한결같이 보장될 수 있는 것인가?

　이것에 대한 대답으로 먼저 부호화(encoding)와 독해(decoding) 사이의 적합성에 관한 커뮤니케이션의 효과성을 살펴볼 수 있다. 스튜어트 홀(S. Hall)은 부호화와 독해의 과정 사이의 적합관계는 주어진 것이 아니라 구성되는, 즉 뚜렷한 두 계기들이 복합적 사회구조내에서 절합된 산물이라고 파악한다. 이에 따라 부호화와 독해가 절합하는 세 가지 가설적인 유형의 제시를 통해 일탈적 독해의 가능성을 명백히 하고 있다.[60] 복합적

---

60) 홀이 제시하고 있는 세 가지의 가설적 독해양식은 다음과 같다. ① 지배적인 부호(dominant code) 내부에서 수신자의 독해가 이루어지는 이상적인 유형으로서 지배적-헤게모니적 입장(dominant-hegemonic position)을 통한 독해양식, ② 노사관계에서와 같이 권력과 담론에 대한 불균등한 관계로 인하여 발생하는 지배이데올로기내에서의 교섭에 근거하는 교섭적 입장(negotiating position)을 통한 독해, 그리고 ③ 계급적 관점이나 문화·관습적 이질성으로·인한, 전달되는 부호를 해체시키고 선호하는 부호에 의해 대안적인 준거틀에 근거하여 재구성하는 대항적 입장(oppositional position)을 통한 독해방식이 그것이다. S. Hall, "Encoding/decoding," in CCCS(ed.), *Culture, Media, Language: Working Papers in Culture Studies 1972-79*, London: Hutchinson &

사회구조내에 이미 주체로 구성된 조직성원들을 기업에 걸맞는 주체로 변형·대체하고자 하는 기업문화 프로그램의 효과성은 이미 주체를 구성하였고 전위시키고 있는 담론구성체내의 불균등한 절합의 정도에 의존할 수밖에 없는 것이다.

경영담론에 의해 상정되는 주체로서의 정체감 형성은 호명내용간의 긴장으로 말미암아 의도의 순수한 관철을 보장하지는 않는다. 호명내용간의 긴장은 각 호명의 내용들이 정치적·경제적·사회적 담론들에 의해 과잉결정되기 때문에 발생하는데 H사의 간부와 노조간부와의 대담에서 이러한 긴장을 확인할 수 있다.

> 노조간부: …어느 회사든지 근로자들이 열심히 일해야 투자하시는 분들의 성과가 나타나는데, 10원을 투자해서 100원을 벌 때 과연 근로자들이 얼마만큼의 혜택을 받고 있느냐 하는 것은 기업주 각자의 마음에 있습니다. 회사 생활을 오래하다 보면 회사가 어려운 줄도 알지만, 물가상승으로 인해 생활고의 어려움을 겪고 있는 마당에서는 어려운 점을 알면서도 좀더 달라고 울어야 할 입장이었습니다.
> H사장: 어려운 핵심을 찔러 주셨는데 한국의 기업과 근로자간의 가장 큰 문제는 물가고입니다. 제가 보기에는 같이 노력해 볼 수밖에 없다고 봅니다. …이 난국을 극복하기 위해서는 민·관·군·노 전체가 비상을 걸어서 2~3년 후 전체가 궤도에 오를 때까지 참고 견뎌 내자는 것입니다.61)

이데올로기적 호명을 통해서 주체가 구성되는 방식은 전구성적 이데올로기에 의해 이미 항상 호명된 주체의 순종, 저항, 반역을 사고할 수 있어야 하는데, 이러한 의미에서 페쇠의 논의가 의의가 있다. 페쇠는 주체가 구성되는 메커니즘을 세 가지로 말하고 있다.62) ① 동일시(identification): 개인의 주체로서의 호명은 그를 지배하고 있는 이데올로기적 호명

---

Co. Ltd., 1980, pp.128-138.
61) 전국경제인연합회 노사문제위원회, 『성숙한 노사관계 정립의 길—제4회 노사합동연수회 보고서』, 전경련문고, 1990.
62) M. Pecheux, op. cit., 1988, pp.155-170.

내용과의 동일시를 통해서 이루어진다. 주체를 발화주체와 보편적 주체로 나눌 때, 동일시는 발화의 주체가 보편적 주체를 자발적으로 반영함으로써 이루어진다. ② 반동일시(count-identification): 발화주체는 보편적 주체가 부여한 담론과의 분리(거리감, 의심, 질문, 도전, 반역 등)를 통해 역동일시를 함으로써 나쁜 주체를 특징짓는다. ③ 역동일시(disidentification): 특정한 실천이데올로기가 존재한다면 최종심급에서 지배이데올로기와 그것이 구분되는 점은 무엇인가? 그것은 특정한 실천이데올로기가 지식의 의미작용 효과의 재생산을 통해 지식을 그러한 실천이데올로기 속으로 통합한다는 점에 있다. 이러한 통합은 해당 실천주체의 실천을 특징짓고 이것이 역동일시의 메커니즘을 형성한다는 것이다. 역동일시는 과학적 개념의 주관적 전유과정과 새로운 정치조직과의 동일시를 통해 실현된다. 이때 이데올로기는 사라지는 것이 아니라 복합적 이데올로기구성체의 전복·재배열을 통해 이데올로기가 반대의 경우처럼(주체가 이데올로기를 구성하는 것처럼) 작용을 한다. 이러한 주체구성기제는 이데올로기의 담론적 구성과 관련된 호명기제에 관한 분류이다.

## 2) 주체구성기제의 동학: 조직과 정체성

이데올로기구성체와 담론구성체 사이의 상호연계성을 홀은 대처리즘(Thatcherism)의 형성과 주도권 획득과정에 대한 구체적인 국면분석을 통하여 보다 명료하게 설명하고 있다. 비록 많은 문제가 있지만[63] 우리는

---

63) S. Hall, "The Toad in the Garden: Thatcherism among the Theorists," in C. Nelson & L. Grossberg(eds.), op. cit., 1988, pp.35-57. 그의 논의는 이데올로기적 국가장치 개념을 자의적으로 해석함으로써 헤겔주의적 시민사회와 국가 구분도식으로 회귀하는 문제와 사후적인 의미에서의 일반이론을 구성하려는 실용주의의 유혹에 빠져 있다는 문제, 그리고 페쇠를 비켜감으로써 홀의 분석틀은 왜 순응하는가의 메커니즘에 관한 설명의 부재, 또한 역동일시 또는 지배이데올로기의 모순성 지적에는 취약하다는 문제와 반역을 사고하는 것은 불가능하다는 문제 등을 포함하고 있다.

그를 통하여 지배이데올로기와 담론구성체 그리고 조직적 계기의 결합을 통한 이데올로기구성체와 그 내부에서의 담론적 과정에 대하여 살펴볼 수 있다고 생각된다. 즉 적극적인 측면에서 이데올로기 투쟁의 전개방식에 관한 부분적인 통찰을 얻을 수 있다고 본다.

홀은 현대 자본주의의 헤게모니적 지위유지라는 현상을 설명하기 위하여 대처리즘에 주목하여 신우파의 출현과 대처와 그녀의 정치 철학(곧 Thatcherism)이 권력을 장악해 가는 영국의 구체적 정치국면을 분석하고 있다. 보수당 내부에서의 승리와 그것을 변형시킨 대처리즘은 이데올로기영역 또는 사회사상사적 측면에서 60년대 이후의 반자본주의적 조류를 분리시키고, 즉 정착되어온 기존 정치적 일반상식을 해체시키고 복지국가와 관련된 사회적 기대유형 전체를 분쇄하는 미션을 지니고 있다는 것이다. 이를 통하여 대처리즘은 "독특한 신자유주의, 자유시장, 소유적 개인주의의 대체적 파워블록을 재구축하고 기존의 케인지안 복지국가 이데올로기와 그 파워블록을 깨뜨리고, 노동계급의 힘과 교섭력의 상승곡선을 단절시키고 경영권을 재장악하며, 자유시장과 강력한 국가라는 역설적인 슬로건을 중심으로 철학적 전통, 애국심, 가부장주의, 가족, 민족 등의 낡은 과거의 가치로 사회적 삶을 재구성하고자 한다"는 것이다.

대처리즘에 대한 홀의 분석은 특정한 지배이데올로기가 기존의 이데올로기적 구성체의 부분적인 해체와 더불어 기존의 담론요소들의 일부를 재조직함으로써, 그리고 지배블록내에서의 이데올로기 투쟁을 통하여 주도권을 획득해야 한다는 점을 보여준다. 즉 대립계급과의 영속적 투쟁을 벌이는 것이 아니라 지배계급들의 담론구성체내에 효과적으로 침투하고 분열시키며 분파를 형성하여 그들의 전통적 담론들 속에서 분열을 촉진시키는 담론공간에 적극적으로 작용하여 그것을 점령하고 지배하여 선도적인 대중이데올로기적 세력으로 될 수 있도록 한다는 것이다.

홀은 시민사회에서의 독자적 담론공간과 그 곳에서의 주도권 확보를 위한 조직적, 학술적, 매스미디어 등의 장치와 기관들의 역할을 강조한다. 대표적으로 IEA와 같은 (사적인) 장치들의 역할에 주목하는데, 이러한 장치

들이 당이나 당내 분파와 연결되기 이전에 대처주의적 주요 개념들을 공
공적으로 유통시키고 새로운 정통의 구성에서 주도적 역할을 수행한다는
것이다. 또한 신문매체 등은 반케인즈적 지식인들의 규합지점이 되었으며
실천문제들에 대한 대안적인 이론이데올로기의 응축점으로 작용하였고,
나아가서 선전의 시기에는 지배적 합의에 대한 역공세에 있어서의 조직적
기초로서 국가지식인 및 학술분야, 경영대학원, 씽크 탱크(think tanks)
등을 통한 헤게모니에 대한 공격에서의 적략적 재규합의 근거지, 요새, 참
호 역할을 수행하였다는 것이다.64)

　결국 이러한 점들은 새로운 담론들은 그들의 관계 속에서 이미 형성된
주체들을 호명한다는 것이다. 즉 새로운 정치적 담론들은 이미 형성된 주
체적인 것의 분열, 그것의 모순적인 구조에 대하여 그리고 그것을 통하여
스스로 절합시킬 수 있는 능력, 이미 형성된 일반상식이라는 근거에 작용
함으로써 주체를 호명한다는 것이다. 그는 성적 정체감의 경우에서 볼 수
있는 것처럼 광범한 다른 영역이 호명의 과정에 작용, 절합됨을 강조하고
언어 그 자체를 이용할 수 있는 능력과 특정한 언어들과 그것들의 특수한
이데올로기적·담론적 전체와 관련된 전유 및 상상적 정체감 형성을 구별
함으로써 이미 형성된 기존의 주체가 어떻게 적용점으로부터 분리되고 새
로운 담론의 집합으로 재위치되는가의 문제를 제기한다. 즉 주체로의 형성
이라기보다는 어떻게 주체들이 전혀 상이한 의미 및 표상체계 속에서 세
계와의 관계를 발화하기 시작하도록 유인되는가라는 구체적인 주체구성기
제의 동학에 대한 문제를 제출한다.

## 3) 주체구성과 관리장치

　지금까지의 논의는 이데올로기의 담론적 구성의 측면에서 주체의 호명
과정의 여러 양식들을 다루었을 뿐이다. 이데올로기는 그 물질적 장치와

---

64) Ibid., p.39.

제도적 실천에 의해 그 효과성이 발휘된다는 점을 고려할 때, 그러한 논의의 미진성은 명백하다 할 수 있다. 보다 구체적인 수준에서 이데올로기적 장치들의 작동방식과 그 효과성의 확인, 그리고 그에 근거한 변형적 실천 대안의 모색이 남아 있는 것이다. 기업문화론에서의 주체형성전략은 기존의 '인적 자원 관리' 기제 및 관련 제도를 둘러싸고 새로운 의미작용을 연출함으로써 '의도된 주체'를 형성하려는 문화적 통제전략이다. 따라서 이러한 관리장치들과 관련해서 작용하는 담론의 물질성을 이해하고 그러한 담론들을 노동과정의 여러 조건들 및 구체적 측면들과 연관시켜 분석하는 것이 긴요해진다. 이러한 관리와 담론 그리고 지배이데올로기의 구체적인 작동방식과 효과성을 구체적으로 분석해 나가기 위한 기초작업의 일환으로서 유물론적 담론이론의 보다 근본적인 질문들을 생각해 보기로 한다.

페쇠에 의하면 언어학의 대상인 랑그의 영역은 두 개의 공간으로 담론적으로 구분될 수 있다. 하나는 "교육적인 의미에서 사고의 건강성에 의해 정상화되고 안정화된 의미작용이 이루어지는 공간"이며 다른 하나는 "모든 선험적인 규범들에서 벗어나 있는 의미의 변형, 즉 무한한 해석이 다시 이루어지는 가운데 파악되는 의미의 의미에 대한 작용 공간"이다. 두 영역 사이의 경계는 그 주위를 동요하는 "상호매개적인 담론과정의 영역(법적·관리적·일상생활적 관습들과 관련된 영역)이 존재한다는 점에서 결정하기 곤란"하다. 그리고 대상의 "논리적 속성이 기능하기를 중지하는 곳으로서 대상이 그러한 속성을 지닐 수도 그렇지 않을 수도 있는" 즉 "담론적 구성 여하에 따라 그러한 담론의 구성에 각인되는 사건이 발생할 수도 그렇지 않을 수도 있는 곳이 바로 이러한 중간적인 담론영역"이다. 조직담론들에서는 이러한 중간적인 담론적 과정의 영역에서 조직 구성원들의 일상적인 삶에 대한 상징적이고 이데올로기적인 개입을 통하여 내재적인 전화를 초래하고자 한다.

그런데 그러한 동요하는 담론 영역의 경계에서 안정화를 가능하게 하는 것은 과연 무엇인가? 분화된 사회적 관계 속에서 분기되는 다양한 욕구 추구 성향하에서 무엇이 어떻게 단일한 통일적인 담론으로 구성하도록 하

는가? 담론성의 사회·역사적 조건에 관한 질문이다. 관리의 기본적인 목
적은 가장 효과적인 방식으로 결과를 획득하는 관리수단을 찾는 것이라고
할 수 있다. 푸코가 구체적인 역사적 자료의 분석을 통하여 잘 보여주고
있듯이 "개인들에 대한 사회적 관리기법의 다양성"(도표위에 위계나 순서
에 따라 표시·확인·분류·비교하고 위치지우는 것, 즉 기준에 따라 다양하
게 결합시키고 분리시킴에 따라 개인들을 인식시키고 교육하고 꿈과 환상
을 심어주고 보호하고 감시하는 기법들)이 '합리성' 추구라는 명목하에 항
상 요구된다.65) 이러한 관리가 준거하는 가시적이고 경험적인 자료에 터
한 논리적 안정성은 사실상 권력에 근거하는 특정한 담론의 배제와 정상
화 등 담론구성체의 규칙들에 의해 보증된다.66) 페쇠는 이러한 관리적(법
적·정치적·경제적) 공간은 실증과학의 경험주의적이고 실용주의적인 인식
론적 관점으로부터 야기되는 부정합의 논리적 제약이라는 외관을 표현하
는 것이라고 본다.67) 지식의 소유자, 전문가, 질서의 유지자가 배치되는
이 공간은 '근본적으로 해석을 금지하는' 특수한 속성을 지닌다. '어떤 의
미에서는,' '이렇게 말할 수도 있다' 등의 담론적 거리의 어떠한 표식도 거
부한다. 이처럼 논리적으로 안정화된 담론공간 속에서, 특정한 발화주체는
무엇이 말해지고 있는지 이미 알고 있다고 (전구성적인 것으로) 전제된다.
이 공간에서 산출된 모든 진술들은 그 진술의 발화와는 독립적인 담론구
성체의 구조적 속성들을 반영하고 있는 것이다. 담론으로 파악되는 이러한
속성들은 전체에 관한 적절한 묘사 속에 투명하게 각인되어 있다. 이러한
관리적 담론공간의 통일요소는 일련의 매우 일반적인 수준에서 언급될 수
있는 논리적·실천적인 명백한 증거들이다. 그러나 이러한 일반적인 수준
에서 언급되는 통일성은 경험주의적 증거의 제시방식이 항상 그러하듯이

---

65) 푸코, 앞의 책, 1989; 푸코, 『성의 역사-제1권 앎의 의지』(이규현 역), 나남,
　　1991, 96-170쪽 참조.
66) 미셸 푸코, 「담화의 질서(상)」(김화영 역), ≪세계의 문학≫ 7(1), 1982(봄),
　　97-125쪽.
67) M. Pecheux, op. cit., 1988, pp.633-637.

일련의 모호성이 관통할 뿐이다.68) 즉 참 혹은 거짓으로 판단 가능한 일련의 명제로 논리적으로 표현될 수 있는 모호한 통일성이 항상 작용한다. 이것은 가시적인 것과 비가시적인 것의 이 중적인 반영구조 속에서 작용하는 명증성에 대한 맹목에 다름 아닌 효과를 산출한다. 다시 말하자면 관리적 담론들 속에서 설정되는 안정화된 공간에서 실재의 이질적인 영역들에 대한 논리적인 은폐(동질화)가 이루어진다. 일반적이고 모호한 논리적 명제의 그물망에 의해 가리워진 채로 모든 것이 관리기제들과 관련된 담론 공간 속에서 진행되는 것이다.

그런데 왜 이러한 것들이 논리적 안정성을 가지며, 가시적인 증거들에 대중은 눈이 멀게 되는가? 다양한 욕구를 지닌 다양한 개인들이 도대체 왜 지배이데올로기의 호명에 종속되고 지배적 담론구성체에 종속되고 마는가? 프로이트가 말하는 무의식적 반역과 저항은 어디에 있는가? 발리바르(E. Balibar)는 대중이 지배이데올로기를 수용하는 것은 지배이데올로기가 언제나 피지배자들의 이데올로기(즉 피지배자들 자신의 체험에 대한 가상적 관계)의 보편화이기 때문이라고 본다.69) 또한 페쇠는 이것을 주체들이 대면하게 되는 일상생활의 다양한 문제해결의 절실한 필요성, 즉 삶의 복합적 긴요성(multiple exigencies)의 측면에서 이해하고자 한다.70)

> "삶에 있어서 다양한 긴요성들에 직면해 있는… 실용주의적 주체는 스스로가 다수의 하찮은 논리적 체계들의 존재로 특징지어지는 논리적 동일성을 절박하게 필요로 한다. …사물들, 사람들, 기술적 과정들, 도덕적 결정들, 사용지시, 정치적 선택들 등이 뒤얽힌 이러한 모호한 필연성 속에서는 어떠한 대화도 안정된 명제, 즉 참이냐 거짓이냐 하는 양극화를 가능하게 한다. …의미론적으로 정상적인(정상화된) 세계의 보편적인 필요성은 우리 자신의 신체와 직접적인 환경과 더불어 우리가 유지하고 있는 관계들과 더불어 시작된다."

---

68) 경영학의 텍스트들과 기업의 관리자의 담론에서 그리고 제도화된 경영관리기법들에서 이러한 점을 충분히 발견할 수 있다.

69) E. Balibar, *Le Non-Contemporain,* 1988, 윤소영 편역, 『알튀세를 위한 강의』, 이론, 1993.

70) M. Pecheux, op. cit., 1988, p.639.

  페쇠는 우리가 '알아야 하는 것'은 우리에게 알려진 것들과의 관계 속에서 일종의 축적된 지식의 예비분이며, 어떠한 종류의 위협에 대해서도 지켜야 하는 지식의 장치라고 본다. 이러한 알아야 하는 것은 실용주의적 주체의 행복의 결여이며, 그것들은 사회적으로 관리되고 전수되는 지식이며 상황, 증후, 그리고 실재의 다양한 위협과 연관해서 수행되어야 하거나 회피되어야 할 행위에 대한 묘사들이라는 것이다. 이것으로부터는 노동자, 관리자, 전문가, 과학 중 그 어느 것도, 어느 누구도 자유롭지 못하기 때문에, 이러한 수많은 알아야 할 것들을 동질적으로 표현할 수 있는 구조로 통일시키려는 지식에 대한 프로젝트는 지배자들과 저항하는 자들 모두에서의 통일과학에 대한 실용주의적 환상이라는 것이다.71) 예를 들어 기업이나 정당조직의 목적, 과정 및 결과에 대한 유효성 평가의 기준치가 무엇인가에 관한 이론적·실천적 조직담론들에서 볼 수 있듯이, 우리는 진술의 주체가 누구인가 그리고 진술의 대상이 무엇인가(누가 무엇을 하였는가)가 여기에서는 배제되고 금지되는 것이다. '좋은 주체'는 이에 동일화되고 '나쁜 주체'는 이에 대해 질문한다. 그러나 결국에는 논리적 안정성을 지닌 보다 가시적인 기준치에 종속되고 만다. 구체적으로 노동조합이 인사관리제도에 관한 협상에서 경험적 증거를 경쟁적으로 제시하거나 조합원들의 주관적 합의를 얻을 가능성이 높은 기준, 즉 연공을 채택하는 경향을 보라. 또한 그 수단·방법의 효과성을 평가하는 공식이 지니는 모호성이 발생하고 진행되는 과정들 및 사건은 하나의 논리적으로 안정적인 것으로 간주되고, 따라서 어쩔 수 없이 모호한 그것들의 공식화에 대한 한결같은 반응이 기대된다. 이번 대선에서의 '우리 민중진영'은 패배하였는가를 둘러싼 운동조직이나 여러 정파들의 상이한 평가를 보라. '구체적인' 정책 프로그램의 결여가 한결같이 지적되며 정책개발의 필요성이 강조된다. 여기서 '구체적 분석'이라고 할 때 '구체적인 것'은 과연 무엇인가, 왜 패배인가, 누가 정말로 패배한 것인가, 패배하였다면 무엇 때문에 그러했는가 등등의

---

71) Ibid., pp.640-643.

담론은 더 이상 합리적인 것으로 받아들여지지 않는다. 따라서 우리는 이러한 사건들, 일상생활에서 직면하는 다양한 복합적인 삶의 문제들과 관련된 상호연결된 명제들을 관통하는 담론의 성격에 대해 이데올로기적 관점에서 질문하고 분석해야 한다고 본다.

이에 대해서 물론 '문제 많은' 이데올로기 개념보다는 우선적으로 푸코의 권력, 담론, 권력장치 등의 개념이 대안적으로 제시될 수도 있을 것이다. 한편으로 푸코의 시도는 우리의 문제의식인 이데올로기의 물질성 테제와 호명 테제를 구체적인 분석수준에서, 즉 이데올로기적 사회관계들과 정치적 사회관계들, 그리고 사회적 생산관계들을 서로 가로지르는 제도적, 담론적, 기타 사회적 실천과정의 통일성에 대한 구체적인 분석 가능성을 보여준다. 이러한 시도는 알튀세의 이데올로기적 국가장치와 억압적 국가장치의 분리에서 초래되는 문제를 교정하여 이데올로기적 구성체가 구체적으로 어떻게 작동하는지에 대한 이해에 유용성을 제공해 준다고 볼 수 있다.72)

페쇠는 푸코의 이데올로기적 규율의 분석에 근거하여 이데올로기적 호명을 의식(ritual)으로 파악함으로써 지배이데올로기에 의한 호명의 자명성 속에서의 대중의 반역과 저항을 사고하고자 한 바 있다.73) 이데올로기적 호명을 의식(儀式)으로 파악하는 것은 플라톤적인 의식의 그림자로서의 무의식이 아닌 프로이트적인 의미에서의 무의식에 근거한다. 이것은 혼동(disruption), 과오(lapses), 결함(flaws) 없는 의식은 없다는 것을 전제한다. 은유의 정의가 다른 말의 대체(one word for another)이듯이, 그것은 또한 하나의 의식이 그러한 실수 속에서 분열되는 지점인 것이다. (종교의식, 법 시행, 정치적 연설, 교육적 강연) 이러한 관점에서 볼 때, 꿈, 실수(slips), 과실(parapraxis), 위트(witz) 등은 비록 지배이데올로기가

---

72) 다이안 맥도넬, 『담론이란 무엇인가』(임상훈 역), 한울, 1992, 122-123쪽; S. Hall, op. cit., 1980, pp.51-53.

73) M. Pecheux, op. cit., 1988, p.217을 참조할 것. 그러한 이러한 푸코에의 준거는 정신분석학과 맑시즘에 대한 푸코의 대립점을 제거한다는 전제하에서이다.

실현되는 경향을 띠는 실천들 속에서부터일지라도, 그러한 이데올로기를 지속적으로 감염시키는 어떤 것과 관련되어 있다고 본다. 실수, 과실(의식에서의 이데올로기적 질서내의 장애)은 이미/언제나 존재하는 것들이며, 저항과 반역의 기원이고 지배 질서의 머뭇거림을 이용하는 섬광과 같은 작은 승리들이라는 것이다. 따라서 예컨대 노동과정에서의 노동자의 이와 같은 저항들… 유기체적인(근육, 신경) 저항?, 실수들, 속도를 자유 자재로 늦추었다 늘렸다 하는 것들과 같은 수많은 잔재주들(tactics on the job)은 자본주의적 노동과정으로의 완전한 포섭이란 불가능하다는 점을 보여주는 생명력이라고도 볼 수 있다.

푸코의 시도는 또한 국가권력의 장악으로 해결될 수 없는 프롤레타리아 정치의 곤란, 모순들을 극한적으로 사고하는 것으로 볼 수도 있다.[74] 알튀세의 이데올로기적 국가장치와 억압적 국가장치, 그리고 계급투쟁을 통한 재생산의 설명시도와 푸코의 감시와 처벌의 메커니즘과 과학담론(진실), 권력의 생산성과 주체의 신체와 정신의 종속화 과정에 대한 관심, 나아가 폐쇠가 고민하였던 뭉크하우젠 백작적인 맑시즘의 역설(즉 자기의 머리를 스스로 공중으로 끌어올린다는 우스꽝스러운 아이러니… 역동일시전략에 의한 지배이데올로기하에서의 저항과 반역, 그리고 혁명을 사고하는 것) 다시 말하자면 재생산과 변형을 계급투쟁의 모순 속에서 극한적으로 사고하는 것으로 볼 수 있는 것이다. 그리고 사실상 이데올로기에 관한 문제인식이 담론적 실천의 다양성과 담론구성체 자체에 대한 분석으로 전위된 것은 푸코의 영향이며 그의 기여라고 볼 수 있다. 비록 푸코가 이데올로기 개념을 폐기시킬지라도 권력과 지식의 문제는 이데올로기의 문제인식이다.

우리는 과학기술의 발달에 따른 지식의 기계화와 생산으로부터 분리된 지식생산, 그리고 지식의 독점적 전유가 국가장치와 긴밀히 연관되어 있음

---

74) 발리바르, 「푸코와 마르크스: 명목론이라는 쟁점」(윤소영 역), ≪이론≫ 제3호, 1992(겨울), 282-309쪽.

을 강조할 필요가 있다. 생산과 비생산자들 사이의 분할은 국가장치의 분할과 전문화(억압적·이데올로기적 장치들)와 역사적으로 연관되어 있으며 생산에서의 기술발전에 의한 미세한 분업의 진전이라는 이중적인 형태를 띤다.75) 이러한 분업과 분할을 지속적으로 재생산하고 통일적으로 결합시키는 것은 국가의 존재이며, 특히 교육제도의 효과인 것이다. 노동력 자체의 재생산은 생존조건뿐 아니라 기술적 분업관계, 정신-육체노동의 분업관계와 연관된 이데올로기와 그것의 정치적·경제적 영역에서의 효과들의 재생산인 것이다. 따라서 우리는 직접적 생산과정의 조건들내에서, 그리고 노동의 조직화에 있어서의 분업 및 규율들과 노동력 재생산의 조건들과 연관된 이데올로기적 사회관계들의 물질화된 효과들의 존재 및 그 속에서 그리고 그것을 통한 정치적·이데올로기적 변형적 실천들 사이의 절합 자체가 이데올로기 개념과의 관계하에 분석되어야 한다고 보는 것이다.

지금까지 기업문화론, 기업문화전략 및 실천의 '주체적인 것'에 대한 관심과 연관된 정치적·이데올로기적 성격을 근원적으로 비판할 수 있는 이데올로기 개념과 관련된 유물론적 담론분석의 분석적 개념장치들을 살펴보았다. 기업문화론적 담론들에서 당연시되는 보편적인 주체는 과연 어떠한 과정을 통하여 형성되고 변형되는지에 관한 관심하에 우리는 이데올로기 개념, 담론의 물질성 개념, 담론구성체 및 담론과정개념들을 정리하고 주체호명과정을 분석하기 위한 이 개념장치들의 상호연관관계를 생각해 보았다.

---

75) 발리바르, 앞의 글, 1992, 282-309쪽.

# 제/2/부 의례와 실천논리

사이보그와 실천논리
팀조직과 작업장체제

# 사이보그와 실천논리
## 대형사고 사례


　　대형사고는 왜 발생하는 것일까? 기술부족 때문에? 관료들과 기업들에 의해 저질러지는 조직적 범죄 때문에? 그렇지 않으면 관리소홀과 잘못된 시설이용 때문인가? 최근 들어 발생하는 잦은 사고에 접하면서 누구나 갖게 되는 질문일 것이다. 이전에는 대형사고가 마치 발생하지 않았던 것처럼 새삼스럽게 사고에 대한 보도, 원인에 대한 진단과 처방, 개탄의 소리들이 이러한 질문을 둘러싸고 범람하는 것 같다. 그런데 이런 질문들은 은연중에 질문하는 사람을 사고가 발생하게 되는 현실세계의 맥락으로부터 분리시켜 버리고, 사고는 질문하는 이와는 무관한 단지 하나의 설명대상으로 보게 하는 것 같다. 마치 실증주의 사회과학자가 '과학'의 권위에 힘입어 연구대상인 그를 포함한 사람들의 집단으로부터(현실세계) 거리를 두고 초연한 채로 개념이라는 도구를 휘두르며 자신이 보고자 하는 실재를 구성하듯이, 사고에 대한 이러저러한 원인론을 구성하고 희생양들을 엮어 내지 않는가? 이와 같은 사고를 둘러싸고 전개되는 사고발생의 규정-원인규명-책임자 문책을 상상하고 수행하는 담론과 의례적 실천들은 질문 자체에 의해서 시야에서 배제되어 버리지 않는가? 몇 명이 사망하고 누가 몇 회에 걸쳐 점검하였고 누가 시공하였으며, 다리의 어느 부분이 취약한 구조를 갖고 있고 몇 톤의 하중에 견디며, 교통량은 얼마나 되는지 등 객관적인 자료나 수치들만 따지는 사이에 사고 담론과정과 의례적 실천의 성격 자체를 질문할 여지는 사라져 버리고 만다. 질문을 바꾸어 이렇게 생각해 볼 수 있다. 과연 기존의 사고의 원인규명과 사후조치들이 과연 사고발생의 근본적인 원인규명과 사후조치라고 할 수 있는가? 대형사고에 대한 보도와 진단 및 처방의 보도들에 접하는 것이 그렇게 놀라울 정도로 새삼스러운 것이라 생각하고 있지 않으며, 마치 당연히 일어날 것이 일어난 것에 불과한듯이 습관적으로 반응하는 사람들은 왜 그럴까? 이러한 일련의 대형사고에 대한 우리 민중들의 호기심어린 담론들 속에서, 그리고 사고에 대한 다양한 의례적 반응 및 담론적 차이들 속에서 은폐된 그 무엇인가가 작용하고 있지 않을까?

우리는 대형사고에 대해 제시되는 사고의 원인진단과 처방들에서 사고를 기술공학적 문제로 파악하여 기술공학적 지식수준이 낮은 후진국형 사고로 진단하는 경우나 멕시코, 나이지리아, 말레이시아 등과 같이 급속한 산업발전에 미치지 못하는 사회의 기간산업 등 하부구조에 대한 안전투자의 미비로 인하여 발생하는 것임을 강조하는 경우를 볼 수 있다. 그러나 다른 한편으로 대형사고는 일반적으로 산업화가 고도로 진전되어 있는 선진국에서 자주 나타난다. 또는 미국의 다국적 기업인 유니온 카아바이트사의 인도 보팔공장에서 발생한 가스누출사고와 같은 다국적 기업과 관련하여, 그리고 원자력발전소나 공항관제기술 등의 고도로 복잡한 기술과 관련하여 오히려 더 대규모로, 더 자주 발생한다는 점을 보면 대형사고를 기술부족으로만 기인시키는 것은 적절하지 못하다. 또한 사고를 관료들의 부패구조(총체적 부패?)와 사회성원들의 가치 및 행동 지향성의 문제로 진단하여 총체적 국가위기(?)로 간주하는 경향도 있을 것이다. 이에 따라서 부패관료를 처벌하고 동시에 교육 및 문화관련 제도들의 개선과 도덕 재무장운동과 시민감시운동 같은 양심적인(?) 운동들도 나올 법하다. 그런데 인간주의로 위장된 이와 같은 심리학주의적 문제인식과 문제해결방식은 사고발생의 근원적 구조는 제쳐둔 채, 미봉적이고 형식적인 접근을 취함에 따라 자칫 사고를 구조적으로 조장하는 실용주의적 제도 마련의 오류에 빠지게 된다. 우리 모두는 이미 사고가 발생할 경우 행정기관, 매스컴, 기업, 정당, 재야단체, 시민단체와 공모한듯이 일사분란하게 합동으로 요란스러운 사고보도, 사고처리를 위한 국민동원, 미담사례 보도, 전문가의 진단 보도, 사고원인 조사, 책임자 문책 및 규탄 등 일련의 사후조치들을 의례(ritual)로서 치뤄내기에 익숙해 있지 않은가? 이러한 의례의 귀결은 파시즘적 대중동원운동과 희생양 삼기로 귀결되며 권력관계를 재생산하는 전형적인 정치수단들임을 또한 잘 알고 있다. 이 과정에서 사고는 특정한 의미작용을 유발하는 사고로 구성된다. 정보기술의 정치수단화를 통한 담론의 정치가 그 마술적 위력을 유감 없이 발휘하는 것이다. 그러나 사실 사고란 조직적인 것이다.

산업설비와 같은 기술설비에 관련된 사고들은 인적 요인, 의사소통의 문제, 기술정책 및 기타 조직의 정책이 실패등을 포함한 조직적 실패에 의해, 그리고 조직간 관계관리의 실패로부터 발생한다. 따라서 사고는 기술설비와 관련된 조직적·기술적 요인들에 의해 결정되는 사고발생의 선재조건들과 인간적·기술적 개입에 의해 촉발되며, 이러한 요인들이 사회의 기간설비, 규제 및 안전관리체계 등과 같은 다양한 환경적 측면들과 상호작용하는 가운데 발생한다는 모형이 일반적인 사고발생에 대한 조직론적 묘사이다.[1] 이렇게 보면 사고는 단지 기술적인 문제뿐 아니라 당연하게 조직적·정치적·사회적인 문제인 것이다. 따라서 사고는 단지 급작스럽게 야기된 물리적·정신적인 손상만을 의미하지 않고, 특정한 현상의 경험뿐 아니라 그러한 경험들에 대한 의미부여와 사후적인 처리행위, 그것의 정치적인 의미작용을 모두 포함하는 일상적 의례실천의 문화과정으로 볼 수 있다. 이는 사고에 대한 문제인식과 처리과정의 정치의례는 전형적인 자기준거적·폐쇄적 관계유지 경향을 띤 시선과 관리과정이라는 하나의 문화형태로 읽혀질 수 있다는 관점이다. 이렇게 볼 때 우리 민중들은 이러한 과정

---

1) P. Shrivastava et al., "Understanding Industrial Crises," *Journal of Management Studies* 25(4), 1988, pp.285-303.

에서 어떤 역할을 수행하는 것일까? 우리들의 일상적 실천 자체가 사고는 당연하게 일어날 수밖에 없다는 것을 알 수밖에 없도록 만들며, 오히려 어쩔 수 없이 연루됨으로 인해 스스로가 혐의를 갖고 있지 않은가? 우리는 계급사회에서 살고 있으며 이 사회의 제도화된 분류체계의 그물망에 사로잡혀 다른 행동양식과 사고양식의 표현방법을 내외로 검열되고 금기시당하며 살아가는 가운데, 우리가 취할 수 있는 가장 적극적인 표현은 우리에게 주어졌다고 생각되는 삶을 충실하게 취하는 것일 수밖에 없다는 점을 잘 인식하고 있지 않은가? 따라서 문제는 그러한 의례적인 접근의 고리와 기존 실천상의 관계들을 어떻게 단절하는가에 있을 것이다.

이 글에서는 대형사고를 일상적 실천에서 드러나는 자기준거적 조직과 관리의 문제로 파악하고 이로부터 논의의 실마리를 풀어가고자 한다. 조직론적으로 볼 때, 사고는 노동과정의 조직원리 및 관리체계로부터 필연적으로 야기되는 구조적 원인을 갖고 있어서 '불가피하게 발생하는 것,' 따라서 '정상적인 것'이라고 볼 수 있다. 물론 이와 같은 조직론적 접근은 자칫 사회관계의 다양한 측면과 조직과의 관계를 조직구성원들의 사고, 행동, 태도나 의식의 부분적 문제로 환원시켜 버릴 위험이 있다. 그런데 오히려 조직관리 과정에서 그러한 환원적 사고 및 행동 경향 및 조직적 실천들은 매우 일상적인 조직과정에 참여하는 사이보그 주체들의 역할수행일 뿐이며, 모든 조직구성원들에게 당연시되는 것이라는 점을 오히려 강조할 필요가 있다. 이 글은 이러한 경향을 낮은 시선, 관계 측면을 거리를 두고 살펴봄으로써 대형사고의 구조적 발생을 이해하고자 한다. 따라서 이 글에서는 사고를 대형 사고로 발전시킬 수밖에 없는 근본 원인이 자본주의적 사회관계, 그 중에서도 특히 국가장치 및 여러 유형들의 자본주의적 조직의 관료제 장치들과 그 조직원리와 긴밀히 관련되어 있음을 살펴보고, 또한 사고 발생 이후에 공통적으로 드러나는 이데올로기적 관계의 봉합(조직화) 과정의 자기폐쇄적이고 순환론적인 인식 및 행동의 연결고리들이 자본주의적 국가장치 및 조직들의 관리에서 노동과정의 조직화와 지배관계의 조직화라는 이중적이고 모순적인 방식으로 작동되는 현실적 과정이 지닌 지배관계 재생산의 집요한 경향 및 그 효과들에 종속되어 있음을 실천의 논리에 초점을 맞춰 살펴보고자 한다.


## 1. 사고와 조직원리: 조직 실패로서의 사고

### 1) 대형사고는 조직된 사고이다

우리는 통상 사고(accident)라는 말을 '평상시에는 없는 뜻밖의 사건(event)'을 일컫는 데 사용한다. 이는 적어도 '예상하지 못한 가운데 나쁜 계제로 발생하게 되는 사건'을 지칭하는 용어인데 이러한 사전적인 정의는 우리가 사용하는 이 용어와 연결된 의미를 제대로 전달하지 못하는 것 같다. 뜻밖의 예상치 못한 채 발생하는 사건들을 모두 사고라고 부르지는 않는다. 그러한 뜻밖의 일들 중에서도 '사람들의 생명을 앗아가거나 신체적인 손상을 야기하는 경우나, 그와 더불어 사람들의 생활과 밀접히 관련된 주위의 대상들의 기능이 손상됨으로써 정상적 생활을 불가능하게 하거나 기존의 사회 생활에 '심각한' 장애가 야기되는 경우(예컨대 성수대교 붕괴로 인한 인명의 상실과 교통체계의 장애와 서울 시민들의 생활에서의 장애 등)에 이런 용어를 사용한다. 사고를 이렇게 볼 때 '심각성' 정도가 어느 정도까지가 사소한 사건(incident)이고 어느 정도까지가 사고(accident) 이며, 대형사고는 또한 어느 정도를 일컫는지 양의 문제일 것이다. 조직사회학자 퍼로우(C. Perrow)에 따르면 '체계의 일부에 기능적인 장애가 발생한 경우'에는 그것이 전체 체계의 기능적 중지를 야기할지라도 일부의 기능장애로 국한되는 경우에는 그것을 사건으로 보며, '체계전체 또는 그 하위체계(예컨대 행정체계와 그 감시체계, 교통체계와 신호체계, 원자로의 운영체계와 그 안전체계 등)에서의 기능 정지를 야기할 정도의 손상'을 사고로 정의하며, 체계적 사고(system accidents)를 '체계의 복합적 기능장애(실패)들의 예상치 못한 방식으로 상호작용함으로써 발생하게 되는 불가피한, 따라서 불가피하게 발생하는 사고'로 정의한다.[2] 원래 퍼로우는 체계적 사고라는 개념을 어느 하나의 단일한 부분이나 몇몇 부분들의 기능장애 또는 몇몇 사람들의 실수나 과오들로 인해 발생한다기보다는 체계 자체가 지닌 복잡한 구조와 긴밀하게 연결된 관계(tight coupling)를 통하여 일을 처리하고자 하는 관료제적인 조직의 모순으로부터 야기되는 "불가피하고 정상적으로 발생할 수밖에 없는" 사고들을 지칭하고자 사용하였다. 그가 말하는 체계적인 사고는 따라서 '단편적인 기능장애들이 예상하지 못한 방식으로 서로 연결성을 획득함에 따라 발생하는 사고'를 말하는 것이다. 이러한 사고들은 전형적으로 고도로 복잡한 신기술(high-technologies)을 적용하고 있는 원자력발전소, 공항 및 우주산업분야, 신기술로 건조한 선박, 유전공학적 기술적용분야 등에서 발생할 수밖에 없는 사고를 말하는 것이다.

그런데 여기서 체계적 사고라는 개념을 끌어들이는 것은 우리들이 경험하는 대형사고들은 어느 하나의 단일한 부분이나 몇몇 부분들의 기능장애로 인해 발생한다기보다는 "불가피한 측면을 지니고 있어서 정상적으로 발생할 수밖에 없는" 사고들이기 때문이며, 단편적인 기능장애들이 예상하지 못한 방식으로 서로 연결성을 획득함에 따라 발생하게 되는 구조적인 관계체계 자체가 근본 원인이라는 점을 강조할 필요가 있기 때문이다. 이렇게 볼 때, 대형사고는 많은 사람의 (잠재적·현재적) 희생을 발생시키며 인간 생활체계의 심각한 기능장애나 기능정지를 야기시키는 사고로서 체계적 사고의 특성을 공유하는 사고로 정의할 수 있을 것이다.

인구의 도시로의 집중이 야기하는 인구의 시·공간적 관리는 대형화된 교통수단과 같은 하부구조(infrastructures)들의 이용을 팽창시키고, 이로 인한 기술적 복잡성과 위험성의 증대는 이의 조직적 관리의 필요성을 대두시키고 조직들간의 복잡한 관계망을 창출하게 된다. 그런데 이러한 조

---

2) C. Perrow, *Normal Accidents: Living with High-Risk Technologies*, New York: Basic Books, 1984, p.63.

직들에 대한 관리 및 조직들 사이의 관계의 관리가 자본주의적 조직운영의 논리 속에서 이윤추구와 미시적 효율성추구에 규정된 채 이루어질 때 발생하게 되는 관리 실패들의 누적은 대형사고를 폭발시킬 가능성을 창출한다. 이렇게 볼 때, 현대의 대형사고들은 조직의 대형사고라고 볼 수 있는 것이다. 이를 우선 노동과정의 조직원리와 관료제적 조직의 미시적 동학이라는 측면에서 보다 상세하게 살펴보기로 하자.

### 2) 노동과정의 기계적 조직원리와 인간기계

기계의 발명과 그것의 산업에의 적용이 확산됨에 따라 조직이 실제로 관료제적 기계 장치화한 것은 산업혁명과 궤를 같이한다. 현대 조직운영의 기계적 정확성은 이제 기계적 해석, 이론, 기계적 원리에 의한 세계의 조성과 리드미컬한 기계적 생활의 확산의 한 예에 불과하다. 산업혁명과정을 조직관리에 초점을 두고 살펴보면, 그것은 관료제화이며 생활의 기계와 같은 일상화가 이루어진 과정(routinization)으로 볼 수 있다. 프러시아의 프리드리히 대제의 군대가 원형이라고 할 수 있는, 18세기에 유행하였던 장난감 기계인형의 기계적인 동작은 위계, 제복, 규칙, 직무의 전문화, 표준화, 지휘용어의 창조, 체계적 훈련, 전문 스텝의 양성으로 실현되었으며, 19세기에 이르러 산업에 적합성을 인정받고 채택됨에 따라 기계적 동작은 공장, 사무실까지 확산되었다. 기업가들은 자동인형 군대를 공장과 사무실에 주둔시킬 수 있게 되었고 자신의 지배 욕망을 실현할 수 있는 권력의 저장소와 생산장치를 창조하게 되었다.[3]

소위 노동과정의 혁신적인 조직원리로서 주목받아온 테일러의 과학적 관리법도 이러한 관료제적 기계문화(machine culture)를 작업장에 실현시키고자 하는 욕망의 전형적 산물이라고 할 수 있다. 산업에서의 기계의

---

3) C. Dandeker, *Surveillance, Power and Modernity*, ch.5·6, St. Martin's Press, 1990.

사용은 조직 및 인간이 기계장치의 요구에 적응하여 사고하고 행동하도록 요구한다. 독점자본주의의 형성 당시 국가관리와 산업현장의 문제들을 해결하기 위한 실천적인 해결책으로서 19세기 말부터 모색되어왔던 작업장 기술체계로의 인간들의 적응, 즉 인간기계의 창출을 위한 이데올로기적 프로젝트는[4] 기계문화 속에서의 생산양식과 그것의 재생산 양식 사이의 경쟁적 관계, 즉 생산과정의 근본적인 변형과 재생산의 정치를 포함한다. 여기서는 인간들과 사물들을 기계공학적·기술적·생물학적으로 창출하는 상상의 실현이 기술 및 산업발전을 거대한 배경으로 추구된다. 이러한 과정은 객관적 구조에 의해 지배적으로 규정된 담론적 한계들 속에서 다양한 과학들 사이에서, 그리고 그와 관련된 집단들 사이의 경쟁적 관계 속에서 일상적 삶의 긴요성을 해결할 수 있는 유일한 해결비법을 기존의 관행과 상징구조 속에서 추인받는 형식으로, 그리하여 기존의 관계체계를 유지하는 자연스러움을 묘사하는 방식으로 전개된다. 이는 곧 육체와 기계를 '조정'하기 위한 관행들과 담론들, 과학적 관리, 인간공학 등 기계과정과 생명과정들과 권력의 지배전략 사이의 절합을 통한 사회적 관계의 재생산의 정치적 기능수행인 것이다. 사람, 육체, 기계들이 만들어지고 표상되는 방식, 육체와 인간이 만들어질 수 있는 사물들이라는 발견들, 자연주의적 기계라는 측면에서 자연을 재조형하는 것과 통계학적으로 개별화된 인간으로서 개인들을 재조형하는 것들은 '과학적 지식'의 이름으로 합리적인 문제해결의 기법으로 제도화되어간다.[5]

---

4) 마크 셸처가 보여주듯이, 이러한 생물학주의와 기계공학적 관심은 문학의 사실주의와 자연주의자의 감응들 속에서 가장 잘 드러나는 것 같다(Mark Seltzer, *Bodies and Machines*, Routledge, 1992). 이러한 문학작품들에서 드러나는 이데올로기적 프로젝트들은 인간의 기계화가 결코 몇몇 기업가들의 관심사만은 아니었다는 점을 지적할 필요가 있다. 소위 문학을 위한 문학, 예술을 위한 예술들이 시대적 풍조로서, 아니 이데올로기적 관계 속에서 지배이데올로기에 무의식적으로 동화된 담론을 발화하는 모습을 이해할 수 있게 해준다. 그들이 아무리 비판적이고 자유주의적 인간주의를 실천하고자 했고 이러한 사상을 문학작품 속에 반영시키고자 했을지라도 그들은 비판의 객관적 가능성, 실천의 효과, 이데올로기의 상상관계에 갇혀 있다.

　　조직에 대한 이론화가 이론이데올로기로서 추구되기 시작하는 것도 이러한 관료제화의 기계문화가 확산되는 맥락 속에 있다. 19세기 말에서 20세기 초 과학적 관리법의 산업현장에서의 정착과정과 관련하여, 조직이론에서의 고전적 접근들이나 인간관계론적 접근들이라고들 하는 경영이데올로기에 근거한 현대 조직학의 형성과정은 분류와 평가체계를 통한 인간들의 개별화, 규율화에 관심을 갖고 그것을 '과학'의 이름하에 산업과 군대에 적용하려 했던 산업심리학자들의 후예들에 의해 이루어진다. 이들에 의해 제공되는 조직실재에 대한 정의와 묘사들은 자기중심적인(egocentric) 조직현상에 대한 이론화 효과들을 발휘함으로써 다양한 담론적 해석의 가능성을 배제하고 당연한 것들로 여기게끔 하는 방식으로 실천에 반향한다. 이와 같이 기계적 사고(관료제, 과학적 관리)는 조직 인식에서 가장 기본적인 개념들을 형성해 왔으며 현대 관리론의 지배적인 사고경향으로 자리잡고 있다. 설사 가장 현대적인 조직 및 관리이론이라고 할지라도 이러한 사고에 종속되어 있다.6)

　　자본주의적 노동과정 설계의 지배적인 접근으로서 과학적 관리 및 관료제적 원리는 기계적 배열관계를 명확히 정의된 부분들간의 질서정연한 관계로 투영시킴으로써 일종의 기계적인 관계의 집합으로 조직을 이미지화하고, 이에 따라 조직내 일의 관계구조를 설계하고자 한다. 공학자는 기계를 설계할 때 주요한 일의 부품을 순서대로 정렬시키고 이를 정해진 저항점에서 고정시키는 방식으로 상호 연결된 부분품의 네트워크 관계를 구성한다. 마찬가지로 조직설계 공학자들은 조직 목표달성에서 저항점들로 작용하는 기능적 부분들을 확인하고 이를 서로 다른 직무로 명확하게 규정하여 개별적인 직무의 네트워크를 위계와 수평적 분업관계, 즉 기능적 관

---

5) Mark Seltzer, op. cit., 1992, pp.3-21.

6) 현대 조직이론들의 여러 접근들에서 드러나는 이러한 사고방식은 관료제적 원리를 비판하며 대두되지만, 자본주의적 사회관계라는 객관적 실재에 의해 규정되는 한계 속에서 수용과 부정의 형태로 지속적으로 재생산되고 있을 뿐이다. G. Morgan, *Images of Organization*, London: Sage, 1986, 오세철·박상언 역, 『조직사회학』, 현상과 인식사, 1990.

계성에 입각하여 구성해 나간다. 이에 따라서 조직설계적 접근은 기계와 같은 직무의 고정된 분화, 위계적 감독, 중앙통제장치, 세분화된 규칙, 정확성, 명확성, 신뢰성, 스피드, 효율화의 강조가 경영담론을 지배하는 이데올로기구성체로서 산업사회의 기술합리적 사고, 도구적 합리성, 기술관료주의라는 지배적인 문화형태를 발전시킨다. 기계문화 형태하에서 관리한다는 것은 인간기계의 작동에 관한 계획, 조직, 명령, 조정, 그리고 통제이다. 하지만 핵심적인 것은 지배하고자 하는 권력의 시선이다.[7] 이러한 기계조직 속에서의 인간은 기계 사이의 구멍들을 채우는 대체 가능한 부분품 내지 나사못으로 간주된다. 애초에 테일러의 과학적 관리법은 작업의 파편화와 표준화 및 이를 바탕으로 한 전문적 고착화를 꾀함으로써 숙련작업자들의 탈숙련화와 동시에 미숙련 이민노동자들의 신속한 작업장 배치방안의 모색을 통하여, 작업자들과 조직간의 상호작용을 최소화시키고자 하는 전략이었다.[8] 당시 숙련노동자들은 노동조합의 간부로 관리자들의 통제 밖에 있었던 사람들이었기 때문이다. 미숙련·반숙련 노동자들의 동기부여와 포섭은 일한 대로 임금을 높게 받는 능력주의적 차별 성과급제와 감독자들의 권한 강화에 바탕을 둔 규율화 및 '정신혁명'을 통하여 이루어진다. 테일러의 이러한 관심은 당시의 기계문화적 풍조에 부합하는 생산현장의 혁신전략이었다고 볼 수 있다.[9] 기계적 설계원리에 입각한 조직에서의 노동과정은 작업자의 통제권이 상실된 채, 철저히 파편화되고 표준화된 작업을 정해진 방법에 의해 반복적으로 기계의 리듬에 따라 이행하는 것일 뿐이다. 이때 조직관리에 있어서 부품기계로서의 인간과 기계 사이의 활동을 연결시키고 조정하여 추구하는 목표의 달성을 위해 통합시키는 또 다른 부분품들이 문제가 된다. 이러한 기능적 저항점들을 사전에 확인하여 위계적 관계를 설정하는 것은 물론 조직설계자의 몫이며, 산업공학

---

7) 미셸 푸코, 『감시와 처벌』(박홍규 역), 강원대 출판부, 1991.
8) C. Littler, "Understanding Taylorism," *British Journal of Sociology* 29, 1978, pp.185-202.
9) Mark Seltzer, op. cit., 1992.

도들 또한 지속적으로 작업장과 공정의 흐름을 개선함으로써 기능적 장애들을 해결하고자 한다. 이 귀결은 결여된 부분들의 확인과 이러한 결여를 '비용'을 고려하여 로봇기계나 인간 나사못으로 역시 메우는 것이다. 노동과정의 조직문제는 기계 및 인간기계들 사이의 배열관계에 관한 '과학'으로서의 시스템 과학(system sciences)과 산업심리학, 그리고 인간공학분야의 고유 영역으로 정착되었다. '무릇 기계는 갈고 닦고 조여야 잘 작동된다'고 공장의 벽에 커다랗게 구호로 쓰여 있음을 우리는 잘 볼 수 있듯이, 이러한 '과학적' 시선들하에서 인간은 평가되고 분류되며 배치되어져 기름쳐짐에 따라 매끄럽게 작동되어야 하는 부품들일 뿐이다. 철저하게 분화된 작업을 지시되고 훈련받은 대로 정해진 절차에 따라 이행하는 기계들로 간주된다.

그러나 그것의 귀결은 무엇인가? 노동과정의 조직하에서 조건이 형성된 조직구성원들은 제한된 책임만을 이행하는 방식으로 규칙에 의해 규정된 절차에 따라 좁은 범위의 직무들만을 수행하도록 되어 있기 때문에, 기존의 일과 형태상 차이가 있거나, 명확하게 정의되지 않은 일은 문제가 발생한 것을 알고 있을지라도 무관심하거나 무시해 버릴 수밖에 없게 된다. 이것은 전문적 영역들로의 분업화가 진전되고 전문화가 심화됨에 따라 야기되는 조직모순으로 상이한 기능과 역할, 계층, 부류의 인간들 사이에 의사소통과 조정이 이루어지지 않게 되어 문제발생시 준비된 반응양식이 부재하거나 무시되고, 주어진 편협한 부호로 독해된 단편적 반응들만 발생시키기 때문이다. 지체, 방관, 부적절한 정의, 심지어 정보의 왜곡 및 실수의 은폐, 근시안적 시각 및 이해가 산출되는 것은 직무책임에 대한 기계적인 정의로 인해 이를테면 '그건 내가 걱정할 바가 아냐,' '그걸 왜 내가 하지?' '그것은 내 책임이 아니라 그의 책임이야,' '나는 내가 들은 바만 하면 돼' 등과 같은 조직구성원들의 무관심하고 무비판적인 태도를 낳을 수밖에 없는 것이다. 이러한 현상들은 병리적 현상이 아니라 조직원리 자체로부터 야기되는, 즉 단일 목적의 기계장치가 지닌 준비된 반응양식의 부재에 기인하는 당연한 현상들인 것이다.[10] 흔히 이런 경우를 놓고 가치관이나 태도의 문제로 접근하는 것은 문제의 본질에서 멀어지게 된다. 이러한 인식들은 한편으로 기계적 접근에서 조직내 인간의 문제가 간과되고 있다고 간주하여 인간의 합리성과 조직의 합리성을 구별하고, 합리적인 조직에 비합리적인 인간을 어떻게 양성하고 훈육시킴으로써 조직목표에 통합시킬 수 있을까라는 관심으로 발전한다. 정신치료가이며 산업심리학자인 메이요(E. Mayo)를 중심으로 한 인간관계론적 조직론의 시도가 바로 합리적으로 설계된 조직에서 빠진 구멍을 공동체 이데올로기를 통하여 봉합시키고자 하는 전형적인 경우였다.11) 이들의 접근은 유기체로서 조직과 인간을 개념화함으로써 기계론적 조직론을 생물학적 자연주의로 보완하는 성격을 띠고 있다. 이는 곧 유기체와 같은 자기 규제적 활동체계로서의 조직에 대한 이미지를 통한 기계인간 모형의 보완이다. 제2차 세계대전을 기점으로 전개된 시스템적 접근의 기본 전제는 시스템 전체적인 목표달성에 기능하는 부분들과 그들 사이의 유기적 통합이다. 이는 주어진 목표를 당연시하고, 이를 교육훈련을 통해 훈육하고 가치로서 내면화한 사회화된 주체로 기계적으로 설계된 관계체계를 관리적 시선하에 통합시키는 것, 즉 보철(prosthesis)되고 기계화된 인간으로서 사이보그(cyborg)12)들의 창조에 다름 아니다. 개인과 조직의 이데올로기적 통합, 즉 습관화된 행동주체들의 조직목표 달성으로의 동기부여(동원)라는 조직이론의 본격적인 관심은 이로부터 발전한다. 이러한 관심 역시 지식-권력관계의 그물망에 갖힌 채 자기 준거적이고 맹목적인 관리를 경험적 일반화라는 과학적 연금술을 실현하려는 의례로 반복적으로 연기하고 있을 뿐이다. 그러나 '과학적' 시선하의 인간기계와는 별도로 작업장 노동과정에 임하는 인간은 객관

---

10) 합리적 계획과 통제를 강조하는 맑스주의 또는 민민운동조직은 여기서 면제되는가? 레닌의 테일러주의 도입에서 작용하는 정치논리는 이 글에서 보여주고자 하는 실천의 논리와 동형적이다.

11) Morgan, 오세철·박상언 역, 앞의 책, 1990, 44-52쪽; 신병현, 「조직분석방법론 서설」, 《현상과 인식》 15(4), 1991, 1-65쪽.

12) 'cybernetic organism,' 즉 자기규제적인 활동을 반복적으로 수행하는 유기체와 기계의 통합체.

적인 사회적 조건들 속에서 구체적인 자신들의 삶을 살아가고 욕망하는, 즉 일만 하는 기계의 팔로서의 인간기계가 아닌 또 다른 육체들이기도 하다. 인간의 기계적인 조직에 적합하도록 만들어져야 한다는 사고경향에서 문제되는 인간은 통계학적으로 평가되고 배치되고 개별화되어 양성되는, 톱니바퀴만이 아니라 정의되지 않고 평가되지 않고 배치되지 않는 인간의 측면이다.

　관리적 시선을 통해, 즉 계획하고 평가하고 배치하고 훈육시킴으로써 문제를 해결하고자 하는 생각들은 조직에 대한 사고방식이나 조직실행을 읽고 평가하는 방식 속에 깊이 내재되어(습관화되어) 우리의 지각, 행동, 사고에 영향을 미친다. 많은 사람들에게 분명한 명령과 의사소통, 조정과 통제체계에 의해 연결되는 명확히 규정된 역할의 구조를 조직화하는 것은 이제 거의 제2의 천성이 되어버린 것이다. 따라서 관리자가 조직을 설계할 때 그는 흔히 사람들이 그에 맞춰주어야 할 공식적인 직무구조를 설계한다. 만일 먼저 적합한 인물이 있을 경우라면 설계는 모든 사람들에게 명확한 역할을 부여해 주는 문제가 된다. 그러므로 조직에 있어서 어떤 공백이 발생했을 때, 관리자들은 종종 채워져야 할 '구멍(slot)'이 생긴 것으로 이야기하고는 하는 것이다. 이처럼 우리들 대부분이 훈련과 교육이란 것을 통해서 주어진 위치에 우리 자신을 '적응'시키고 또 그 속에서 불편 없이 안주할 수 있도록 만듦으로써 조직이 합리적이고도 효율적인 방식으로 운영될 수 있도록 편성하려는 경향이 일반적이다. 개별화된 인간 주체들의 습관화된 행동양식의 이면에 객관적인 사회구조에 의해 조건형성된 불안과 공포, 그리고 개별 주체들의 전략적 관계망과 관련된 치열한 조직내적 정치가 은폐되어 있다. 예컨대 조직의 위계구조는 직무의 네트워크이며 정보의 독점구조이며 보상의 차별화된 구조이고 의사결정의 독점을 합리화시키는 제도화된 장치일 뿐 아니라 개별화된 주체들 사이의 경쟁을 야기시키는 경력경로이기도 하다. 관료제적 관행에 대해 의문을 품는 사람은 객관적으로 주어진 상황을 정확하게 읽지 못하고 무모하게 이상적인 방법을 좇는 사람으로, 상식적으로 이해가 될 수 없는 문제아로 규정되는 것이 조직들에서 나타나는 일반적인 현상이라고 해야 할 것이다. 오히려 적극적으로 관여하는 것 자체가 기존의 의례적 행동유형들에 혼란을 야기시키게 됨에 따라, 집단적 지탄의 대상이 된다.

혼히 이러한 양상을 제도화된 수동성과 의존성의 문제로 조직론에서 '과학'의 이름으로 국외자적 관점에 서서 '객관적인' 파악을 통해 오히려 통제제도의 필요성을 강조함으로써 조직구성원들 스스로의 자율적 책임성을 제거하는 진단 방안들이 제시된다. 따라서 오히려 이를 통해 사고에 대한 대처방안이 사고발생을 제도화시키게 된다. 이러한 사고 및 불량품 생산의 제도화는 노동과정의 조직원리상 검사자의 일로 정의되고 적합하다고 평가된 사람을 배치하는 것으로 귀결된다.13) 조직설계의 관리론적 접근을 살펴본 바와 같이 기계적 배열관계로의 조직설계에서 빠진 부분이 발생하거나 기계의 작동이 사전에 계획된 대로 작동하지 못하고 실패하는 경우, 기계론적 시선을 보완하는 것은 인간의 문제이고 이는 주어진 목표를 자기 규제적 원리에 따라 달성해 내는 사이보그적 이미지로 묘사되는 것이다.

사고는 기계장치의 작동과 관련해서 볼 때, 언제나 발생할 수 있고 발생하는 것이 당연한 것이기도 하다. 이러한 기계의 실패를 메우는 인간기계 역시 제한적인 독해부호가 입력된 가운데 작동하게 될 경우에 모호하거나 예기치 못한 상황에 대해 적절한 반응을 할 수 없는 것은 자명하다. 이러한 실패를 예상해서 설정된 여유부분(redundant parts)의 전형이 위계구조이거나 태스크포스와 같은 특별과업수행팀이다. 하지만 빠듯한 기계적 기능관계로 설계된 조직원리상 이들의 일 역시 명확하게 정의된 특수한 역할들이기 때문에 특정한 부분에서의 위기(사고)는 조직 전체로 피드백 고리를 형성하면서 파급될 수밖에 없게 된다. 환경적 충격에 대해 완충역할을 하는 장치들 역시 동일한 원리에 의해 설계되고 작동될 수밖에 없기

---

13) 최근에 발생한 대형사고들에 대한 대처양식들에서 공통적으로 읽어낼 수 있을 것이다.

때문에 위기 대처에 대한 실패를 국부화시킬 수 없다. 예컨대 현대 계열사들의 노사간 교섭결렬 상황은 완충장치인 인사노무관리 부서의 문제로 국한되지 않고 조직 전체로 파급·확산되는 경향에서 그러한 점을 잘 볼 수 있다. 이처럼 사고나 위기의 상황은 일상적으로 대면하는 상황이다. 따라서 각종 안전장치나 충격완화장치들에 의해 부정적인 국면들이 제어되도록 설계하고자 하는 것이 필요하다는 것이 현대 시스템과학적 사이버네틱스로서의 조직설계 접근논리이다. 따라서 '계산에 의할 때' 대형사고의 발생은 확률적으로 낮을 수밖에 없는 것이다. 그렇지만 이러한 계산들은 오히려 시스템의 설계원리가 갖는 모순으로서 국부적인 정상적인 사고가 계열적 관계선을 따라서 서로 상호작용하면서 전체시스템으로 확산되는 데 개입하는 복잡한 사회적 과정을 은폐할 뿐이다.

## 2. 대형사고와 의례적 실천

우리는 지금까지 노동과정의 설계원리라는 측면에서 사고가 일상적으로 발생할 수밖에 없는 이유를 살펴보았다. 관료제적 조직의 관리중심적 시선이 야기하는 일상적 조직실천의 경험과 사회화는 노동과정의 기계문화 속에서 습관화된 행동과 사고패턴을 강화시킴에 따라 새로운 상황에 대한 적절한 인식과 반응의 부재, 그리고 이를 표현하기 위한 언어의 부재 현상을 초래하게 된다. 벽돌쌓기식의 일의 연결구조는 필연적으로 분파적 이해의 분기를 야기시킬 뿐 아니라 전체로서의 구조에 대해서, 그리고 전체로서 조직이 추구하는 목표와는 점점 거리가 멀어진 의례적 행동패턴을 형성해 간다. 맡겨진 일은 어찌되었든지 간에 되어져야만 하는 일인 것이다. 사고가 발생하였건 일이 잘못되고 있는 것 같건 간에 주어진 일은 마쳐져야 하는 것이다. 세상은 그래도 지속되며 연극은 계속되어야 내가 살고 가족이 살고 기업이 살고, 국가가… 라는 경험도식이 일반적이지 않은가? 사람들은 과거의 경험도식에 근거하여 새로운 상황을 읽고 습관화된 행동경로를 따라 주어진 상황에 대처해 나가는 것이다. 이 점은 단순한 사고의 '정상적인 발생'의 문제이기보다는 '그것들이 어떻게 해서 대형사고로 발전하는지의 문제'와 관련되어 있다.

대형사고의 발전에 개입하는 주체들의 경험적 실천논리를 잘 이해하도록 해주는 개념이 수행이라는 용어이다. 이 수행(enactment)이라는 용어는 연극에서 연기자가 관객으로부터 자신에게 기대되는 역할을 이전의 행동과 연결해서 인지하고 행동하는 역할연기 개념을 빌어온 것이다. 칼 와이크(K. Weick)는 우리의 일상적인 삶을 시간적 연속에 의존하는 일련의 연속적인 경험의 흐름으로 보아, 어떤 대상 및 사건들을 경험하는 것은 그러한 연속의 일부를 사후적으로 괄호로 묶어내어(bracketing) 의미를 부여하는(sense-making: 의미 있게 만드는) 과정이라고 본다.14) 수행은 기존의 인지적 도식에 기초하여 경험의 장(場)의 일부를 괄호로 묶어내어 선택적으로 지각함으로써 괄호로 묶여진 요소들의 맥락내에서 행위함에 따라 기존의 인지도식을 반복적으로 승인하는 것이며, 이러한 수행의 과정을 통해 산출되는 행동에서의 변화들로부터 남겨진 잔여(residuum)는 이후의 과정에 대해 잠재적인 의미를 지니고 있기 때문에, 인간행위의 물질적·상징적 기록이 이루어지는 사회적 과정인 것이다. 따라서 수행의 결과는 단순한 사건이나 부산물이 아니라 다양한 의미 해석이 가능한 나름대로의 질서가 부여된 물질적·사회적 구성물이다. 이것을 인식된 환경이라고 한다. 와이크가 말하는 수행개념은 관료제적 조직에서 나타나는 조직구성원들에 의한 의례적 관행의 경험주의적 실천전략들의 자기중심적 경향을 묘사하는 데 도움을 주는 실천논리이다.15) 기존의 경험들에 대한 의미

---

14) K. Weick, *The Social Psychology of Organizing*, 2nd ed., Addison-Wesley Pub. Co., 1979, p.147 이하 참조.

15) 이러한 기존의 인지적 도식에 의존하여 과거의 사건을 선택적으로 지각하고 의미부여함으로써 행동을 정당화하고 합리화하는 행동양식은 버거와 루크만이 말하는 상황적 맥락과 행위자 사이의 변증법적 상호작용을 통한 사회적 실재의 구성(the social construction of reality)라고 볼 수 있으며, 부르디외의 아비투스(habitus) 개념과 연관된다.

부여는 현재와 미래의 행동경로에 대한 합리화로 기능하게 되고 문제가 되는 대상에 대해 습관화된 당연한 반응들을 산출하게 된다.

에드워드 그로스(E. Gross)의 "형사범으로서의 조직"은 자본주의적 기업조직들의 이윤추구 압력은 기업내 구성원들에게는 평가를 통한 성과달성의 압력으로 작용하게 됨을 지적하고 있다.16) 이에 따라 경쟁에 대처해야 하는 자본주의적 기업은 조직적인 범죄를 범할 가능성이 높을 수밖에 없으며, 또한 조직 구성원 개개인의 일탈행위 가능성도 높아질 수 밖에 없음을 시사하고 있다. 관료제적 조직의 위계적 경력구조하에서 경력경쟁하는 사이보그들이 왜 철저한 자동인형이 되는지는 조직범죄에 공모하고 연루되는 개개인들의 실천논리를 통하지 않고서는 이해되지 않는다. 예컨대 관료들의 부정비리와 선거부정, 뇌물수수 등은 집단적으로 연루된 조직적 범죄행위이며, 또한 백화점의 사기세일이나 염가 하도급계약을 통한 부실 공사 역시 조직구성원 모두가 관료적 일의 구조를 통해 연루되는 조직적인 범죄행위이다. '현행범으로서의 기업조직'의 구성원들이 그렇게 떳떳하게 행동할 수 있는 이유는 어디에 있을까? 그것은 아마도 일의 수행과정 속에서 이루어지는 지속적인 의미부여(기존 인지도식에 기초한 합리화)를 통해 당연시된 주위세계에 대한 습관화된 지각, 사고, 행동, 즉 의례적인 행동의 연기를 수행하고 있기 때문일 것이다.17) 부르디외(P. Bourdieu)가 보여주듯이 의례적 행동의 연기는 사회구조의 객관성18)과 주관적 인지도식 사이의 상응성이 야기하는 자연스러움(당연시되는 것)으로부터 창출되는 전략적·상상적 관계의 실현이며 기존 사회적 관계의 재생산이다.19)

이러한 점을 사고와 관련시켜 좀더 살펴보자. 조직설계의 문제이건 그

---

16) 클레그·던클리, 『조직사회학－조직, 계급, 통제』(김진균·허석렬 역), 풀빛, 1987, 391-392쪽.

17) 이러한 연루로부터 면제된 사람들이 과연 얼마나 될까?

18) 계급적 위치, 성적 차이, 분업구조상의 차이 등과 같은 사회적 분류체계상의 위치에 따라 주어진 제약조건 및 한계들. 클레그·던클리, 앞의 책, 1987.

19) P. Bourdieu, *The Logic of Practice*, trans. by R. Nice, ch.3·4, CA.: Stanford Univ. Press, 1990.

와 관련된 인간의 실수로부터 촉발된 것이건 간에 정상적으로 발생하는 사고에는 필연적으로 인간의 개입이 있고 인간의 수행과정을 통해 작은 의미부여가 이루어지게 되면, 애초의 상태와는 커다란 차이를 보이는 상태로 증폭시키는 피드백 고리를 형성하는 경향이 있다. 사고에 대한 최초의 반응이 나머지의 노력의 수준을 결정할 뿐 아니라, 사고 전개의 전궤적이 이러한 차이증폭과정을 통해 형성되는 것이다. 이에 따라 개입하는 사람의 애초의 행동 자체가 곧바로 사고의 일부로 된다. 대도시의 교량붕괴사고를 예로 들어보자. 교량의 유지·보수를 시정에서 우선 사항으로 고려하지 않고 있었다고 하자. 따라서 교량에 대한 철저한 유지·보수에 필요한 예산편성이 안된 가운데, 유지·보수 담당자는 교량상태 점검 및 보고를 하게 된다. 또한 이러한 의례적인 점검과 보고에 대한 상부의 형식적 대응도 경험하게 된다. 유지·보수 담당자의 교량검검 및 보고에 관련된 불쾌한 경험들은 자신의 사회적 위치에 상응하는 습관화된 행동도식을 형성하게 된다. 교량의 위험스러운 상태를 발견하게 된 시점에서 그가 그러한 상황에 부여하는 의미는 추후의 제한적인 형식적 점검과 보고행위의 사전적 맥락으로 작용하게 되어 대형사고로 상승시키는 효과를 발휘하며 대형사고의 일부가 되어 버리는 것이다. 또한 보고를 받아 의사결정을 내리고 집행하는 고위관료의 경우, 교량붕괴의 징후가 발견되었다는 보고에 대한 그의 반응 역시 자신의 경력경쟁에서 교량관리가 지닌 낮은 비중에 따라 낮은 액수의 예산편성을 낮게 하고, 다시 이것이 교량관리 담당 부하들의 업무수행에 영향을 미치는 과정을 통해 부하들의 부주의나 무관심을 야기하거나 이직을 조장함으로써 대형사고 발생 지점들을 확장시키게 된다. 이들은 의사결정 상황 지각의 전제를 안전에 두지 않고, 비용절감, 정치적 효과, 또는 유능성을 인정받는 것과 같은 전략과 관리에 둠으로써 교량의 안전과는 거리가 먼, 잘못 설정된 부당전제들에 부합되는 증거의 수집을 통한 합리화에 빠지는 자기충족적 예언(self-fulfilling prophecy) 성향을 드러낼 수밖에 없는 것이다. 또 다른 순환적 고리로서 시공회사의 경우, 자본주의적 기업조직으로서 궁극적 목적이 이윤 극대화라고 전제할 때, 교량건설 공사의 수주와 관련된 모든 의사결정의 기준은 수익과 비용의 극대화이다. 따라서 이 회사의 건설당당자는 애초에 수주를 따내기 위해 책정한 낮은 건설단가에 의해 설정된 제약조건하에서, 가능한 한 가장 **빠른** 시일 내에 공사를 완성시키려는 방안들을 모두 고려하고자 할 것이다. 이에 따라서 하도급계약을 체결하게 되고, 하청회사는 낮은 도급단가를 만회하면서 이윤을 추구하기 위해 불량 자재와 설계사항의 위반과 같은 졸속 불량 공사를 할 수밖에 없을 것이다.

　역설적인 것은 이들의 의례 수행과정을 통한 이러한 범죄행위가 경영전략 담론들에 의해 합리성이라는 이데올로기적 가면으로 위장되어진 채 진행된다는 점이다. 경쟁에 대처하고 이윤을 증대시키기 위한 전략수립 과정에서 지각되고 창출되는 환경은 전략 수립에 참여한 의사결정자 집단에 고유한 환경이며, 주어진 목표를 달성하기 위한 경로를 가로막는, 통제되고 회피되어야 할 장애들이다. 비용과 수익 분석을 통하여 주어진 조건에서 최대 이익을 거둘 대안을 모색하는 이들의 의례적 행위는 경영과학적 지식과 훈련을 배경으로 갖춘 경영관리자 연합집단의 권력지식 재생산 기제로 작용하고 조직내에 유도된 권위관계(기술적 분업 이데올로기)를 재생산하는 효과를 발휘한다. 결국 이들은 기술합리성 이데올로기의 상상적 관계 속에서 의례적 연기를 통해 자기충족적 예언을 실현함으로써 경제적 축적에 이바지할 뿐 아니라 사회적·상징적 자본을 축적함으로써 지배관계를 재생산하는 자기중심적인 욕망추구자들인 것이다. 사고의 발생과 대형 사고로 발전되어가는 데에는 이들 이외에도 감리조직, 교통당국, 대형화물 차주와 운전기사, 일반시민 등 다양한 계열의 자기중심적 전략과 의례의 순환고리들이 절합되어 있다. 이들 집단 거의 모두가 기계문화적 조직의 구성원들인 동시에 나름대로의 전략적 목표를 추구하는 욕망하는 기계들이고 의례를 수행하는 연기자가 아닌가?

　조직이나 국가장치의 관리체계를 위기의 상태로 몰아가는 대형사고는 어떤 경우든지 발생확률은 낮지만 발생으로 인해 초래되는 재난이 크다는 점을 특징으로 한다. 또한 그것의 발생확률이 낮다는 점이 사고와 관련된 사건들(events)에 대해 다양한 해석들을 제기하고 좀더 명확한 의미부여를 요구하는 것이다. 지금까지 살펴본 바와 같이 바로 문화적 실천과정을 통하여 사고는 대형사고로 발전하게 되는 것이다. 우리 주위의 대형사고에 대한 접근들에서 흔히 볼 수 있듯이, 사고발생의 단선적 인과관계 지도를 그럴듯하게 그려내고 책임자를 확인하여 처벌하고자 할 것이 아니라 일상적 실천 속에서 경험적 실천의 논리가 어떻게 전략과 관리과정, 사회적 지위 및 이해의 절합관계를 합리화하고 정당화함으로써 사회적 관계를 지속적으로 생산하고 재생산하는지를 생각해 보아야 할 것이다. 사고는 기계적 인과관계로 밝혀지는 기술적 이유에서만 발생하지 않는다. 사고, 특히 대형사고는 문화적 과정으로 이해되고 설명되어야 한다.

## 3. 대형사고와 담론정치

대형사고의 발생에 대해 사람들은 신문기사나 TV에서 보도되는 기사를 참조하여 각자 나름대로 심오한 진단을 하고 처방을 내리고는 하는데, 한편으로 보면 이러한 사고에 관한 다양한 담론에는 매스컴에 보도되었던 사고원인 진단용어들이―그 용어들이라는 것도 공학적 지식에 그대로 기초하고 있는데―공통적으로 사용되고 있음을 쉽게 찾아볼 수 있다. 그러나 다른 한편으로 사람들에 의해 발화되는 담론들 속에는 매스컴에 보도되는 대형사고의 상세한 기술공학적 내용의 원인들에 준거하면서도 습관화된 의례적 반응에 나타나는 조그만 차이들이 존재한다. 우리는 이 차이 속에서 사고에 대한 서로 다른 해석과 주장들이 담론적 제약들 속에서도 경쟁하고 있음을 볼 수 있다. 또한 그러한 담론들을 공통적으로 가로지르고 있는 안정적이고 일반화·공리화된 담론의 계열들과 의례적 실천들도 있다. 이들 모두가 대형사고를 하나의 특수한 사고로 의미 있게 규정하기 위해 서로 다투는 문화적 과정이라 볼 수 있다.

대형사고에 대한 일반 사회구성원들은 사고 원인이 흔히들 기술부족,

설계상의 하자, 낮은 비용의 하도급으로 인한 부실시공 문제, 관리 감독 및 유지·보수의 소홀, 정책 결정에 따른 예산부족문제 등에 있다는 관련 매스컴의 보도 내용을 반복해서 발화하는 가운데 부연설명과 해석을 추가하는 방식으로 자신의 의도를 전달하고자 한다. 이러한 사고 담론과정에서 드러나는 차이들은 사고발생의 근원적 구조를 은폐한 채, 다른 언어로 완곡하게 표현된다. 이 담론들에서 사고는 객관적인 대상으로 발화자와 일정한 거리를 유지하면서 발화되는 형식을 취한다. 사고의 이러한 객관화는 실천적 의례연기의 한 형식으로서 발화자의 담론전략의 매개작용으로 볼 수 있다. 이러한 의례적 실천은 또한 사고의 일부로 편입되면서 사고를 특수화시키는 역할을 한다. 사고를 둘러싼 모호함들은 매스컴을 통한 담론과정에 따라 예컨대 "말문이 막힌다! 어이가 없다! 예상된 사고다! 인재다! 어째 이런 일이!" 등과 같은 격앙된 목소리의 '시민의 목소리'나 전문가들의 분석에 의해, 그리고 "원인을 철저히 가려 내서 책임을 철저히 물어야 한다," "사후수습을 보아가면서 책임을 묻겠다"와 같은 책임자 문책과 희생양 삼기의 의례화된 정치과정에 의해, 그리고 하나의 특종으로서, 통치자의 덕이나 운수의 문제 등으로 다뤄짐에 따라 대형사고를 하나의 특수한 사고로서 규정하고 또 그런 사고 자체는 이러한 실천을 통해 구성되어 가는 것이다. 그런데 잦은 대형사고의 경험들은 기존의 경험도식들과 상응하지 않는 객관적인 구조에 대한 새로운 지각과 사고를 가능하도록 하는 맥락효과를 산출한다. 책임자 몇몇을 정치적인 고려에서 구속하는 의례적 행동양식에 의한 관리는 상징적 자원으로서의 가치를 상실해 갈 수밖에 없게 된다. 사고에 대한 기존의 경험도식들에 의해 자기 자신과 무관한 사건으로 지각하고 반응하도록 하는 단선적 인과관계의 구성이 더이상 가능하지 않게 된다. 그렇지만 이에 대한 반응은 오히려 더 큰 희생양 찾기 게임으로 전개될 뿐이다. 담론과정은 특수한 사건의 발생에 대한 다른 해석들을 한편으로는 배제하면서 모호한 상황에 대한 특정한 의미부여를 통해 사고를 하나의 특수한 사고로 규정함으로써 담론적 전위를 꾀하는 정치·이데올로기적 과정으로 작동하고 있는 것이다.[20]

그러한 정치·이데올로기적 과정들 속에서 모든 '사실'들은 왜곡되고 은폐되어 버리고 만다. 성수대교 사고와 관련된 '진실'은 어디로 사라졌는가? '진실'들은 사고를 둘러싼 담론 및 의례적 실천관계들 사이에 떠다니고 있지 않는가? 동일한 사건에 대해 특정한 사회·역사적 조건들에 따라 서로 다른 의미작용이 구성되고 사회적 분류체계에서의 위치에 따라 각각의 논리적으로 안정된 담론적 전체가 구성된다. 그것은 상대적으로 제한된 일련의 주장, 서술, 관계들의 집합에 근거하고 있으며 그러한 외관을 넘어서서 역사적 시각하에 "무엇이 누가 실제로 사고의 궁극적인 원인인가"라고 질문하는 것을 부적합하고 불합리한 것으로 만든다. 그와 관련된 모든 것은 하나의 역사적·상징적·물질적 등록들로서 이데올로기적 관계의 덫에 갇힌 주체들의 육체에, 정신구조에, 곧 그들의 습관화된 의례실천에 기록되는 것이다. 사고를 발생시키고 그 사고를 대형의 조직적 사고로 발전시키며, 또한 이에 대해 습관적으로 반응하는 우리들을 대상화하고 분석하면서 답답한 실정이라고 개탄할 수밖에 없는 우리들의 삶의 과정을 인정해야만 할 것이다. 습관화된 의례는 그것 자체로서 의례가 지닌 전략적 역할이라는 매개항(intermediate terms)의 은폐된 구속작용 측면에서 이해되어야 한다.21) 그것은 기존의 관계체계 및 행동양식의 유지와 의례적 행위를 통한 시간보내기 사이의 전략적 연계를 말하는 부르디외의 주장처럼 습관화된 행동양식의 유지에 의해 창출된 사회적 전략의 체계를 재생산하는 사회적·상징적 자본의 축적행위들이다.22) 의례적 실천은 그 자체를 목적으로 하는 행위 체계이며 관계 유지의 체계이고, 그 자체의 수행으로써 정당화되는 자기 준거적 체계이다. 그것들은 지배이데올로기에 종속된 채, 일상적 삶을 살아가는 실용적 주체들에게는 사회적 분류체계상의 위치에

---

20) Michel Pecheux, "Discourse: Structure or Event?" in Nelson & Grossberg(eds.), *Marxism & the Interpretation of Culture*, The Univ. of Illinois Press, 1988, pp.633-650.

21) P. Bourdieu, op. cit., 1990, pp.52-65.

22) Ibid., p.16.

따라 주어지는 이루어져야만 하는 일, 수행되어야 하는 일로 사회화과정을 통해 내면화되고 조건형성된 것이기 때문에, 또 그러한 관계체계하에서는 별다른 일을 할 수 없기 때문에, 그리고 그것이 무엇을 의미하고, 왜 해야 하며, 누구를 위해 하는가와 관계없이 지속되어야 하는 것이다. 따라서 실용적 주체들에게 있어서 이러한 의례는 의미가 있는 행위인 동시에 과학적 의도가 없거나 아무런 의미가 없는 것이기도 하다. 그 의례는 행정관료나 관리자층에게는 신뢰에 찬 행동이거나 거부할 수 없는 현실이기도 하며(복지부동?), 시민들이나 고객들에게는 그들을 불편하기 짝이 없게 만드는 관료나 관리자들의 거만함이기도 하고, 사회과학도들에게는 관료병리적 행동이니, 의례주의적 행동이니, 비공식적 규범에 종속된 집단 이기주의 등으로 보여지는 것과 같이, 특정한 시선에서 주어지는 해석과 의미부여라는 이데올로기적 과정 여하에 달려 있는 문제이다.

그렇다면 그러한 관계에 대한 우리들의 변형적 실천은 어떻게 가능할까? 그 조건을 생각해 보자. 페쇠가 보여주듯이 "의례적 실천은 완벽한 이데올로기적 종속을 보증하지 못한다. 혼동, 과실, 결함이 없는 의례는 없다."23) "하나의 의례는 그러한 실수 속에서 지배이데올로기가 분열되는 지점이기도 하다." 우리는 지배이데올로기가 실현되는 경향을 띠는 실천들 속에서부터일지라도, 그러한 이데올로기를 지속적으로 감염시키고 파열시키는 욕망과 전략적 의례실천이 있으며, 담론의 반복적인 웅얼거림에서 드러나는 차이들은 지배이데올로기 구성체의 파열구를 확대시킨다고 보아야 하지 않을까? "실수, 과실, 의례는 이데올로기적 질서내의 장애이며 이미 언제나 존재하는 것들이고 저항과 반역의 기원이기도 하며, 지배질서의 머뭇거림을 이용하는 섬광과 같은 작은 승리들로 볼 수 있는 것이다."24) 설사 우리들이 처한 객관적 조건들에 그리고 이에 대한 상상적 관계의 고리에 이중적으로 구속된 채 삶을 살아갈지라도, 그 과정은 또한

---

23) M. Pecheux, op. cit., 1988.
24) M. Pecheux, *Language Semantics and Ideology*, St. Martin's Press, 1975, p.217.

'주체 없는 과정'으로서의 문화과정 속에서 이루어지는 다양한 문화적 실천들이기도 하다. 그것들은 실용적 실천에 참여해야 하는 주체들에게는 공유된 의미, 가치 등의 명백하게 자발적인 형태들로 나타나고, 발화주체로서의 개인에게 있어서 사전에 당연하게 주어진 외연적인 의미를 지닌 것으로 여겨진다. 그런데 이것은 논리적인 통일성의 원천으로서 관망자적 위치를 지연시켜 실용적 실천을 추구하는 주체의 시선을 도입함으로써만 의미있게 파악될 수 있을 것이다. 논리적으로 안정화된 공간은 실용주의적 주체에 작용하는 제약들과 같이 계몽주의적 논리하에, 그리고 관리하고 동원하고자 하는 시선이 작용하는 가운데, 외적으로 그 무엇이 부과(의식화?)되고 부과될 수 있다는 관념과 조급한 실천의 논리는 더이상 방어할 수 없는 것이 되고 만다. 삶의 다양한 긴요성들에 직면한 일상적 생활인인 실용적 실천주체는 스스로가 다수의 하찮은 논리적 체계들의 존재로 특징지어지는 논리적 동일성을 절박하게 필요로 한다는 점을 적극적으로 고려해야 한다. 논리적으로 부정합성을 보이거나 자의적인 범주화를 담고 있을지라도 동일성의 외관을 추구하는 요구 및 욕망을 구태여 부정할 필요는 없는 것이다.25) 의미론적으로 정상화된 세계에 대한 보편적인 필요성은 우리 자신의 '신체와 직접적인 환경과 우리가 유지하고 있는 관계들과 더불어 시작'되는 피할 수 없는 객관적인 조건들이기에 그러하다.

이렇게 볼 때, 우리는 대형사고의 원인 제공, 대형화로의 발전, 사후적인 사고의 구성, 담론과정 등 전과정에 우리 모두가 지배이데올로기에 의해 주체로서 호명된 채, 자발적으로 공모하고 연루되어 있는 것으로 보아야만 하지 않을까? 지배이데올로기적 담론과정은 사고와 관련된 모호한 상황에 특정한 의미를 부여하고 과학의 이름으로 가시화된 지표를 이용하면서 대형사고를 하나의 특수한 사건으로 특수화하는 효과를 발휘한다. 또한 우리들의 일상적 의례실천이 지닌 전략적 성격 역시 우리들로 하여금 사고로부터 일정한 거리를 유지하도록 하고 사고를 대상화함으로써, 관리

---

25) Ibid., p.217.

적 시선 속에 갇혀 있을 수밖에 없으며 기존의 사회관계를 재생산하는 역
할을 수행할 수밖에 없도록 한다.

그러나 동시에 대형사고의 사회적 전개과정에서 연루된 의례적 실천의
파열과 담론들의 웅얼거림의 동일한 과정들은 기존 사회관계를 변형시키
는 전략적 힘들의 역동적 투쟁을 사고하도록 해주는 단서들이며 지배이데
올로기와의 거리두기와 단절을 통해 역동일시를 실천하는 비주체적 실천
을 위한 주체적 개입의 모순적 지점들이기도 하다.

사고를 둘러싸고 전개되는 우리들의 일상적 실천 자체는 삶의 문제를
해결하는 나름대로의 실천이데올로기적·전략적 투쟁의 장이다. 이에 대해
과학의 칼날을 들이대고 분석하면서 거창한 이데올로기적 담론에 동일시
하여 비판적·주체적 실천을 요구하는 것은 동일한 상징논리의 덫에 걸려
드는 것이 아닐까? 왜 묵종하는가가 아닌 어떻게 묵종할 수밖에 없도록
되며, 합리화되고 반동적으로 될 수밖에 없는가가 일상적 실천의 논리 속
에서 사고되어야 하지 않을까? 비판하고 분석하는 눈과 비판당하고 분석
당하는 눈은 사실상 모두가 스스로에만 준거하는 자기 준거적 동일성 체
계에 닫혀 있지 않을까? 그것은 서로 다른 일상적 실천전략들의 다툼의
양상일 뿐이며, 그 실천적 귀결은 아마도 억압과 종속의 지배관계 형성(관
료적인 변혁조직 또는 반동화)이든지, 아니면 우리 모두가 야만의 길에 동
참하는 것이 아닐까?


## 4. 사고의 위험속에서 살아가기

우리는 지금까지 대형사고는 조직론적으로 노동과정의 기계적 설계와
지배기술로서의 관리적 시선의 자기중심적 폐쇄성에서 야기되는 조직원리
의 모순 때문에 필연적으로, 정상적으로 발생할 수밖에 없다는 점, 따라서
대형사고는 조직관리의 실패이며 관료제적 조직원리의 지배관계를 재생산
하는 자본주의적 조직 및 국가장치의 관리체계에서 발생하는 대형사고로

보아야 한다는 점, 또한 사고가 어떤 과정을 통해 대형사고로 발전하고 사후적으로 처리되는지를 우리들의 일상적인 의례실천의 논리에 초점을 두고 살펴보았다. 그러한 과정에서 일상적 삶의 긴요성에 긴박되어 있는 실용적 주체들의 실천과정은 지배이데올로기적 종속하에서 나름대로의 전략적 의례를 수행해 가고, 사고의 전과정에 연루된다는 현실을 인정할 수밖에 없음을 강조하였다. 그것은 결국 대형사고를 사회적 관계들에 의해 중층적으로 결정되는 다양한 문화적 실천의 순환적·자기준거적 폐쇄고리들의 절합관계 속에서 전개되는 문화적·이데올로기적 과정으로 파악될 필요가 있다는 것이다.

그렇다면 우리는 이러한 대형사고의 정상적이고 불가피한 위험 속에서 어떻게 살아가야 하는가? 이 글에서 전반적으로 강조했듯이 우리들의 일상적 삶의 과정에서 '의미 있음'이라는 것은 매우 큰 위력을 발휘한다. 대형사고 발생의 동학은 기존의 일상적 실천고리와 단절하는 다른 실천고리가 필요함을 보여준다. 대형사고 발생의 근본 원인인 분업과 노동과정의 성격, 그리고 그것에 바탕을 둔 문화적 실천에 있어서 폐쇄적 실천의 악순환의 고리를 단절하고 새로운 관계성을 형성해야 하는 것, 곧 사고발생의 구조적 원인을 파악하고 그것의 복잡한 폐쇄적 실천의 순환 고리들이 맺고 있는 절합관계를 재구성하는 방식으로 약한 고리를 단절하기 위한 보다 근본적인 접근을 추구해야 하지 않을까? 이 점은 단순히 사고만의 문제는 아닐 것이다. 보다 근원적인(radical) 수준에서의 일상적 실천의 변형 시도가 필요한 것이며, 나아가 아주 사소한 일상적 사건에 이르기까지 담론과정과 의례실천의 지배이데올로기로의 종속효과와 단절하고 역동일시를 추구하고자 하는 비주체적 실천이 필요한 것이다. 그 경로는 실용적 실천주체의 일상적 실천논리에 기반을 두고, 이론적 실천을 통해 이데올로기적 논리의 실천으로 나아가는 것이 아닐까 생각한다. 이는 곧 민중적·이데올로기적 프로젝트가 노동과정의 변형에서부터 조직의 민주화, 문화실천의 변형으로 추진됨으로써, 발리바르가 말하듯이 새로운 인권개념을 형성하고 새로운 인권의 정치를 실천하기 위한, 그리고 기존의 이론적·이데올로기적·정치적 실천들의 새로운 절합을 모색하는 문화적 프로젝트가 아닐까?26)

오해를 피하기 위해 사족이 필요할 것 같다. 첫째, 담론정치와 의례적 실천의 폐쇄적 악순환의 고리는, 기존의 분점권을 유지한다는 혐의를 벗어나지 못하는 전략적 계산에 따른 실천방식으로는 단절될 수 없다는 점이다. 월러스타인(I. Wallerstein)이 분명하게 보여주고 있는 것처럼 기존의 자유주의적 진보실천가들의 미망과 체제유지적 실천에서 벗어날 필요가 있다.27) 우선 강조되어야 할 점은 기존의 조직개념을 포기하고 새로운 조직과 기존의 역할분담 논리에 바탕을 둔 분업관계를 넘어서는 실험적 모색이 필요하다는 것이다. 생물체계의 자기생성(autopoesis)원리를 탐구하는 마투라나와 바렐라(H. Maturana & F. Varela)의 체계이론이 시사적이다. 이들에 의하면 모든 생물체계는 스스로를 생산하는 자기생산체계(self-producing system)로서 조직된다고 한다.28) 이러한 체계들은 단지 자기 스스로에만 준거하는(self-referential) 조직으로서 순환적 폐쇄성 속에서 환경과 자율적으로 상호작용하는데, 바로 이러한 점이 자기창조와 갱신의 능력을 부여한다는 것이다. 따라서 살아있는 유기체의 목적은 오직 스스로를 생산하고 재생산하는 것일 뿐이며 그 결과 그들 자신들의 조직과 동일성(identity)의 창출과 유지가 가능하다는 것이다. 이렇게 볼 때, 상호작용의 체계는 오직 관계성의 체계이며 이들의 집합이 조직이 된다. 따라서 어느 조직이나 그 조직의 동일성의 유지를 위해 모든 환경적 변화들을 스스로의 관계체계 내부에 종속시킴으로써 동일성을 유지하려 하기 때문에 '자율적이고 동시에 폐쇄적'이라는 것이다. 이러한 체계개념

---

26) 에티엔 발리바르, 「'마르크스주의의 전화'의 전망: 인권의 정치와 정치의 탈소외」, 윤소영 편역, 『알튀세르와 마르크스주의의 전화』, 이론, 1993, 72-108쪽.

27) I. Wallerstein, "The Agonies of Liberalism: What Hope Progress?" *New Left Review,* vol.204, 1994, pp.3-17.

28) H. R. Maturana & F. J. Varela, *Autopoiesis and Cognition: The Realization of the Living*, Holland: D. Reidel Pub., 1980; G. Morgan, op. cit., 1990, pp.332-391.

의 새로운 인식은 체계가 순환적인 상호작용의 패턴을 형성해 감에 따라 자신의 동일성을 유지한다는 것이고, 체계의 한 요소의 변화는 곧 다른 요소의 변화와 결합을 야기시킴에 따라서 자기준거적이고 연속적인 상호작용 패턴을 형성해 나가는 것이다. 이러한 점은 어느 체계이든 자신의 조직화를 규정하는 관계들의 양상들 속에 명시되어 있지 않은 상호작용을 결코 행할 수 없기 때문이라는 것이다.[29] 우리들의 의례적 실천과 담론실천들은 이면에 삶의 과정에서 대면하는 실용적 긴요성에 기초한 전략들을 은폐한 채, 자기생성이론에서 말하듯이 자기폐쇄적 순환고리를 통해 중층적으로 절합된 관계를 형성하고 자기중심적 연결고리를 통해 지속적으로 기존의 관계를 유지하고 재생산하며, 동시에 새로운 형태의 관계체계를 생성시키는 변형의 과정이라고도 볼 수 있을 것이다.

둘째, 노동과정의 조직화 문제이다. 동구권의 붕괴와 소련의 몰락은 이 글에서 논의된 내용과 관련하여 노동과정론, 나아가 대안적 체제 탐구에 중요하게 시사하는 바가 있다. 노동과정의 조직원리로서 테일러의 과학적 관리법은 혁명 이후 소련에서 레닌에 의해 자본주의적 기술의 최고 수준으로 평가되고 도입되었다. 그러나 이후의 과정이 보여주었듯이, 테일러주의는 지식-육체노동의 분업을 심화시키면서 대중을 통제하는 지배기제로 정착되어 갔다.[30] 또한 최근의 이들 국가들에서는 관료, 엘리트들의 부르주아계급으로의 전화, 그리고 사적 소유의 부활이라는 현실과 사회주의적 이상의 괴리에 대한 대중의 이데올로기적 혼란이 지배적인 경향인 것 같다.[31] 발리바르가 말하듯이 자기 자신과 물의 이중적인 영유를 위한 일반

---

29) 마투라나와 발레라의 이러한 시도는 기존의 체계분석과 체계개념에서 드러나는 인식론적 혼동과 과학, 이론이데올로기로부터 거리를 두고 체계분석 수행의 내부 논리와 체계의 속성과 체계분석의 인식론적 바탕을 이해하기라고 볼 수 있다.

30) 이에 대해서는 김수영, 「소련 사회주의 건설과정에 대한 비판적 일 연구―생산관리에의 노동자 참여 문제를 중심으로」, 고려대학교 사회학과 석사학위논문, 1992를 참조할 것.

31) M. Burawoy & Janos Lukacs, *The Radiant Past, London: Ideology and Reality in Hungary's Road to Capitalism*, Chicago: The Univ. of

화된 영유, 즉 보편적 소유의 생활양식을 제도화시키기 위한 인권을 확장하고 발명해 가는 민주주의의 한계들을 확인하고 확장해 가는 무제한적인 인권의 정치·이데올로기적 프로젝트를 적극적으로 사고할 필요가 있다. 관리하고 지배하고자 하는 욕망 추구의 혐의로부터 벗어날 수 없는 기술론적 접근이나 실용주의적 접근은 기존의 관계선들에 대한 근본적인 단절이라고 할 수 없다. 그것들은 오히려 기존의 사회관계를 재생산하고 있을 뿐이다.

Chicago Press, 1992, pp.145-174.

# 팀조직과 작업장체제
### 근경이론과 사회운동

　자본합리화의 새로운 경향들에서 공통적인 것은 팀에 대한 새로운 강조이다. 아직은 작업조직의 문제가 우리나라 기업들의 경영자나 노조가 당면하고 있는 쟁점은 아닐지라도, 팀조직 확산과 이에 대한 노동운동의 대응방식은 기존 노사관계 유형 및 노동조합의 전망이나 운명을 조망해 볼 수 있는 유용한 시금석일 것이다. 작업 재조직화는 기존의 사무실이나 작업장 질서에 심각한 도전을 제기함에 틀림없다. 따라서 이러한 변화의 양상으로부터 경영자나 노동조합, 노동인력들 사이의 새로운 관계를 예상할 수 있으며, 노조와 노사관계체계가 새로운 상황에 적응해 가고 그 상황을 조성해 가는 방식은 노사관계 및 노조영향력의 안정성에 관한 전망에 대해 많은 것들을 말할 수 있을 것이다.[1]

　80년대 이래 미국 기업들에서는 경기침체에 대한 대응으로 QWL 프로그램으로 대변될 수 있는 새로운 스타일의 노사관계가 시도되었으나 뜻밖에도 협조적 노사관계로의 변형시도가 노동조합으로부터 별다른 저항 없이 주요 경쟁적 산업들에서 새로운 질서로 형성되어가고 있음이

---

[1] Lowell Turner, *Democracy at Work: Changing World Markets and the Future of Labor Unions*, Ithaca: Cornell Univ. Press, 1991, pp.10-11.

자주 거론된다.[2] 이러한 노사관계 변화와 관련해서 빈번하게 등장하는 것이 팀(team or teamwork)이라는 기표이다. 또한 '일본화(Japanization)'로 대변되는 유연성에 관한 포괄적인 논의들, 일본적 생산방식에 대한 소개와 변화양상, 그리고 이전 가능성에 관한 이론적·이데올로기적 담론들에서 아킬레스건과 같은 위치를 차지하고 있지만 '노동의 인간화'라는 초월적 기표 아래 당연시되는 것이 바로 팀개념이다.

일본적 생산방식이 왜 그와 같이 '세계를 바꾸어' 놓을 수 있는 위력을 발휘하는가의 이유는 대체로 일본의 전후 노사관계의 지형변화나 반봉건적·권위주의적 사회·문화적 전통이나 국가 계급성에서의 차이들에서 찾아지는 듯하다.[3] 물론 이들 모두가 관련이 있다고 볼 수 있을 것이다. 그렇지만 다른 여러 나라의 경우, 그리고 미국과 같은 나라에서 전개되고 있는 자본합리화의 새로운 경향들에서도 기능상의 차이는 있지만 팀개념은 핵심적인 위치를 차지한다. 상황적 조건을 설명하는 접근들의 경우, 노사관계 지형이나 정치적 변화, 법적·제도적 변화라는 거대한 변화가 기대되기 어려운 상황에서는 기계론적 대기론이나 낡아빠진 모험주의 또는 실용주의적 타협 이외에는 다른 방도가 없지 않을까? 여전히 미흡한 설명으로 남는 것은 왜 그러한 조건들하에서 노동자들은 팀이데올로기에 자발적 주체로 호명되고 관리장치에 종속된 사이보그(cyborg: 인간기계)가 되어 초과밀노동에 종사할 수밖에 없는가의 문제이다.

이와 같은 연구경향들은 지금까지 노동과정론적 접근들이 노사관계의 역동성을 상황적 조건과 팀조직 및 관리과정을 폐쇄된 미시적 전체로 상정하고 제한된 틀 속에서 설명하려는 점으로부터 야기되는 것이 아닐

---

2) M. Parker & J. Slaughter, *Choosing Sides: Unions and the Team Concept*, Boston: South End Press, 1988, p.8.
3) U. Jürgens, "The Transfer of Japanese Management Concepts in the International Automobile Industry," in S. Wood(ed.), *The Transformation of Work?*, London: Unwin Hyman, 1989, pp.172-204.

까? 그러나 현실세계의 복잡한 흐름의 실재를 모두 담을 수 있는 그러한 체계론적 마이크로코즘(microcosm)이 과연 현실적으로 존재하는가? 자본주의적 노동과정은 마이크로코즘이 아닌 세계 자본주의체계의 회로에 긴밀하게 연결되어 있지 않은가? 경영담론, 특히 시스템이론의 인식론적 기초가 바로 이러한 마이크로코즘으로의 환원론이 아닌가?

현재 진행되고 있는 자본합리화 공세 속에서 우리 사회의 노동자들은 그리고 노동운동진영은 어떻게 대응해야 할 것인가를 놓고 산업별 노동조합이라는 유일한 길목에 서서 비장한 결전을 준비하고 있는 듯하다(street fighter?). 그러나 노동조합조직이 강하다고 해서 노동자의 삶이나 노동운동의 활성화가 이루어지는 것은 아니다. 서구 노동조합은 강력한 조직들이었다고 볼 수 있다. 그럼에도 불구하고 노동자들은 과거와는 다른 사회세력으로 평가되고 있지 않은가? 오히려 노동조합은 대표적인 반생산(anti-production) 조직으로 낙인찍히는 아이러니가 산출되고 있다.[4] 왜 그러한 경향이 산출되었는가? 그렇다면 우리는 어떻게 해야 할 것인가에 대한 다양한 접근이 있을 것이다. 이 글에서는 작업장체제를 횡단하고 절단해 낼 수 있는 길을 모색하기 위하여, 노동의 정치라는 기본적인 문제설정하에서 노동자들의 일상생활 및 노동과정에서의 경험들, 그리고 작업장에서의 갈등과 투쟁의 사건들과 관련된 문화와 이데올로기적 과정에 초점을 맞추고 논의를 전개한다.[5]

---

4) Lowell Turner, op. cit., 1991, p.10.
5) 이 글은 기존의 정치경제학적 물신성 이데올로기가 그 극단으로 추구되는 경우를 상정하고(이것이 현실 아닌가?) 맑시즘의 전화라는 문제인식하에서 이론과 이데올로기 사이의 모순적 절합관계를 한껏 작동시켜 변형시키는 것, 즉 정치경제학적 전제들로부터의 정치·이데올로기·이론적·인식론적 단절의 한 고리를 형성해낼 수 있는 방안을 이데올로기와 문화론적 접근을 통해 모색해 보는 글이다.

## 1. 팀이데올로기와 경영담론

일본적 생산방식의 생산적 특징의 하나인 동시에 노동자들의 자발적 참여의 핵심기제로서 팀은 고숙련과 (준)자율성, 고생산성이라는 기표로서 작업장 재설계에 대한 새로운 관심을 불러일으키고 있는 듯하다. 특히 미국이나 독일의 자동차 산업에서 팀이나 집단작업(독일)으로의 이동이 개념에서나 전이과정에서 많은 문제점이나 위험성을 내포하고 있다할지라도, 작업집단의 책임성 증대라는 현재의 움직임은 작업장의 개방화나 작업자들을 위한 목소리의 확장 가능성(?)과 심지어는 권위주의적인 작업장의 민주화에 대한 해결책을 제시하고 있다고 간주되기도 한다.6) 일본적 생산방식에 관한 논쟁들에서도 역시 팀개념은 핵심적인 주제로 자리하고 있다. 포드주의적 생산시스템에서 드러나는 노동에서의 구상과 실행의 분리를 극복하고 구상과 실행을 통합함으로써 노동자의 능력들을 다면적으로 활용·개발하는 시스템으로서의 일본적 생산시스템의 '생산력적 우위성'과 '노동의 인간화' 가능성은 위르겐스(U. Jürgens)나 가또(加藤), 케니와 플로리다(Kenny & Florida), 교타니 에이지(京谷榮二) 등의 국제적 논쟁에서 '소집단노동' 또는 팀작업에 대한 관심을 증폭시켜 왔다.7)

그런데 이러한 팀작업에 대한 관심들은 대체로 노동자들의 자발적 참여를 매개하는 기제의 측면으로서 팀작업조직으로의 개편에 긍정적인 방점을 찍는 것 같다.8) 다른 한편으로 팀작업조직으로의 개편은 테일러주의 유연화에 지나지 않는, 따라서 형식적인 직무확대와 미미한 숙련형성을 바탕으로 한 제한적인 팀조직화가 야기하는 강제적 동조를 매개하

---

6) Lowell Turner, op. cit., 1991 참조.
7) 이에 대해서는 京谷榮二, 「유연성이란 무엇인가─현대 일본의 노동과정」, 서울 노동정책연구소(준비모임), 『일본적 생산방식과 작업장체제』, 새길, 1995, 99-125쪽을 참조할 수 있다.
8) 京谷榮二, 앞의 글, 1995; U. Jürgens, op. cit., 1989 참조.

는 기제측면을 강조하기도 한다. 참여, 자율성, 진심어린 협동과 같은 인간관계론의 기표는 일본적 생산방식의 휘광하에 새로운 제복으로 치장한 채 복귀하는 전제군주를 연상시킨다.

사실상 경영담론에서 팀조직에 대한 강조가 새로운 것이 결코 아니다. 구조적 유연성을 추구하는 일반화된 작업수행 방법으로서 태스크포스, 위원회, QC서클 등 다양한 형태로 개발되고 이용되었을 뿐 아니라, 조직개발에서부터 작업 재구조화, 품질관리에서 산업민주주의적 참여관리, 기업문화나 일본적 생산방식에 이르기까지 광범하게 모형화되거나 적용되어 왔다고 볼 수 있다. 또한 팀은 작업수행의 유연성을 보장하기 위한 도구뿐만 아니라, 현대적인 경영담론의 팀이데올로기에 기반을 두고 있다. 메이요(E. Mayo)의 인간관계론에서부터 줄곧 경영담론은 가부장주의 이데올로기를 중심으로 협동적 공동체를 건설하려는 데 논의의 초점을 두고 전개되어 왔다.9) 타비스톡 연구소(Tavistock Institute)의 사회-기술체계론도 인간관계론의 작업장 연구분석틀에 근거한 것이며,10) 현대적인 리엔지니어링(Reengineering)과 조직학습이론들(Learning Organizations) 역시 신인간관계론이라고 부를 수 있는, 즉 고전적인 기법을 새로운 상품으로 포장한 것들에 불과하다. 파커와 슬로터(M. Parker & J. Slaughter)는 직무충실화에서부터 참여제까지를 망라하는 통칭적인 용어로서 간주되는 경향이 있는 QWL 프로그램, 즉 노동자 참여의 '발전된 형태(?)'로서 제시되는 팀조직(대표적으로 미국의 GM)과 일본 기업들에 의해 추진되는 팀조직이라는 팀개념으로 가는 두 가지 경로를 제시하고 있다.11) 그러나 그들이 이들 두 경로가 스트레스관리(Management-By-Stress)라고 불리는 일본화12)의 한 흐름으로 수렴되는 경향

---

9) C. Perrow, *Complex Organization*, N.Y.: Random House, 1986, pp.49-118.
10) G. Burrell & G. Morgan, *Sociological Paradigms and Organizational Analysis: Elements of the Sociology of Corporate Life*, London: Heinemann, 1980, pp.118-184.
11) M. Parker & J. Slaughter, op. cit., 1988, pp.8-15.
12) 일본화라는 용어 자체가 지닌 모호성에 관한 논의로는 김성규, 「일본화를 바라

이 있음을 지적하듯이, 두 접근은 모두 신인간관계론의 조직개발기법을 바탕으로 하고 있다.

실제로 미국에서 일본화 경향으로 나아가는 길로서 노사간 협약에서 거래되는 팀 패키지(team package)에서 이러한 점을 분명히 볼 수 있다.13) 이 항목들은 기존의 테일러리즘의 기본원칙의 적용에 의한 것이거나 이의 수정·변용에 의한 것과 인간관계론의 참여기법을 적용하는 것으로 크게 두 가지 유형으로 분류될 수 있는 기법의 혼합에 불과하다. 우선 테일러리즘에 의거하는 기법으로는 ① 능력주의적 임금지불방식에 따라서 유인되며 요구되는 여러 직무의 동시적 수행을 의미하는 상호교환가능성(interchangeability)의 증대, ② 직무분류의 감축, ③ 직무수행방법에 대한 상세한 정의, ④ 직무 재분류의 귀결로서 선임권 원칙(seniority)의 제거나 의미축소 등이다. 그런데 이 중 ①, ③은 테일러리즘의 기본 내용에 속하며, ①은 단지 고용관계에서의 최소 상호작용 원리에서 서로 차이를 갖지만 핵심 노동자층을 제외한 나머지 노동자의 경우는 테일러리즘의 논지와 동일하다.14) 그리고 ②가 테일러주의와 다른 점으로 지나치게 강조되는 경향이 있으며 회사 경영층의 선전내용의 주요한 부분을 형성한다. 그런데 상호교환가능성과 상호작용의 최소화 원리처럼 이 경우도 테일러의 직무분해와 재구성이라는 원칙을 실행하는 것일 뿐이다. 테일러리즘 극복의 핵심적 내용은 오히려 분업의 원칙, 더 정확히 표현하자면 지식(정신)노동과 육체노동의 분리원칙이다. 다음으로 인간관계론의 참여기법을 적용하는 것들로서는 ① 기업과 노동인력들 사이에 새로운 관계가 존재함을 공언하는 새로운 협약체결, ② 작업량 증가 조치에 관한 의사결정에 작업자를 참여토록 하는 것, ③ 작업

---

보는 다양한 논의」, 서울 노동정책연구소(준비모임), 앞의 책, 1995, 126-146쪽을 참조할 것.

13) 앞의 책, 1995, 5쪽.

14) C. Littler, "Understanding Taylorism," *British Journal of Sociology* 29, 1978, pp.185-202.

자의 책임성 증대, ④ 전체 속에서 개인 및 부서의 상호연결성을 인식시키는 것(시스템적 사고), ⑤ 작업장 사이의 경쟁을 강조하는 분위기를 조성하는 것, ⑥ 노동조합이 경영층의 파트너로서 인식하는 기업별 노조로 이동시키는 것 등이 등장한다.15) 이것들은 전형적인 인간관계론의 반노동조합주의 기법으로써, 참여를 통한 사후적 합리화(공언하기)를 유도하거나 관리자와 작업자들과의 직접적인 접촉과 의사소통을 통한 노동조합의 영향력 약화기법이다.16)

경영담론을 지배하는 이러한 팀이데올로기들은 미국의 주요 기업들에서 이루어진 참여관리기법이나 QWL 프로그램들에서의 QC나 팀개념에 그대로 적용될 수 있다. 그레니어(G. J. Grenier)가 보여주고 있듯이, 신인간주의(new humanism) 경영이데올로기에 바탕을 두고 팀을 이용하여 반노동조합주의(anti-unionism)를 추구하는 미국기업들이 취해 온 노사관계전략 역시 노동조합이나 노동자들과 기업 사이의 집단적 갈등을 개인적이고 심리적인 문제로 치환하여 접근하려는 진부하지만 위력을 발휘하는 인간관계론 전략이다.17) 이러한 전략은 '고도의 통제성과 경직성'으로 특징지을 수 있는 일본사회의 노사관계를 지도원리로 하여 경영상담가나 인간주의 및 민족주의 경영이데올로기의 유포, 팀을 통한 의사소통과 반노조 캠페인 등의 효과로서 야기되는 노조파괴(union busting) 효과를 추구하는 전략이다. 이것이 노동자들로 하여금 노조무력화의 문제가 '용기의 부족' 때문이 아니라 '선택의 결여'에 있는 것으로 경험될 수밖에 없도록 만드는 것이다.

경영담론들에서는 어떠한 팀모형이 적용되건 팀으로부터 혜택이 있을 것이라는 전제하에 맥락이 다를지라도 조직변화시에는 거의 언제나 지

---

15) M. Parker & J. Slaughter, op. cit., 1988, p.5.
16) 상세한 내용은 G. J. Grenier, *Inhuman Relations: Quality Circles and Anti-Unionism in American Industry*, Philadelphia: Temple Univ. Press, 1988.
17) Ibid.

배적인 신념으로 일관성 있게 팀조직이 주장되어왔음을 싱클레어(A. Sinclair)가 지적하고 있듯이, 경영담론의 지배적인 이데올로기의 하나로 팀이데올로기가 자리해 왔음을 알 수 있다.[18] 이 점은 경영담론의 발전이 규범적 통제를 강조하는 19세기 말엽의 복지개선 이데올로기(industrial betterment)로부터 표준화된 대량생산 기술혁신의 발달에 따른 합리주의적 통제이데올로기로서의 과학적 관리법, 인간관계론의 규범적 공동체이데올로기 및 시스템과학의 합리주의적 조직설계론의 인지심리학적 행동통제이데올로기를 거쳐 기업문화이데올로기에 이르는 규범적 통제이데올로기와 합리주의적 행동통제이데올로기의 순환적 보완을 보이고 있는 점에서도 이해될 수 있을 것이다. 이러한 양상은 장기파동적 기술혁신과 시대적 산업의 당면문제들을 중심으로 형성되는 경영담론들이 수사(rhetorics)와 제도적 뒤받침을 배경으로 노동과 자본의 관계지형에서 변화를 추동하고자 하는 관심들과 밀접히 연관해서 발전해 왔음을 보여주는 것이다.[19] 유연 생산체제하에서도 역시 JIT와 하도급에 의한 착취, 리엔지니어링과 참여 및 팀이데올로기와 능력주의적 평가에 의한 인격적·봉건적 종속화 등과 같이 맑스가 대공장과 매뉴팩처적 수공업의 병존을 묘사하는 부분에서 명료하게 보여주었듯이, 언제나 낡아빠진 것들과 가장 새로운 것이 동시대에 나란히 등장한다.

　사실상 경영담론들에서 유포되고 있는 팀이데올로기는 몇 가지 근거 없는 암묵적인 전제들에 기초하고 있다. 싱클레어에 의하면, 첫째로, 팀이데올로기는 작업집단 및 집단적 작업을 집단내적 과정이나 정서적 충동, 갈등, 환상, 참여 등의 맥락-특수적인 측면을 무시하고 과업지향적인 성숙한 팀으로만 정의함으로써 편협하게 정의하는 경향이 있으며, 둘

---

18) A. Sinclair, "The Tyranny of a Team Ideology," *Organization Studies* 13(14), 1992, pp.611-626.
19) S. R. Barley & G. Kunda, "Design and Devotion: Surges of Rational and Normative Ideologies of Control in Managerial Discourse," *Administrative Science Quarterly* 37, 1992, pp.363-399.

째로 이데올로기적 원망충족(wish-fulfilment)에 불과할 뿐인 따라서 실제와는 정반대의 양상을 보여주는 것일 뿐인 집단주의적 개인, 집단, 조직의 통합성에 근거하고 있으며, 셋째로 참여적 리더십에 대한 지나치게 단순화된 관점에 근거하며, 넷째로 권력이나 갈등, 감정 등은 집단이 일로부터 멀어져가게 하는 전복적인 힘이라고 보는 관점에 근거하고 있다는 것이다.[20] 이와 같은 팀이데올로기는 권력다툼과 갈등의 양상을 은폐하고 기존의 권위와 지배체제에 대한 종속이 전제된 아래 팀 플레이의 의례수행을 포장하는 수사적인 담론일 뿐이며, 단지 다른 은폐된 목적을 달성하기 위한 수단일 뿐이다. 다양한 팀조직 형태는 이러한 팀이데올로기의 물질화된 장치로서 수익성을 추구하는 관리적 시선하에서 이용가능한 공장기계 또는 작업장체제의 부품들로 볼 수 있을 것이다.


## 2. 이데올로기 장치로서의 팀조직

우리는 자본주의 기업조직내 관리장치로서의 팀을 너무 추상화시켜 파악하거나(예를 들어 기술체계나 사회심리학적 집단역학의 팀 등) 특정한 이론적 이데올로기를 부과하여(예를 들어 노동의 인간화나 숙련향상을 통한 분업의 폐지 등) 인식하는 경향이 있다. 이에 따라 기업조직내 팀이 실제로 무엇에 바탕을 두고 어떻게 운영되며 어떠한 방식으로 기능하는지에 대해서는 관심을 소홀히 한다. 이는 곧 일상적인 작업수행과 관련해서 팀이 어떻게 삐걱거리면서도(마치 원시부족국가에서 친족 및 지역적 집단들이 국가 자체에 이익집단이나 세력집단들로서 항상 위협을 가하면서도 국가통합의 메커니즘으로 삐걱거리며 작동되듯이)[21] 경영층의 의도를 충족시키는 방향으로 효과를 산출하는지? 그리고 팀 내

---

20) A. Sinclair, op. cit., 1992, pp.611-626.
21) 들뢰즈·가타리, 『앙띠 외디푸스』, 민음사, 1994, 222-233쪽.

부의 구성원들 사이의 일상적 관계가 어떠한 이데올로기적 종속효과를 산출하는지? 또한 팀성원으로서 한 개별 노동자가 자신의 욕망을 실현시키고자 하며, 노동조합 활동가 및 관리자와 팀 리더들과는 어떠한 관계를 형성하는지? 노동자 가족과 팀은 어떠한 관련이 있는지? 왜 노동자들은, 대기업노동자들은 경영층의 팀조직화를 통한 노동조합 분쇄시도에 어쩔 수 없이 연루되고 굴종하고 마는지? 과연 팀과 관련해서 무엇이 어떻게 작동(기능)하고 있는지? 이러한 모든 문제들은 과정이 아닌 생산성이나 노사관계의 지형변화 결과에 관한 논의로 환원되는 경향이 있다. 일본적 생산방식으로 대표될 수 있는 자본합리화의 최근 경향들에서 나타나는 노동자들의 일상생활 및 비작업시간에 대한 관리시도나 무의식적 욕망에 대한 통제의 시도 등이 주변적인 관심으로만 머문다면 일본적 생산방식의 경영관리비법(?)의 중요한 한 측면인 '강제적 적응'과 '자발적 동의의 기제'는 쉽사리 해명될 수 없을 것이다.22)

뷰러웨이(M. Burawoy)가 말하고 있듯이 노동과정은 노동자들이 원재료를 유용한 생산물로 변형시키는 과정이고 동시에 특정한 사회적 관계와 그러한 관계에 대한 경험들을 재생산함으로써 작업조직은 정치·이데올로기적 효과를 갖게 되며, 생산의 정치·이데올로기적 장치들이 노동과정과 더불어 생산관계를 규제해 간다. 또한 잉여가치의 존재와 생산관계를 은폐하는 효과를 창출하는 것은 생산시점에서의 이데올로기의 생산이라고 본다.23) 이러한 이데올로기의 구조가 이 세계에 대한 노동자들의 생생한 관계를 조형하고 조직하며 이해를 구성한다. 이는 자본주의적 생산양식이 사물의 생산뿐 아니라 사회관계의 생산, 그리고 이 관계에 대한 생생한 경험(lived experience)이나 이데올로기를 생산함을 말하는 것이다.24) 이데올로기적 관계가 물질화된 생산내적 장치로서 존재하는

---

22) 김도근, 「일본적 생산방식의 노동자 지배체제와 기업문화전략」, 서울 노동정책연구소(준비모임), 앞의 책, 65-98쪽.

23) M. Burawoy, *The Politics of Production*, London: Verso, 1985, pp.7-8.

24) Ibid., pp.36-38.

다양한 제도적 규제장치들, 즉 노동력의 고용, 활용 및 배치, 평가, 보상 등과 관련해서 형성되고 제도화된 이데올로기적 장치들은 작업장내 생산 및 생산내적 관계들에 대한 노동자들의 일상적 경험을 생산해 내며 작업 자들의 자발적 행위(self-activity)를 생산하고 재생산하는 것이다. 일상 적인 참여과정으로부터의 생생한 경험의 흐름을 유예하여(bracketing), 이에 대한 지속적인 의미부여와 이데올로기적 전위가 시도되는 팀조직은 바로 이러한 이데올로기적 장치의 한 형태로 볼 수 있을 것이다.

이상화된 팀조직의 전형적인 예를 통해 이데올로기적 장치로서의 팀 이 어떻게 작동되는지를 생각해 보자. 학습능력을 갖춘 팀조직을 조형하 기 위한 이론과 기법, 그리고 개발경로를 구체화하고 있는 피터 센지(P. M. Senge)의 『제5의 규율(*The Fifth Discipline*)』에서 말하는 팀학습 조직이 어떻게 작동되는지를 살펴보자. 센지는 혁신적 학습조직을 위한 새로운 핵심적 부품기술들을 시스템적 사고, 개인적 숙달, 정신모형,공유 가치의 구축, 팀학습의 5가지로 제시하고 있다.25) 팀개념의 이해를 위해 이를 좀더 살펴보면, 첫째 기업에 내재하는 세계관에 근거하여 현실세계 의 복잡성을 환원시켜 상호연결된 행위들의 비가시적인 개념틀 및 지식 과 도구의 체계로 사유하도록 하는 시스템적 사고(systems thinking), 둘째 평생에 걸친 학습에 몰입함으로써 개인적 비전을 명확히 하거나 심 화시키고 힘을 집중하고 실천기법을 개발하며 현실을 객관적으로 보도록 하는 개인적 숙달(personal mastery), 셋째 어떻게 세계를 이해하고 행 동해야 할 것인지에 영향을 미치는 내재된 전제, 일반화, 형상이나 이미 지 등의 기존의 인지적 도식을 변화시키고 모든 상황에 적용 가능한 '추 상화의 비약'이 가능하도록 관리하고 제도화하는 정신모형의 학습 (mental models), 넷째 공통적인 정체감과 공동운명체로서의 느낌을 중심으로 구성원들을 결속시키기 위해 개인적 전망들을 핵심가치에 준거

---

25) P. M. Senge, *The Fifth Discipline: The Art and Practice of the Learning Organization*, N.Y.: Doubleday Currency, 1990.

하여 스스로 선택하고 동일시하도록 대화와 격려를 통해 현재의 관행이
나 미래와 체계적으로 연접시키는 공유가치의 구축(building shared
values), 마지막으로 참여자로 하여금 개인적인 전제를 연기시키고 공유
의미 속에서 대화를 추구함으로써 갈등과 방어적 일상관행의 회로를 표
면화시키고, 복잡성을 표상하는 기업내적 언어를 규칙에 따라 사용함으
로써 체계적인 팀사고를 개발하는 팀학습(team learning)으로 제시된
다. 그리고 이러한 규율들은 다시 참여적 관리와 개방적·반성적 의사소
통 중심의 개방적 감성훈련기법(openness), 하부에 책임을 국부화시키
고 통제당하지 않는다고 느끼도록 하면서 통제목적을 달성하는(control
without controlling) 국지화기법(localness), 그리고 시간의 관리, 가
정과 직장의 일 사이의 관계를 조화시키기 위한 역할모형의 학습과 상담
기법, 컴퓨터를 이용하여 전략과 정책들을 시간과 공간의 압축을 통해
가상적으로 시뮬레이션하는 미시세계 실험기법 등을 통해 실제 문제해결
에 적용하여 작동시킨다.[26] 그리고 이러한 기법적용이 효과적으로 작동
되기 위해서는 세계를 보는 방식을 훈련하고 규범적 코드(code)를 고쳐
씀으로써 자동적이고 암묵적인 사유가 자연스럽게 이루어질 수 있도록
할 필요가 있음이 강조된다. 즉 현실세계의 역동적 복잡성에 대처하기
위해서는 문화 프로그램이나 언어와 같은 하부의식적(subconscious)
수준에서의 정보입력과 훈련에 의한 의식적 수준의 자연스러운 피드백고
리를 형성시켜야 한다는 것이다.[27]

이것들은 대체로 기존의 조직개발이나 기업문화 담론에서 자주 거론
된 것들을 종합하여 사이버네틱스(cybernetics) 기초원리와 신과학이론
(대표적으로 D. Bohm) 지식으로 새롭게 포장한 것에 지나지 않는다.
팀학습기법은 기본적으로 우선 어떻게든지 참여하고 행동하도록 하고
난 뒤, 대화적인 기법이나 집단분위기의 조성, 그리고 공개적인 토론 등

---

26) Ibid., pp.271-360.
27) Ibid., pp.364-367.

을 통한 집단압력의 행사, 공개적으로 선언하기 등을 적용하고 자기 스스로 선택한 행동으로 사후적으로 합리화하도록 유도하는 수행(enactment) 원리를 이용하고 있다. 즉 연루 및 공모와 양심의 가책을 이용하는 기법인 것이다. 보다 현대적이라고 하는 기법들은 센지에게서 보이듯이 정보에 의해 통제함으로써 자발적 참여와 동조를 유도하고 이를 강화하고 제도화하여 원격통제와 자동조절이 나타나도록 하는 행동 및 의식 통제기법들이라는 특징을 보인다. 문화 프로그램과 반복훈련 및 주입을 통해 기업문화이데올로기의 코드를 입력하고 이를 행동으로 가시화시키며 제도화하는 사이버네틱스 원리의 적용은 자발적 종속화의 기본 메커니즘을 설명해 준다. 자동화된 복제된 행동패턴의 유지를 통해 기업목적을 달성하고자 하는 경영혁신전략은 결국은 사이보그(cyborg)[28] 주체를 대량으로 생산하려는 환상의 실현과정에 다름 없다고 할 수 있지 않을까? 팀조직 속에서 기업목표와 관리자에 동일시하고 협동하도록 입력된 채 기능하는 사이보그 주체의 생산은 정보기술의 발전으로부터 도출되는 비유나 은유가 아니다. 나사못으로서의 표준화된 부품, 그리고 푸코가 말하는 규율기계로부터 들뢰즈와 가타리가 말하는 사이버네틱스 기계에 이르기까지 경영담론에서의 노동자들은 모두가 통제기계의 정보 흐름의 폐쇄적 순환고리에 갇혀 있는 사이보그 기계였다고 할 수 있다. 들뢰즈와 가타리의 기계라는 용어사용법은 단순한 은유가 아닌 현실임을 강조할 필요가 있다.[29] 인간을 어떻게 기계로 묘사하는가라는 인간주의적 비판이 가능하겠지만, 사실상 기계의 부품으로 취급되고 코드화된 정보의 흐름에 따라 작동되는 현대 팀작업 구성원과 작업집단은 거대한 자본주의적 생산기계 속에서 사실상 기계이며, 그 부품들이기 때문이다. 자본주의 체제하에서 가장 발달된 형태를 발견할 수 있지만 문화적 규범구조의 회로가 입력된 인간의 행위는 오랜 시대로 거슬러 올라

---

28) 'cybernetic organism,' 즉 자기 규제적인 활동을 반복적으로 수행하는 유기체와 기계의 통합체.

29) 들뢰즈·가타리, 『앙띠 외디푸스』, 제1장, 민음사, 1994.

갈 수 있다. 단지 공장기계의 출현과 더불어 인간과 기계가 합체된 온전한 모습을 제대로 볼 수 있을 뿐인 것이다.


## 3. 기계문화와 실천논리: 의례와 담론실천

앞장의 「사이보그와 실천논리」에서 우리는 팀조직에서의 노동자의 일상적 실천을 의례와 담론실천의 문화과정을 이해하기 위한 실마리, 즉 도대체 어떻게 사이보그가 된 채로 살아가는지에 대한 이해를 노동과정의 기계적 설계원리의 발달과 연결시켜 살펴본 바 있다. 논지의 연결을 위하여 간략히 정리해 볼 필요가 있을 것이다.

현대 조직운영에서 보이는 기계적 정확성은 기계적 해석과 기계적 원리에 의한 세계의 조성과 기계적 리듬에 맞춘 생활의 확산과정이다. 테일러의 과학적 관리법도 이러한 관료제적 기계문화(machine culture)를 작업장에 실현시키고자 하는 욕망의 전형적 산물임을 살펴보았다. 산업으로 인간을 적응시키는 과제, 즉 인간기계의 창출을 위한 이데올로기적 프로젝트는 인간들과 사물들을 기계공학적·기술적·생물학적으로 창출하는 상상을 실현시켜 가는 (뉴딜정책이나 $C_3I$ 또는 세계화정책처럼) 거대한 이데올로기적 프로젝트로 추구된다. 이것은 곧 육체와 기계를 '조정'하기 위한 관행들과 담론들, 과학적 관리, 인간공학 등 기계과정과 생명과정들과 권력의 지배전략 사이의 절합을 통한 사회적 관계의 재생산의 정치적 프로젝트의 수행인 것이다. 사람, 육체, 기계들이 만들어지고 표상되는 방식, 육체와 인간이 만들어질 수 있는 사물들이라는 발견들을 자연주의적 기계라는 측면에서 자연을 재조형하는 것과 통계학적으로 개별화된 인간으로서 개인들을 재조형하는 것들은 '과학적 지식'의 이름으로 합리적인 문제해결의 기법으로 제도화되고 정상화되어간다.[30]

---

30) Mark Seltzer, op. cit., 1992, pp.3-21.

기계문화 형태에서의 관리에서 핵심적인 것은 지배하고자 하는 권력의 시선이다.[31] 이러한 기계조직 속에서의 인간은 기계 사이의 구멍들을 채우는 대체 가능한 부분품 내지 나사못으로 간주된다. 애초에 테일러의 과학적 관리법은 작업의 파편화와 표준화 및 이를 바탕으로 한 전문적 고착화를 꾀함으로써 숙련작업자들을 탈숙련화(de-skilling)시키는 동시에 미숙련 이민노동자들을 신속하게 작업장에 배치할 수 있도록 하는 방안의 모색을 통하여, 작업자들과 조직간의 상호작용을 최소화시킴으로써 '노동자 부품기계'간의 대체 가능성(interchangeability)을 최대화시키고자 의도한 생산공학도들의 생존전략이었다.[32] 테일러의 이러한 관심은 당시의 기계문화적 풍조에 부합하는 생산현장의 혁신전략이었다고 볼 수 있다.[33] 기계적 설계원리에 입각한 조직에서의 노동과정은 작업자의 통제권이 상실된 채 철저히 파편화되고 표준화된 작업을 정해진 방법에 의해 반복적으로 기계의 리듬에 따라 이행하는 것일 뿐이다. 이때 조직관리에 있어서 부품기계로서의 인간과 기계 사이의 활동을 연결시키고 조정하는 일 역시 또 다른 부품기계의 몫이다. 또한 인간관계론의 이데올로기적 프로젝트는 유기체와 같은 자기 규제적 활동의 체계로서의 조직에 대한 이미지를 통한 기계인간 모형의 보완이다. 제2차 세계대전을 통해 발명된 신기술의 산업의 적용문제로부터 발전하는 시스템적 접근의 기본 전제는 시스템 전체적인 목표달성에 기능하는 부분들과 그들 사이의 유기적 통합이다. 이는 주어진 목표를 당연시하고 이를 교육훈련을 통해 훈육하고 가치로써 내면화한 사회화된 주체로 기계적으로 설계된 관계체계를 관리적 시선하에 통합시키는 것, 기계화된 인간으로서의 사이보그들의 창조인 것이다.

---

31) 미셸 푸코, 『감시와 처벌』(박형규 역), 강원대 출판부, 1991.

32) C. Littler, op. cit., 1978, pp.185-202. 생산 및 기계부서 전문직의 지위상승을 꾀하는 조직내 정치와 생존전략으로 제시된 과학적 관리에 대한 접근들을 계급론적 관점에서 논의한 다음 글을 참조할 것. 신병현·정명호, 「조직내 신중간층의 계급적 성격」, ≪현상과 인식≫ 13(3), 1989(가을), 29-69쪽.

33) Mark Seltzer, op. cit., 1992.

조직에서 개인들은 습관화된 행동주체들로서 조직목표 달성을 위해 동기부여(동원)되는 이데올로기적 통제의 대상들이다. 동시에 그들은 지식-육체노동의 사회적 분업관계의 제도적 그물망에 갇힌 채 자기 준거적이고 맹목적인 일상적 삶을 살아갈 수밖에 없는 존재들이다. 관리층 역시 관리를 경험적 일반화라는 과학적 연금술처럼 의례로서 반복적으로 연기하고 있을 뿐이다. 그러나 '과학적' 시선하의 인간기계와는 별도로 작업장 노동과정에 임하는 인간은 객관적인 사회적 조건들 속에서 구체적인 자신들의 삶을 살아가고 욕망하는, 즉 일만 하는 기계의 팔로서 인간기계가 아닌 또 다른 육체들이기도 하다. 인간이 기계적인 조직에 적합하도록 만들어져야 한다는 사고경향에서 문제되는 인간은 통계학적으로 평가되고 배치되고 개별화되어 양성되는 톱니바퀴만이 아니라 정의되지 않고 평가되지 않고 배치되지 않는 인간 측면이다. 노동자들의 일상생활에 초점을 두고 볼 때, 노동과정에서 발생하는 일상적 사건들에 대한 습관화된 의례적 반응들에서 나타나는 조그만 차이들 속에서 작업자 및 집단들에 의한 서로 다른 해석과 주장들이 지배적 담론의 제약들 속에서도 서로 경쟁함을 볼 수 있다. 또한 그러한 담론들을 공통적으로 가로지르고 있는 안정적이고 일반화되고 공리화된 담론의 계열들과 의례적 실천들도 있다.34) 이러한 의례와 담론실천들은 모두가 특정한 시점에 발생한 작업장에서의 사건을 하나의 특수한 사건으로 의미 있게 규정하기 위해 서로 다투는 이데올로기적이며 정치적이고 문화적인 과정이라 볼 수 있다. 이 작업장 담론들에서 특정한 사건들은 객관적인 대상으로 발화자와 일정한 거리를 유지하면서 발화되는 형식을 취하기도 한다. 사건의 이러한 객관화는 실천적 의례연기의 한 형식으로써 발화자의 담론전략의 매개작용으로 볼 수 있다. 이러한 의례적 실천은 또한 그 사건의 일부로 편입되면서 사건 자체를 특수화시키는 역할을 한다. 그와

---

34) D. L. Collinson, *Managing the Shopfloor: Subjectuvity, Masculinity and Workplace Culture*, Berlin: Walter de Gruyter, 1992.

관련된 모든 것은 하나의 역사적·상징적·물질적 등록들(registers)로서
이데올로기적 관계의 덫에 갇힌 주체들의 육체와 정신구조에, 곧 그들의
습관화된 의례실천에 기록되는 것이다. 작업장에서 발생하는 사건들을,
그리고 또한 이에 대해 습관적으로 반응하는 우리들을 대상화시켜 분석
하면서 답답한 실정이라고 개탄할 수 없는 우리들의 삶의 과정을 인정
해야만 할 것이다. 습관화된 의례는 그것 자체로서 의례가 지닌 전략적
역할이라는 매개항의 은폐된 구속작용 측면에서 이해되어야 한다는 것
이다.35) 그것은 기존의 관계체계 및 행동양식의 유지와 의례적 행위를
통한 시간보내기 사이의 전략적 연계를 말하는 부르디외(P. Bourdieu)
의 주장처럼 습관화된 행동양식의 유지에 의해 창출된 사회적 전략의
체계를 재생산하는 사회적·상징적 자본의 축적행위들이라고 적극적으로
해석되어야 할 것이다.36) 의례적 실천은 그 자체를 목적으로 하는 행위
의 체계이며 관계유지의 체계이고 그 자체의 수행으로써 정당화되는 자
기 준거적 체계이다. 그것들은 지배이데올로기에 종속된 채, 일상적 삶
을 살아가는 실용적 주체들(prgmatic subjects)에게는 사회적 분류체
계상의 위치에 따라 주어지는 이루어져야만 하는 일, 수행되어야 하는
일로 사회화과정을 통해 내면화되고 조건형성된 것이기 때문에, 그러한
관계체계하에서는 별다른 일을 할 수 없기 때문에, 그리고 그것이 무엇
을 의미하고 왜 해야 하며 누구를 위해 하는가에는 관계없이 지속되어
야 하는 것이다. 실용적 주체들에게 있어서 이러한 의례는 의미가 있는
행위인 동시에 과학적 의도가 없거나 아무런 의미가 없는 것이기도 하
기 때문에, 특정한 시점에 발생한 특정한 사건은 주어지는 해석과 의미
부여라는 이데올로기적 과정 여하에 달려 있는 문제이다. 그러나 「이데
올로기와 주체형성」에서 살펴보았듯이 의례적 실천은 완벽한 이데올로
기적 종속을 보증하지 못한다. 혼동이나 결함 없는 의례는 없으며 그 곳

---

35) P. Bourdieu, *The Logic of Practice*, Stanfod: Stanford Univ. Press,
   1990, pp.52-65.
36) Ibid., p.16.

은 동시에 지배이데올로기가 분열되는 지점이기도 하다는 점이 강조되어야 한다.37)

우리는 지배이데올로기가 실현되는 경향을 띠는 실천들 속에서부터일지라도 그러한 이데올로기를 지속적으로 감염시키고 파열시키는 욕망과 전략적 의례실천이 있으며, 담론의 반복적인 웅얼거림에서 드러나는 차이들은 지배이데올로기 구성체의 파열구를 확대시킨다는 뭉크하우젠(Munchhausen) 남작의 역설38)을 실천할 수밖에 없는 현실적 조건에 처해 있음을 인정하자는 말이다. 이러한 차이와 파열구들이 바로 저항과 반역의 기원이기도 하며 지배질서의 머뭇거림을 이용하는 섬광과 같은 작은 승리들로 볼 수 있는 것이다.39) 설사 우리들이 처한 객관적 조건들에 그리고 이에 대한 상상적 관계고리의 덫에 이중적으로 구속된 채 연루된 삶을 살아갈지라도, 그 과정은 또한 '주체 없는 과정'으로서의 문화과정 속에서 이루어지는 다양한 문화적 실천들이기도 함을 적극적으로 인정할 필요가 있는 것이다.

이렇게 볼 때, 우리는 들뢰즈와 가타리(G. Deleuze & F. Guattari)가 말하고 있듯이 노동과정 및 일상적 삶의 과정 모두가 지배이데올로기에 의해 주체로서 호명된 채로, 자본주의적 욕망추구의 순환고리에 이미 연루되어 자발적으로 공모하고 있는 것으로 보아야 할 것이다.

지배이데올로기적 담론과정은 일상적 실천들과 관련된 모호한 상황에 특정한 의미를 부여하고 과학의 이름으로 가시화된 지표를 이용하면서 특정한 사건을 특수화시키는 효과를 발휘한다. 또한 우리들의 일상적 의례실천이 지닌 전략적 성격 역시 우리들로 하여금 다양한 사건들로부터 일정한 거리를 유지하도록 하고 대상화하도록 함으로써 관리적 시선 속

---

37) M. Pecheux, op. cit., 1988.
38) 늪 속으로 빠져들어가는 말을 탄 뭉그하우젠 남작이 자신의 머리를 잡아 끌어 올렸다고 떠벌인다는 우스꽝스러운 우화가 말하는 역설. M. Pecheux, op. cit., 1988, p17.
39) M. Pecheux, *Language Semantics and Ideology*, St. Martin's Press, 1975, p.217.

에 갇혀 있을 수밖에 없으며 기존의 사회관계를 재생산하는 역할을 수행할 수밖에 없도록 한다.

그러나 동시에 그러한 사건들의 사회적·집단적 차원에서의 전개과정에 연루된 의례적 실천의 파열과 담론들의 웅얼거림의 동일한 과정들이 있다. 이러한 과정들은 기존 사회관계를 변형시키는 전략적 힘들의 역동적 투쟁을 사고하도록 해주는 단서들이며 지배이데올로기와의 거리두기와 단절을 통해 역동일시를 실천하는 비주체적 실천을 위한 주체적 개입의 모순적 지점들이기도 하다.

노동과정과 작업장에서의 일상적 경험들을 둘러싸고 전개되는 우리들의 일상적 실천들 자체는 우리들의 삶의 문제를 해결하는 나름대로의 실천이데올로기적·전략적 투쟁의 장인 것이다. 이에 대해 과학의 칼날을 들이대고 분석하면서 거창한 이데올로기적 담론에 동일시하여 비판적·주체적 실천을 요구하는 것은 동일한 상징논리의 덫에 걸려드는 것이 아닐까? 왜 묵종하는가가 아닌 어떻게 묵종할 수밖에 없도록 되며, 합리화되고 반동적으로 될 수밖에 없는가가 일상적 실천의 논리 속에서 사고되어야 하지 않을까? 비판하고 분석하는 눈과 비판당하고 분석당하는 눈은 사실상 모두가 스스로에만 준거하는 자기준거적 동일성 체계에 닫혀 있지 않을까? 이것이 과학적으로 설명되어야만 하는 근본 문제가 아닌가?


## 4. 노동의 정치를 위하여

### 1) 팀조직과 노동조합의 딜레마

다른 조직개발기법과 마찬가지로 팀조직은 자체의 운영결과보다는 과정 및 그 효과로부터 얻는 것이 있다.[40] 그것은 곧 작업장 지배체제의 재생산인 동시에 노동과정에서의 노동력 재생산과정인 것이다. 파커와 슬로터는 팀이 ① 노조파괴와 연결되어 있다는 점, ② 일본과 같이 경영진에 의해 통제되는 기업별 노조형태의 유지와 관련되어 있다는 점, ③ 노동자들의 반대에도 불구하고 경영층에 의해 공장폐쇄나 전직을 위협하면서까지 추진되는 점을 말하고 있듯이, 경영층에 의한 팀조직으로의 개편 추진에 대해 노동조합은 공중분해되느냐 아니면 살아남되 협조적 노사관계로의 전환인가를 양자택일해야만 하는 이중구속(double bind-ing)41)의 딜레마에 봉착하게 한다.42)

방어적 전략에 치중하는 노동조합의 경우, 예를 들어 GM이 팀개념을 도입할 당시의 UAW가 직면했던 상황과 같이 지역노조들이 협약을 변경시키도록 압력을 가하기 위하여 기존 공장의 폐쇄나 이전을 위협함으로써 지역노조와 다른 노조를 서로 맞서게 하는 방식으로 새 모형을 제시하여 지역노조로 하여금 가장 불리하게 흥정할 수밖에 없게 하거나, 직무안정성과 효과적인 운영을 거래조건으로 하여 팀개념의 수용이 전국적 수준에서 이루어짐에 따라 지역수준에서는 어쩔 수 없이 수용될 수밖에 없게 하는 방식은 노조간부들이 직면하는 이중구속의 상황이다. 이때 전국노조의 팀개념 지향적(pro-team concept) 태도에 직면하여 지역노조간부들이 적극적으로 통일적인 전략을 통해 방어해내기란 점점 더 어려워진다.43)

---

40) P. Thompson & D. McHugh, *Work Organisations*, London: Macmillan, 1990, pp.124-171.

41) 그레고리 베이트슨, 『정신과 자연』(박지동 역), 까치, 1990. 한 맥락에서 잘못된 행동을 선택할 것인가 아니면 잘못된 이유 또는 잘못된 반응에 대한 바른 행동을 선택할 것인가라는 딜레마를 이중구속이라 한다. 즉 예컨대 갑작스럽게 변화하는 어머니의 변덕스러운 정서적 맥락변화에 아이가 적절하게 반응하지 못하고 스트레스를 경험하는 것처럼, 맥락과 맥락 사이의 갈등 또는 부조화로 인해 야기되는 심리적 불안이 정신질환의 원인이 될 수 있음을 말하고 있다. 프로이트식으로 표현하면 이항계열(아버지-아들/어머니-아들)로 이루어진 외디푸스 삼각형내에서 배타택일을 해야 하는 갈등적 상황이다.

42) M. Parker & J. Slaughter, op. cit., 1988, p.5.

43) 파커와 슬라우터(M. Parker & J. Slaughter)의 여러 사례들을 참조할 것.

다른 한편으로 일본적 생산방식에 대한 다양한 평가들에서 드러나듯
이 이러한 평가들에서 팀조직은 긍정적·부정적 측면을 동시에 지닌 양
날을 지닌 칼로 묘사하면서 국가, 노동조합, 기업이 노사관계에서 발상
의 전환을 이루고 일본적 생산방식의 긍정적 측면으로 보완된 북유럽의
사회기술체계론의 인간 중심적 작업장 설계에 대한 접근전략을 선택할
것을 규범적으로 설교하는 경향도 있다.44) 이러한 이데올로기적 프로젝
트가 지닌 적극적 성격의 실용적 중요성을 인정할 수는 있어도, 여전히
남는 문제는 노사관계지형과 사회정치적 조건의 문제가 있다.

비교노사관계적 연구들에서 나타나는 국가간, 기업간의 변이들은 일본
적 생산방식이나 팀작업조직이 노사관계지형과 사회정치적 조건에 따라,
그만큼 다양하게 변용되어 운영되고 있다는 점을 보여주는 것이라고 할
수 있다.45) 따라서 진정한 문제는 팀작업이나 일본적 생산방식이 무엇
이며, 무엇을 의미하기 때문에 그것을 긍정하거나 부정하거나 수정하는
것에 있지 않다. 자본주의적 기업조직에서 자본의 수익성 목표를 추구하
는 관리적 시선과 체제 및 관행하에서, 그러한 기계들이 어디에 연결되
고 어떻게 작동되며 작동될 수 있는가가 문제일 것이다. 즉 노사관계의
지형과 사회정치적 조건들의 역동적인 변화에 그러한 기계장치들이 부
품으로 동원되고, 자체적인 변화와 더불어 지형과 조건 자체의 변화들을
이루어낼 수 있는지의 문제일 것이다. 노사관계가 민주적이고 인간적으
로 형성된 연후에 자발적이고 창의성이 발휘되는 효율적인 작업조직이
설계될 수 있을 것이라고 말하는 것은 팀 중심의 작업조직의 설계와 도
입에 참여함으로써 협력적이고 민주적이며 인간적인 노사관계가 가능할
것이라는 경영층의 이데올로기를 거울처럼 닮고 있을 뿐이다. 여하튼 노
동조합과 사용자 모두에게 팀은 모든 문제를 일거에 해결해 줄 수 있는

---

44) 매튜스 등의 포스트 포드주의뿐 아니라 올리버와 윌킨슨, 그리고 베르그렌, 교
   타니 등에서 이러한 점이 드러난다.
45) A. Ferner & R. Hyman(eds.), *Industrial Relations in the New Europe*,
   Cambridge: Basil Blackwell, 1992.

만병통치약이라는 질문이 타당한 것일까? 그럼 지금까지 살펴본 바와 같은 팀조직은 그것이 만병통치제 기능을 하고 있고, 할 수 있다고 볼 수 있지 않을까?

관리 자체가 지닌 기본적 속성을 그것이 작동하는 방식들 속에서 고려할 때, 중요한 특징 중의 하나는 이질적인 다양한 것들의 임의적이고 제한적인 이접과 연접적 사용이다. 관리 중에서도 특히 자본주의적 노동력 관리는 서로 이질적인 분리된 활동(disjoined activities)의 계열을 이접시키는 성향을 보여왔다.46) 현대의 인적 자원 관리에서는 전혀 다른 계보나 기원의 흐름들을, 즉 전혀 이질적인 흐름인 노동력과 자본의 고용관계를 통한 만남을 감독, 보상, 훈련방법들, 선발과 배치의 기법을 활용하여 통계적 분류표상에서 분류와 범주화, 평가와 배치 등을 망라하고 총체화시킴으로써 그 유기적 효과를 기대한다.47) 경영담론에서 이러한 관리의 성격은 그것이 임기응변적이며(ad hoc), 그 원천이 지닌 반응적 성격에서 초래된다고 간주된다.48) 이처럼 관리적 공간 속에서 작동하는 권력의 욕망에 의한 분류와 범주화는 거리를 둔 다양한 해석들을 배제하고 이질적인 실재들을 논리적 통일성 부과나 규격화, 그리고 보편적 주체의 상정을 통하여 은폐해 버리는 이접적·연접적 성격을 지니고 있는 것이다.49) 푸코에 의하

---

46) B. Townley, "Foucault, Power/Knowledge, and Its Relevance for Human Resource Management," *Academy of Management Review* 18(3), 1993, pp.518-545.

47) 들뢰즈와 가타리에게 제한적이고 임의적인 이접(disjunction)은 노동의 생산적인 흐름이 자본으로 옮아가는 것처럼 초월적인 어떤 것으로 옮아가는 한에서 비생산적인 요소와 관련하여 분배를 표현하는 법칙으로 들어가는 것을 말한다. 이렇게 옮아간 이접점들간에는 새로운 종합들의 그물 전체가 짜여지고 이 점들이 표면을 바둑판처럼 구획지우고, 또한 모든 것들을 달라붙게 하는 몸체가 오히려 외견상 옮겨진 것들을 생겨나게 하는 준원인 또는 기적을 행하는 마법이나 초월적인 것처럼 보이게 한다. 들뢰즈·가타리, 앞의 책, 1994, 29쪽.

48) B. Townley, op. cit., 1993, p.518.

49) 이에 대해서는 신병현, 앞의 글, 1989; Michel Pecheux, "Discourse: Structure or Event?" in C. Nelson & L. Grossberg(eds.), *Marxism & the Interpretation of Culture,* The Univ. of Illinois Press, 1988,

면 권력은 우리에게 자명한 것들로 나타나는 개인이나 조직 등이 아닌 실천적 관행, 기법, 절차들에서 효과를 발휘한다. 자본의 이접적 성격은 인적 자원 관리를 구성하는 블록들과 고용관계가 어떻게 조직되는가, 즉 교환, 계약의 관계적 성격, 그리고 사회적 관계의 불확정적 성격이 질서화되는가를 설명해 준다. 그것은 곧 초월적인 요인으로서 자본이나 관리절차 및 기법들로부터 노동의 흐름이 나오는 것처럼 이접점들의 그물망을 격자로 형성하여 분류하고 범주화, 평가, 차별화함으로써 이루어진다. 이러한 그물망에 갇혀서는 자본에 의해 코드화된 초월적 규범에 따라 배타택일적이고 제한적인 연접적 사용50)이 이루어지게 된다. 자본의 마이크로코즘에, 즉 자본 흐름의 코드화한 이접적·연접적 폐쇄회로에 갇힌 모습이다. 망각이건 무의식적으로건 간에 타자의 규범구조에 갇힌 담론과정이 팀조직을 둘러싸고 전개되는 듯하다. 팀작업을 둘러싼 노동조합 및 포스트 포드주의, 그리고 경영혁신 담론들을 통해 이데올로기와 문화투쟁이 노자관계에서의 전선을 결정하는 새로운 지형으로 대두되고 있음을 알 수 있다. 이러한 팀작업과 관련한 혼란스러운 양상은 독자적인 것으로서의 노동의 정치에 관한 적극적인 성격의 담론이 부재하였기 때문에 발생하는 실용주의적 경향들에 다름 아닐 것이다.

자본주의체제 속에서 적극적이고 긍정성을 띤 노동정치의 담론을 전개한다는 것은 자칫 지금까지의 방식이었던 비판이론적 거리두기식의 (즉 부정적 이데올로기 비판) 대상으로 될 위험이 있음은 구태여 부인할 필요가 없다고 생각된다. 그렇지만 자본주의적 축적체계에 이미 연루되어 기계문화 속에서 기계로서 이용되는 삶을 기계적인 사고와 행동을 보이면서 살아가고 있음을 적극적으로 인정하고, 그 속에서 변화를 모색하는 일은 패러다임적 단절을 통한 새로운 열린 시선이 없이는 불가능

---

pp.633-650.
50) 여기에서 말하는 연접(conjunction)은 욕망의 흐름을 억제함으로써 잔여로 남는 주체가 형성되는 욕망의 제한적인 사용을 의미한다. 들뢰즈·가타리, 앞의 책, 1994, 133-163쪽.

하다고 본다.

사회적인 것에 대한 이데올로기적 총체화 (사실상 어설픈 봉합에 불과한) 시도 속에서 지속적으로 노동운동의 핵심적 정치철학으로 자리잡아 왔던 것은 바로 '생산적 노동의 인간학'이라는 문제틀이다. 그러나 그것의 역사적 귀결들은 언제나 경제주의, 국가주의, 아나키즘 등으로의 회귀였다고 할 수 있을 것이다. '탈근대'담론들에서 비판되는 것도 바로 이러한 총체화시키는 노동의 인간학이라는 문제설정이다. 그럼에도 불구하고 노동이라는 것은 근대적인 것을 넘어서서도 여전히 사회관계 속에서 맺어지는 활동의 관계망 속에서 과학과 이데올로기, 지식과 육체에 근거하는 환원할 수 없는 차이들을 중심으로 다시금 독점화와 이를 둘러싼 사회적 적대를 산출한다.[51] 여전히 폐기될 수 없지만 극복되어야 하는 한계를 지닌 이러한 노동의 인간학적 문제설정을 발리바르는 '노동의 정치'라는 문제설정을 통해 극복하려고 시도한다. 노동의 정치는 노동과정과 국가, 즉 경제와 정치라는 두 개의 현실을 하나의 회로로 연결시키는 문제로 제기될 수 있는데, 이는 곧 노동에 의한 정치의 전화인 동시에 정치에 의한 노동의 전화를 통한 노동과 정치간의 모순의 해결로 정의될 수 있다.[52]

팀조직에 관한 논의에서 살펴보았듯이 팀작업이라는 용어는 비록 그것이 사람에 따라 다른 것을 의미할지라도 팀이나 집단적 형태의 작업조직으로의 이동은 어쨌든 간에 직무, 고용관계, 그리고 작업장 정치의

---

51) 이에 대한 상세한 논의는 발리바르, 「'육체노동과 지식노동의 분할'에 대하여」, 서관모 편, 『역사유물론의 전화』, 민맥, 1993, 180-207쪽.

52) 발리바르, 앞의 책, 1993, 11쪽(편자 서문). 노동의 정치에 대한 구체적인 논의는 아직 많지 않은 실정이다. 이와 관련된 논의로는 김진균, 「사회과학 인식의 전환문제」, 한국산업사회연구회 편, 『한국사회의 변동-민주주의, 자본주의, 이데올로기』, 한울, 9-25쪽; 강석재·이호창, 「자본의 새로운 전략과 노동의 대응: 변화와 대응의 방향」, ≪경제와사회≫ 제19호, 1993, 125-161쪽; 이호창, 「자본의 유연화전략과 일본적 생산방식」, 서울 노동정책연구소(준비모임), 앞의 책, 17-64쪽을 참조할 수 있다.

성격에서 나타나고 있는 잠재적인 변화를 표현하는 것으로 볼 수 있다. 그러나 그 변화는 단일기업이나 지역 및 국가에 국한된 변화가 아니다. 그것은 분명히 현대 세계자본주의의 통합체계의 주기적 변화와 모든 측면에서 연관된 체계적인 변화인 것이다. 자본의 흐름이 기존에는 단지 분할 가능성으로만 남아 있던 계급적·지역적·민족적·성적·인종적 영역들을 관리적 상상과 욕망의 흐름을 따라 새롭게 분할하고 절단해 들어감으로써 새로운 영역으로 개척해 들어가고 통합된 세계자본주의 체계로 종속시키는 변화가 지구적인 규모와 강도를 갖고 전개되고 있다. 자본의 흐름은 이제 노동과정의 빈 틈뿐 아니라, 일상생활의 전영역에 이르기까지 관리적 효율성의 모호한 원리를 적용하고 국가장치 및 금융제도에 의해 보장되는 허구적인 화폐와 신용을 조건으로 하며, 가족과 기업조직 및 노동조합을 매개로 하여 무수한 욕망을 연접시키고 있다.

팀 기계와 집단적 노동기계 역시 거대한 자본주의 기업조직이라는 수익성기계의 부품으로 연결된다. 이는 곧 노동과정과 일상생활의 자본에 의한 새로운 절단과 재분할이며 기업문화와 팀학습을 통해 기업목적과 동일시하는 자발적 주체의 형성, 즉 새로운 코드의 입력(recoding)이며 새로운 종속화이다.


## 2) 사이보그 사회운동?


센지의 팀개념을 살펴보았듯이 경영담론에서는 통제당하지 않게 느끼면서 적극적인 팀 성원으로서 기업이데올로기에 동일시하는 사이보그를 조형하고자 한다. 이러한 양상은 기업조직의 전체시스템에 부분품으로서 플러그화되어 있는 팀 기계의 형성과 동시에, 팀 속의 부품으로서 행동하고 사고하는 사이보그들을 연상시킨다. 이러한 모습이 효율성의 기표하에 새로이 대두되고 선풍을 일으키고 있는 현대적인 작업조직과 경영기법들에서 기대하는 노동자의 상이 아닌가? 통제당하면서도 자발적인 것으로 경험하는, 즉 원격조정당하는 수익성 추구의 관리적 욕망의 폐쇄회로에 간힌 채로 기업문화이데올로기의 공유가치와 행동규율이 정보와 지식의 형태로 자율적·타율적으로 입력된 채, 자기규제하는 대량으로 복제가능한 인간기계, 즉 사이보그가 현대적인 기업조직의 거대한 기계장치 속에 편성된(plugged) 노동하는 사람들이 아닌가?[53] 이럴 때 우리는 과연 노동운동을 기존의 방식대로 사고할 수 있을까? 기존의 방식으로는 대응 불가능한 지형 속에서 이중구속에 종속되지 않으면서 가능성을 사고하기 위해 새로운 사유모형을 경유해 볼 수 있을 것이다. 하나의 실험으로서, 가능한 경로로서 들뢰즈와 가타리의 근경모형을 경유해 보는 것도 가능하리라 생각한다.

스피노자와 니체의 철학의 영향을 수용하고 발전시키려는 "차이의 철학"자 들뢰즈와 라캉의 구조주의 언어학의 한계를 비판하고 집단치료실험에 종사해 왔던 정신치료가인 가타리는 유목적 사고(nomad thought)에 바탕을 둔 근경(rhizome)이라는 체계모형을 제시하고 있다.[54] 이들의 유목적 사고는 질서화된 내재성에 갇히지 않고, 외재성의 요소들속에서 자유로이 유동하며 동일성에 기초하지 않고 차이를 타고 나가는 특징을 지닌다. 또한 이것은 주체, 개념, 존재의 표상영역들 사이의 인위적 구분에 반대하며 제한적인 유비를 경계 없는 전도성(conductivity)으로 대체하는데, 그것은 사고가 창출하는 개념들은 법적 주체형태뿐 아니라, 개념의 주체가 단지 이차적일 뿐인 관계 속에서 의사소통이 가능한 힘에 의해 정의

---

53) 노동자를 사이보그로 묘사하는 것이 비인간적일까? 자본주의 체제내에서 관리대상이며 생산요소로서 노무비나 가변자본으로 회계장부상에서나 의미있게 고려되는 인간보다는 차라리 공상과학소설이나 영화에서 묘사되는 사이보그가 정보에 의한 통제사회인 현대사회를 살아가는 인간의 모습을 오히려 더 정확하게 묘사하는 것으로 보인다. 여성운동에 대한 반성으로부터 사이보그 여성운동론을 주장하는 글로서는 Dona Haraway, "A Manifesto for Cyborg," in L. Nicholson(ed.), *Feminism/Postmodernism*, N.Y.: Routledge, 1990, pp.190-233.

54) G. Deleuze & F. Guattari, *A Thousand Plateaus: Capitalism and Schizophrenia*, trans. by B. Massumi, Minneapolis: Univ. of Minnesota Press, 1987, pp.3-25.

된다고 간주한다. 개념들은 이 세계를 반영하는 것이 아니라, 변화의 상태
(a changing state of things) 속에 스며들어 있다는 것이다. 무한한 의
미작용의 공간 속에서 무제한적으로 사용되는 순간 순간의(at a volatile
juncture) 개념들은 상황들의 집합들이고, 특정한 방향으로 특정한 속도
로 하나의 공간을 움직이는 힘의 작용점을 지닌 벡터라는 것이다. 개념은
그 자체 이외의 어떤 주체나 객체를 갖지 않고 그 자체로서 행위(act)가
된다는 것이다.55)

이러한 유목적 사고에서는 표상의 폐쇄방정식($x=x=not\ y$)을 개방방정
식($\cdots+y=z=a=\cdots$)으로 대체한다. 세계를 구성요소로 분석하여 다수성
을 동일성이라는 유일한 것으로 환원시켜 위계서열화하고 질서를 부여하
지 않는다. 분리된 상황들의 집합이 지닌 요소들의 복수성은 그것들의 이
질성을 무효화하거나 미래에 반대로 재배열될 수 있는 잠재력을 방해하지
않는 가운데 종합한다. 또한 유목민적 사고의 운용법은 설사 그것의 명백
한 대상이 부정적인 것일지라도 긍정(affirmation)하는 방식으로 이루어
진다. 유목적 사고에 대한 이들의 비유를 보면 유목민적 공간은 매끄럽거
나(smooth) 개방적(open-ended)이어서 어느 점에서나 발생해서 어느
방향으로나 이동한다. 그 분포양식은 열린 공간에서 스스로를 배열하는
(거리를 지키는) 반면, 국가공간의 그것은 폐쇄된 공간 속에서 요새를 지
키는 이성적 사유공간으로서 격자화된 국가공간 속에서의 운동은 수평면
으로의 중력처럼 제약되어 있고, 고정점과 확인가능한 지점들 사이의 경로
를 사전에 설정하는 평면질서에 의해 제약되어 있다는 것이다.56)

들뢰즈와 가타리는 자연적 실재와 정신적 실재의 상보성, 곧 통일성은
대상들 속에서 일관되게 저지되나 새로운 유형의 통일성이 주체들 속에서
다시금 승리하는 순환적이고 제한적인 개방성 논리모형(예컨대 니체)들에
서 보다 높은 차원을 추가해서가 아니라 하나가 이미 이용 가능했던 다수

---

55) Ibid., pp.12-14, 역자 서문을 볼 것.
56) Ibid.

의 차원들로, 온전함의 덕택으로, 가장 단순한 방식으로 복수적인 것이 만들어지는 이상한 신비화에 주목하면서 "항상 n-1로, 즉 하나가 다수에 속하는 유일한 방식은 언제나 독특한 것이 감(減)해져 있는 것"과 같이, "복수성으로 구성되기 위하여 복수성으로부터 독특한 것을 빼고, n-1 차원에 써 넣는 종류의 체계"를 근경(rhizome)이라 부른다. 예컨대 감자의 괴근, 쥐, 굴 등과 같이 모든 방향으로 표면적인 분지가 있는 것에서부터 구근의 응결과 같이 매우 다양한 형태를 가정하며 감자처럼 가장 나은 것(예: 혁명기계)에서부터 잡초(예: 관료제)와 같은 가장 나쁜 것이 그것에 포함된다고 본다. 근경체계가 지닌 특징을 보면 다음과 같다.

① 연결성의 원리와 이질성의 원리: 근경은 점들을 구성하고 질서를 고정시키는 나무나 뿌리와는 전혀 다르게 어느 점에서나 다른 점들과 연결되며 연결되어야 한다는 것. ② 복수성의 원리: 이것은 다수적인 것이 하나의 실체로서 효과적으로 다루어질 경우, 즉 유일자와 어떠한 관계도 맺지 않은 다수성일 경우에만 복수성이 근경적이라는 것. 어떠한 통일성도 없는 복수성. 대상도 없고, 주체도 없고, 성질에서의 변화 없이는 수에서 증가할 수 없는 (따라서 결합법칙들은 복수성의 수를 증가시킨다) 결정, 크기, 차원들만 있을 뿐이라는 것. 하나의 총화는 연결을 확장해 감에 따라, 필연적으로 성질에서 변화하는 복수성의 차원들에서의 증가라는 것. ③ 분열의 탈의미화(asignifying rupture) 원리: 과잉의미화에 반대하여 단일 구조를 가로지르는 단절 및 구조의 분리원리. 근경은 특정 지점에서 파괴되거나 분산될 수 있지만, 그것은 선들 위에서 시작될 것이라는 것. 개미처럼 거듭 파괴되어도 다시 튕겨나오는 것. 모든 근경은 그것이 총화되고 영역화되고 조직화되고 의미화되고 귀속되는 것과 지속적으로 이탈하는 탈영역화의 선들에 따른 부분성(segmentarity)의 선들을 포함한다는 것. 부분성들이 탈주선들(근경의 일부)과 충돌할 때마다, 근경 속에서의 분열이 생긴다는 것. 이 선들은 언제나 다시 연결된다는 것. 탈주선, 분열을 끌어내도 계속해서 조직, 형성체 등과 재대면하는 것. ④ 지도와 데칼코마니의 원리: 근경은 어떠한 구조적 모형이나 발생적 모형에 따르지 않고, 무한히 복제가능한 지도와 같은 흔적의 원리. 따라서 어느 입·출구로나 들고 날 수 있으며 어떤 선도 자유롭게 그려낼 수 있는 것.[57]

---

57) Ibid., pp.7-16.

이와 같은 근경모형의 특징들은 노동의 정치에서 말하고 있는 노동의 정치화와 정치의 노동화라는 아포리아를 보다 현실적으로 사고하고 실천하도록 하는 모형으로 여겨진다. 예컨대 이들이 말하는 탈영역화나 재영역화의 과정은 상대적인 것이 아니라, 항상 연결되고 서로에 갇혀 있음을 의미한다. 더 구체적으로 보면, 말벌과 난초 사이의 관계는 서로 결코 무관한 비평행적 진화를 따르는 관계이다(aparallel evolution). 그렇지만 난초는 말벌의 흔적인 이미지를 꽃잎위에 형성함으로써 난초의 영역으로부터 탈영역화하고, 말벌은 그 이미지위에서 말벌의 난초의 영역을 말벌의 기존의 영역과 관련해서 변형된 형태로 재영역화한다. 이 과정에서 말벌은 난초의 재생산기제 속에서 한 조각이 됨으로써 말벌의 기존의 영역에서 탈영역화된다. 그러나 그것은 꽃가루를 나름으로써 난초를 재영역화하는 것이기도 하다. 말벌과 난초는 이질적인 요소들로서 하나의 근경을 형성하는 것이다. 이것은 동시적인 모방이 아니라 코드의 포획, 코드가 지닌 잉여가치 및 가치의 증가이며 진정한 의미의 되어감이고, 난초의 말벌화인 동시에 말벌의 난초화가 진행됨을 의미한다. 이러한 되어감은 각각 한 항의 탈영역화와 다른 항의 재영역화, 두 개의 되어감은 상호연결되어 더욱더 탈영역화로 밀어 부치는 강도 순환의 연계를 형성한다.58) 자본주의체제나 기업조직, 노동조합조직, 심지어 팀조직 어느 것으로의 환원이 아니라, 즉 단일화하는 의미작용을 발휘하는 어떤 것으로도 더이상 귀속되거나 종속되지 않을 수 있는 하나의 공통 근경으로 구성된 탈주선위에 있는 두 개의 이질적인 계열이 상호관계와 힘들의 작용 속에서 파열을 보이는 것으로 간주되어야 한다. 이럴 때, 우리는 상이한 선들 사이를 횡단해내는(transversal) 의사소통이 난무하는 지리학적·유전학적 나무가 뻗어나는 가운데 새로운 운동의 생성을 볼 수 있는 것이다.

전체와 부분 사이의 관계를 기존의 체계론(마이크로코즘론)이나 전체

---

58) Ibid., p.9.

로 환원시키는 실천적 실용주의가 아닌, 모든 부분들 속에서 부재하는 이유로서 작동하는(n-1), 단지 또 하나에 불과한 생성의 차원으로 볼 때 우리는 이러한 횡단적 유대(affliation or alliance)와 연결성을 사고할 수 있다고 생각한다. 노동운동과 그외의 다른 사회운동 사이의 절합(분절과 결합)은 생물학적인 성 및 인종적 차이 등과 같은 환원 불가능한 차이들, 사회주의권의 붕괴로 증명된, 그리고 정보기술의 발전과 더불어 전면화하는 지식의 차이, 생태적 조건(지리적·공간적 조건)의 차이, 역사적 사건의 계열이 우연히 이접됨으로써 야기된 사회세력들간의 투쟁결과로서 수많은 조건의 차이들(언어, 민족 등) 그 어느 것들도 자체로서 담론구성체를 형성하고 있을 뿐 아니라, 자기중심적 동일성을 구성해 낼 가능성과 현실성을 지니고 있음을 적극적으로 승인하는 가운데 실험될 수 있을 것이다.

노동의 중심성과 여성운동의 중심성, 인종의 중심성, 민족의 중심성이 단순히 담론투쟁의 결과로서만 이해될 수 있는 것인가? 그렇지 않음은 노동조합운동의 역사가 잘 보여준다. 숙련노동자들에 의한 여성과 아동의 차별과 배제, 백인노동자들에 의한 흑인노동자들의 차별과 배제, 본청노동자들의 하청노동자들에 대한 차별과 배제, 선진국노동자들의 주변부 나라의 노동자들에 대한 배제 등등. 자본과의 타협 속에서 야기된 이와 같은 사건들에 대한 역사적 복수가 아닌가?

푸코가 말하는 권력의 분산된 작동장소로서 제도와 조직적 장치 자체의 성격을 이와 같은 들뢰즈와 가타리의 근경이론을 통해 새로운 시각에서 조명해 봄으로써 반생산조직으로서의 생산의 정치체제나 작업장체제, 나아가 관리조직 및 노동조합조직, 국가관료조직를 횡단해낼 수 있는 새로운 연대의 가능성을 모색해 볼 수 있을 것이다. 국지적인 반제도 투쟁에 머물지 않고 반생산조직에 의해 입력되는 분리차별화 코드(예컨대 노동과정과 국가, 경제와 정치의 분리)를 단락시켜 다른 하나의 순환회로를 형성해 내고 이탈하는 어느 코드로도 변형될 수 있는 사이보그와 같이 어떠한 부분적 투쟁(기계)과도 플러그되어 돌연변이(mutant)가

될 수 있는, 이에 따라서 다른 사회운동에 플러그된 노동운동, 즉 노동력 재생산 조건들 예컨대 인권, 평등, 박애, 교육장치, 교통, 공해, 주거공간문제 등등을 무한히 정치화하는 변혁을 위한 사건들을 중심으로 전선을 형성해낼 수 있는 노동운동은 불가능하기만 할까?

알튀세의 이데올로기적 국가장치로서, 그리고 뷰러웨이가 말하는 '동의'생산에 참여하는 생산을 독려하는 행위자로서 노동조합은 노동운동의 한 형태에 불과하다. 이때 노동운동은 사실상 근경적 횡단 원리로 이해되어야 할 것이다. 시선의 변화가 필요한 것 같다. 문화혁명이 단지 구호로서만 외쳐지지 않고, 실질적인 투쟁기계의 기능원칙으로 작동될 수 있는 새로운 가능성을 적극적으로 실험하고 탐색하는 것이 우리에게 필요한 시기라고 본다.

지금까지 이 글에서는 팀작업(또는 팀개념)을 중심으로 논의의 실마리를 풀어왔다. 그것도 이데올로기 및 문화적 측면에 초점을 두고 그것이 노동자들의 노동과정 및 일상생활을 통제하고 무의식적으로 조형하는 수단으로서 노동력 재생산을 위한 관리장치로 동원될 경우 야기될 수 있는 진부함과 모순성, 그것이 초래하는 위력과 당혹성, 제한성과 추상성, 그것이 작동하는 조건, 즉 관리에서의 통제목적성, 초월성 기표, 그리고 이중구속성 등에 초점을 두고 비판하였다. 그러나 팀작업의 경계성(한계적, liminal 성격)과 잠재성, 그리고 노동자들의 시간의 초코드화나 노동과정에서의 착취문제는 다루지 못하였다. 다른 한편으로 이 글은 사회적 분류체계 및 자본주의적 축적체계에 이미 연루된 채, 자본주의적 기계문화 속에서 기계의 부품으로서의 강요된 삶을 살아가는 노동자들의 일상생활이 지니는 전략적 성격을 실재대로 인정하면서 이론에 의한 재단과 부과가 아닌, 실천의 이데올로기에 대한 이해와 개입의 가능성을 살펴보았다. 마지막으로 초월적 지배이데올로기에 종속된 가운데, 그것의 파열과 이탈을 위한 노동운동의 새로운 실천방향을 들뢰즈와 가타리의 근경모형을 통해 살펴보았다. 이제 마지막으로 이러한 논의들이 우리나라의 노동운동과 노동조합운동에 주는 시사점을 간략하게 살펴보자.

노동운동과 노동조합의 역사가 보여주는 세계사적인 역설은 노동과 자본의 거울과 같은 대칭적 가상에 사로잡힌 채, 노동의 자본회로로 종속되고 이탈하는 반복적 과정으로 볼 수 있을 것이다. 정치경제적·인격적 종속으로부터 벗어나는 탈코드화와 탈영역화의 지난한 과정은 이중적으로 자유로운 노동자의 형성, 비노동자와 노동자의 차별화, 인구의 노동자화, 노동자의 자본의 흐름 아래 정치적·이데올로기적으로 종속화(국가화)하는 과정이었다면, 반자본주의적 각종 사회운동의 발전은 자본순환 회로의 극한을 넘어서 이탈하는 과정이었다. 또한 사회주의 국가들의 등장과 소멸과정은 다시금 자본의 흐름에 등기되고 종속되는 과정일 것이다. 기존의 일상적 삶의 영역이 새롭게 자본주의체계의 흐름에 포섭되어 재영역화되고 있다. 그뿐 아니라 사회주의적 실험이 보여주었듯이 지식노동–육체노동의 분업이 야기하는 새로운 분할가능성은 과학기술의 발전이 지녔던 자율성이 자본에 의해 타율화되고 정보기술이 발달함에 따라 새로운 지식노동–육체노동의 차별화라는 무한한 새로운 분할이 가능함을 예상하도록 한다. 또한 기존의 산업예비군으로서 존재해 온 여성과 아동 및 고령층에 더해 이제 특정 사회구성체를 넘어선 자본이동의 활동영역이 확대됨에 따라, 이와 더불어 전개되는 전세계적 영역에 걸친 본격적인 인종적·성적·민족적 분할이 진행되고 있다. 각 국가들마다 비록 불균등하게 진행되고 있을지라도 이러한 새로운 자본의 노동시장 분할지배전략은 기존의 노동운동의 남성중심주의나 민족적·특정 인종 중심적인 조직형태 및 현실과 관행을 국부화시키기에 충분하다. 특정 사회구성체 차원에서 현상하는 자본/국가를 중심으로 전개되는 전국민의 새로운 계급적 분할들의 이러한 양상들은 기존의 대규모 사업장 중심의 남성 핵심노동자 중심의 계급정치가 포괄할 수 없는 새로운 국민분할, 노동시장 분할을 통한 민족국가 및 계급지배를 위한 정치전략이라고 볼 수 있다. 이러한 노동운동의 계급정치가 대면할 수밖에 없는 노동문제의 중층적 성격은 노동조합운동과 노동자운동의 다양한 가능한 형태들 사

이의 관계를 새로이 생각할 필요성을 강하게 제기하고 있다. 월러스타인
이 말하듯이, 초국적 축적과정의 전지구적 조직화를 담당하는 조직체들
의 연관복합체(relational complex)와 더불어 반체제운동의 새로운 관
계망 역시 국가와 기업들간의 기존 유대관계를 느슨하게 만드는 운동조
직의 결절점 및 교차점들, 그리고 뻗어가는 그 관계선의 비약적인 증대
가능성이 창출하는 새로운 연관공간들은 기존의 자본주의적 사회관계의
그물망과는 다른 관계망들을 전지구적 차원으로 확대시킬 가능성을 창
출하고 있다.59)

전세계적 규모의 활동영역을 갖는 통합적 세계자본주의(I.W.C.)의 흐
름 속에서 드러나는 자본합리화의 공세는 전통적인 분할영역들뿐 아니
라 환원 불가능한 차이들을 중심으로 새로운 공간/영역들로 분할선들을
그려감으로써 정치적·이데올로기적 투쟁의 전선들을 형성해 가고 있는
것으로 볼 수 있다. 이데올로기와 문화영역이 노동/자본의 전위된 새로
운 전선을 결정하는 지형으로 대두하고 있는 것이다. 이에 대응하는 노
동조합의 두 가지 경향 중의 하나인 UAW와 같은 영미의 노조들이 취
한 전략들의 방어적인 전략들은 노동조합조직의 성층화한 성격을 드러
내 준다.60)

한국의 경우 자본합리화과정에서 예상되는 경영혁신운동의 일환으로
서 능력주의 인사제도개편과 산별노조건설이 긴밀한 관계 속에서 추진
되고 있다. 이때 노조가 당면하게 될 주요 문제는 고용문제에 적극적으
로 개입함으로써 핵심노동자 집단구성원들의 직업상의 안전을 보호하는
역할과 동시에 (산별노조건설을 위한) 연대의 기반구축일 것이다. 이 과
정에서 형식적 조직화에 무게중심이 실리게 되면, 산별노조건설을 위한
연대의 기반은 구축되기 어려울 것이다. 따라서 상층 중심의 산별조직이

---

59) 월러스타인 외, 『반체제운동』,(송철순·천지현 역), 1995, 159쪽.
60) 이에 대해서는 이호창, 「자본의 유연화전략과 일본적 생산방식」, 서울 노동정책
   연구소(준비모임), 앞의 책, 52쪽; J. Bratton, *Japanization at Work:
   Managerial Studies for the 1990s*, London: Macmillan, 1992.

분열된 형태로 형성될 가능성이 크다. 이러한 형태의 산별노조는 현재의 기업별 노동조합형태하에서 이루어지는 연대의 수준을 조금도 넘어설 수 없는 제2노총의 수준에 머물 수밖에 없을 것임은 명확관화하다. 오히려 개별사업장 및 지역의 노동운동에 질곡으로 작용할 소지가 클 뿐인 것이다. 이것은 사회주의권 몰락의 경험과 서구노동운동의 무기력으로부터 교훈으로 삼아야 할 실패를 반복하는 모습일 것이다. 사실상 자본일 뿐인 '노동자의 이름으로' 노동자에 군림하는 지배체제의 구축에 다름아닐 것이다. 그러나 자본합리화의 진전은 과거의 노동자 계층뿐 아니라 성, 인종, 지역적 분할의 중층성을 최대한도로 활용하려는 경향을 띠고 이루어지고 있음을 서구에서 익히 보고 있다. 이러한 흐름들은 따라서 전통적인 노동조합 중심의 노동운동의 조직형태 자체가 지니고 있는 한계들이 야기하는 내적인 분열지점들을 절단해 들어가 분할하고 집단적 고립화를 꾀함으로써, 노동운동의 중심축을 자본의 흐름에 연접시켜 주변부 노동자 집단들과 분리·차별화시키며, 포섭과 배제의 양극화를 모순적 논리구조하에서 통일적으로 작동시킨다. 수익성 추구라는 자본주의 체제의 모순으로부터 야기되는 극한들을 이동시키려 한다. 이러한 흐름 속에서 노동조합중심의 노동운동을 국부화될 뿐이다. 만일 이렇게 산별이라는 초월적 기표하에 단선적 조직형식주의가 힘을 발휘한다면, 우리는 그것이 노동시장의 규제력 강화와 노동시장 독점추구나 노조불인정에 대한 억지력 행사 및 로비활동을 통한 정치력 발휘가 궁극적 목표라고 볼 수밖에 없는 것이다. 그러나 과연 이것이 현상황에 대한 돌파구일가? 또한 단선적인 연대의 강화는 자본의 새로운 분할전략에 비추어 볼 때, 무엇을 대가로 하는가? 일본의 기업별 노조가 왜 문제인가? 오히려 산별노조론의 단선적인 논거에 따르면 일본화를 추구하자는 것과 크게 다르지 않을 수 있다. 이러한 우려를 극복할 수 있는 활동의 새로운 모색이 필요하다고 할 때, 그것은 무엇일까? 조직체계와 운영에서 보다 혁신적인 방안을 찾으면 해결될 수 있을까? 그러한 논의는 아직 보지 못하였다. 그렇다면 산별로부터 무엇을 기대할 수 있을까? 선진노동자 집단의 확보 또는 조합운동의 조직적 역량확보인가?

외국과 우리와의 차이는 물론 인정해야 할 것이다. 그러나 외국의 경험은 전혀 새로운 우리의 노동운동의 방향모색에서 적극적인 교훈으로서 받아들여져야 할 것이다. 우리나라는 어떤 근거로 그렇지 않다고 할 수 있는가? 자본의 이접적·연접적 관리는 가장 낡은 것과 새로운 것을 언제나 동시에 동원함을 살펴보았다.

따라서 대규모 사업장노조, 중소규모 사업장노조, 본청과 하청기업의 소속노조들 사이의 관계, 본공과 임시직 사이의 관계, 남성과 여성 사이의 관계, 외국인노동자와 내국인노동자 사이의 관계, 핵심노동자군과 주변적 노동자군 사이의 관계가 논의와 고민의 중심에 있어야 할 것으로 본다. 조직형식을 논의하는 것은 대중을 볼모로 한 지배엘리트들의 권력추구 유희에 다름 아니다. 민주노총의 준비는 구체적인 사업을 통해서이지 조직은 법에 준거한 법적·법외적 형식일 뿐이다. 노자관계의 이러한 지형위에서 필요한 것은 다양한 복수적인 흐름의 물길을 발산시키는 것이라고 본다. 그것을 한 곳으로 환원시켜 성층화해 가는 것은 단지 그 자체로서만 의미가 부여되어야 할 것이다. 그 하나 속에 사실상 전체가 구성되는 경향을 낳을 것은 분명하지만, 그 흐름이 전체노동운동으로 사회변혁운동으로 환원될 수는 없는 것이다. 우리에게 중요한 것은 이러한 과정 자체에 대한 냉정하고 엄격한 거리를 둔 독해일 것이다. 지역과 분파적 집단의 다양한 흐름으로 기존 노동운동의 경직된 조직을 벽을 횡단적으로 뚫고 단절해 나가도록 해야 하리라 본다. 이는 곧 다양한 이러한 흐름들이 부딪히는 장애벽과의 충돌지점들과 그 귀결들이 사건들의 계열을 형성하게 되며, 바로 이것이 노동운동이 나아갈 미래를 결정하는 지형으로 작용하게 될 것이다.

자본합리화의 새로운 경향에 대응하기 위해서는 팀조직의 이중구조 속에 갇히지 않기 위해서는 노동운동과 노동조합조직들은 역동적이며, 역적인(liminal) 경계넘기(한계지점을 돌파하기)가 자유자재로 구사될 수 있는, 주어진 지형위에서 방어적인 조직으로서 뿐만 아니라 이를 넘어서 적극적 투쟁기계로 역동적으로 되어가는 조직으로의 전망을 마련해 가는 변화가 요구되는 시점인 것이다.

앞서 지적되었듯이, 노동정치의 담론을 새롭게 실험한다는 것은 자칫 지금까지의 비판이론적 거리두기의 부정적 이데올로기 비판의 대상으로 전락될 위험이 있지만 자본주의적 축적체계에 이미 연루되어 있음을 적극적으로 인정하고, 그 속에서 긍정적인 변화를 모색하는 일은 패러다임적 단절을 통한 새로운 열린 시선이 없이는 불가능하다고 본다. 노동정치와 관련된 담론들에서 이러한 단절의 중요한 요소는 노동조합운동과 노동운동 및 사회운동 사이의 절합관계를 냉정하게 재고하는 것이라 본다. 그 이유는 노동조합운동의 역사와 서구 노동조합운동의 실패와 변화를 우리사회의 불균등한 다양성과 이러한 비동시대성의 동시대성이 나타나는 특수한 상황 속에서 읽어낼 때, 동일한 역사적 실패와 경험을 반복하지 않기 위해서는 새로운 형태의 노동운동과 사회운동의 새로운 절합을 보다 적극적으로 사고할 필요성이 있기 때문이다. 19세기의 낡은 인식론적 기반위에서 20세기 말을 살아가는 모순은 우리 사회에서는 아직 제대로 작동되고 있지 못하다는 인상이 강하다. 동구권의 자본주의체제로의 회귀와 서구 노동조합운동 및 변혁운동이 기반으로 삼아 왔던 정치적 지형변화는 노동의 정치가 새로운 지형위에서 새롭게 사고되고 실험되어야 함을 보여주는 것이라고 생각한다. 배제와 포섭의 지배이데올로기의 원환으로부터 벗어나서 경계지키기가 아니라 경계허물기로 나아가는 시선과 노동운동의 탈코드화한 흐름과 그 조직이 작동되는 원리에 대한 적극적인 이해와 경계를 타고 넘어가는 방안의 모색이 지속되어야 한다는 것이다. 그것을 평가하는 눈은 이미 근경화한 권력의 시선일 뿐이다. 그 경계는 다름 아닌 노동조합 조직의 역설을 극복하면서 노동조합 조직의 혁신과 사건에 따라 변전하는 전선(fronts)들을 따라 변화하는 새로운 결연과 유대를 형성하는 창조적인 길 또는 새로운 사회운동과의 결연의 창출이 아니면, 노동운동 및 노동조합운동의 쇠퇴나 방어적이고 지배적인 권력의 조직으로 남는가를 결정하는 경계일 것이다.

# 제/3/부 노동과 문화

경영혁신운동과 기업문화전략
문화와 정치형태로서의 노동자교육

# 경영혁신운동과 기업문화전략
### 일본적 관리의 주체형성기제

신국제질서로의 불안정한 재편과정과 전세계적인 장기적 불황 속에서, 독점대기업을 중심으로 저성장기의 중장기적인 합리화전략으로서 '경영혁신운동'과 같은 '생산성 증대'방안이 다각적으로 모색되고 있다. 그 중에서 가장 매력적인 대안으로 고려되고 있으며, 부분적으로 적용되고 있는 것은 일본적 생산방식을 중심으로 하는 유연적 생산방식이다. 이것은 기존의 생산방식과 생산체계를 보다 유연하게 시장수요에 적응할 수 있도록 자동화된 기계설비를 확보하며, 보다 유연하게 노동력을 관리·통제함으로써 '효율적으로(즉 저렴한 비용으로)' 노동력을 이용하고자 하는 생산방식이다.[1] 일본적 생산방식을 의도대로 도입하고 적용하는 데 있어서의 관건은 무엇보다도 기업별 노동조합 형태의 유지와 협조적 노사관계로의 개편이라고 할 수 있다.[2] 협조적 노사관계 구조로의 개편을 위한 조건이자 결과라고 할 수 있는 인사, 노무관리제도의 전반적인 개편을 통한 노동력의 개별 관리화, 동시에 이에 따르는 제반 변화들에 대한 새로운 의미부여, 그리고 그

---

1) 丸山惠也, 「日本的 生産システム と フレキシビリティ 1-6」, ≪經濟評論≫ 92. 8 ~93. 3, 1992, 1993a-b.
2) 이영희, 「일본의 생산체제와 작업조직」, ≪동향과 전망≫ 제19호(봄·여름 합본호), 1993; 정명호, 「일본적 생산방식의 국내도입실태와 적합성」, ≪동향과 전망≫ 제19호(봄·여름 합본호), 1993.

러한 것들의 효과로서 노동자들의 자발적인(사실상 강제적인) 참여 등이
뒷받침되지 않는 유연적 생산방식은 취약하기 짝이 없는 구조를 가지고
있다고 해도 과언이 아니다. 그뿐 아니라 막대한 작업장설비 및 새로운 기
계장치의 투자에 따르는 위험 또한 감당할 수 없는 것이다. 사실상 다품종
소량생산의 기술적 토대인 신기술은 오히려 대규모기업보다는 시장변화에
기민하게 적응하기 용이한 조직구조를 지닌 중소규모의 기업에 적합하고
그 효과도 크기 때문에 중소기업에 상당히 매력적이지만 신기술 도입에
요구되는 많은 자금부담이 따른다. 소위 일본적 생산방식은 대량생산 기술
적 기술체계에서 제한적인 다품종의 상품을 생산할 수 있도록 함으로써
유연성을 증대시키는 생산방식이기 때문에 자금동원력에서 앞선 독점적
대기업들에서 이에 대한 관심이 큰 것이라고 볼 수 있다. 하지만 역시 대
기업에서도 작업조직 개편의 기본전제인 노동자행동에서의 규율화가 보장
되지 않는 가운데, 무리하게 작업장을 개편하지는 않을 것이다.[3] 따라서
기업들의 첨예한 관심사는 유연적 생산방식의 도입과 조직 전체적인 수준
에서 그것의 총체적 체계화(전면화)를 위한 조건의 형성에 있다고 볼 수
있다. 이것은 곧 변화된 정치·이데올로기적 지형위에서 노사관계제도의
개편을 통한 제도적 맥락의 조성과 노동조합의 현장 영향력(작업장에서의
헤게모니) 약화를 통한 노동조합 무력화전략으로 표현될 수 있을 것이다.[4]
이러한 관점에서 볼 때, 현재 진행되고 있는 신경제정책/신노동정책의 기
본 기조에서 말하는 자발적 참여 및 창의적인 노력의 극대화, 그리고 생산
적·협조적 노사관계의 정착이라는 구호가 의미하는 바가 무엇인지 명확히
알 수 있다.

　이 글에서는 이러한 자본의 저성장기 합리화전략이 과거의 그것들과는

---

3) 신기술적용전략에 관한 소개로는 J. Child, "Managerial Strategies, New
Technology and Labour Process," in D. Knight et al.(eds.), *Job
Redesign: Critical Perspectives on the Labour Process*, Aldershot:
Gower, 1985, pp.107-141.
4) 미국의 UWA의 경우를 대표적인 예로 들 수 있을 것이다.

다르게 유연화전략뿐 아니라, 인간의 욕망을 의도적으로 통제하려는 문화
적 통제기법을 동원하는 기업문화전략을 포함하고 있다는 점에서 새로운
자본합리화운동의 경향으로 파악한다. 그리고 이러한 경향들은 이데올로
기분석을 통하여 분석될 수 있다는 관점하에 이데올로기적 주체형성에 대
한 분석을 보다 구체적인 수준에서 수행하기 위한 일환으로서 경영 담론
구성체를 지배하고 있는 사이보그적 기업형 인간기계조성을 위한 이데올
로기의 물질적 장치들의 작동방식을 대표적으로 직제개편과 연관된 신인
사, 노무관리제도들에 대한 분석을 통해 살펴본다.5)


## 1. 자본합리화운동의 신경향

80년대 중반 3저 호황 이후 계속된 한국경제의 침체국면을 탈피하기 위
한 다양한 처방이 정책적 차원과 개별 기업차원에서 활발하게 논의되고
있다. 국가정책적 차원에서 고통분담론으로 표현되는 신경제정책/신노동
정책이 목청을 높이고 있으며, 개별기업차원에서는 원가절감과 생산성향
상을 통해 기업의 경쟁력을 회복하기 위한 제반 전략적 조치들이 실행되
고 있다. 경제침체를 진단하는 자본측의 시각은 한결같이 87년 이후 노동
자들의 투쟁력과 조직력의 증대로 인한 임금의 급격한 상승 및 고용구조
의 경직성을 그 주요한 원인으로 파악하여, 이에 대해 ① 임금억제(총액임
금제)와 탄력적 노동력 관리방안, ② 생산적 노동문화의 정착방안을 제시
하고 있다.6) 임금억제와 노동력의 탄력적 관리는 총임금수준의 관리를 통
해 경제성을 실현하고자 한다는 점에서, 또 생산적 노동문화의 정착방안은
파이 확대론과 같은 이데올로기적 공세를 통해 생산성을 독려하고자 하고,

---

5) 이데올로기분석에서의 기본 개념들 및 연관관계들에 관한 보다 상세한 논의는
  김도근·신병현, 「이데올로기와 주체형성－조직문화론 비판을 위하여」, ≪문화과
  학≫ 제3권, 1993(봄), 165-189쪽을 참조할 것.
6) 한국노동교육원, 『생산적 노동문화와 노동교육의 과제 학술세미나』, 1993.

고통분담을 요구한다는 점에서 노동력을 최대한도로 이용하고자 하는 자본합리화운동7)의 본질을 공유한다.

최근 들어 독점대기업들을 중심으로 전개되는 합리화운동을 표현하는 경영담론에서의 용어가 '경영혁신운동'이다.8) 경영혁신운동은 경영관리와 생산과정에서의 낭비를 제거하고 노동력을 최대한도로 동원하여 다변화하는 환경 속에서 살아남고자 하는 적응전략의 일환으로 볼 수 있다. 그러나 제거되어야 할 불필요의 대상이 노동자에게 귀결되고 노동자의 자발적 동원을 통해 위기를 돌파하겠다는 자본측의 의지에 주목할 때, 노동자에게 고통의 전담을 요구하는 경영혁신운동의 실체는 분명해진다. 이러한 경영혁신운동에서 노동자들의 여유시간과 일상적 생활까지도 기업활동의 연장으로 포섭하려는 전인간적(全人間的) 관리의 경향을 볼 수 있다. 즉 자본합리화운동은 노동력 관리의 탄력화를 포괄한 노동력 동원의 강제적 조건을 형성하는 유연화 전략적 성격이 강조되면서 전개되거나, 의식의 개조와 정서적 반응의 조형(shaping)9)을 통해 노동자의 인격적 측면을 관리하고자 하는 기업문화전략적 성격이 강조되며 전개되기도 한다. 하지만 양 전략은 그 효과를 지속적으로 보장하기 위한 제도적 장치로서의 신인사노무관리의 변형을 요구한다.10) 노동자들에 대한 인격적 관리의 욕망이 합리화운동의 관건적 요소로 등장했다는 점에서, 경영혁신운동은 독점자본주

---

7) 자본의 합리화운동은 자본축적과정에서 직면한 현실적 모순의 일시적 해결형태로서 '기계적 속도가 노동강도를 통제하는 시스템'에 의한 노동과정의 재편성이며, 그 목적은 고용노동력의 최대 경제적 소비에 있고 본질은 노동조건의 악화이다. 자본합리화운동의 유형은 일반적으로 ① 신기술의 도입을 통한 자본의 합리화, ② 작업방식(노동력이용방식과 공정)의 변경을 통한 자본의 합리화로 나눌 수 있다.

8) KMA그룹 경영혁신운동추진사무국, 『신경영혁신운동 추진 매뉴얼』, 1991; 『경영혁신운동 추진 매뉴얼』, 1992.

9) 행동주의 심리학에서 강화를 통한 조건형성을 뜻하는 것으로 이데올로기론에 있어서의 호명과 같은 의미로 이해할 수 있음(김도근·신병현, 1993).

10) 김도근, 「자본가의 문화정책-기업문화활동을 중심으로」, 《성심여대학보》 1993. 4. 15.

의단계의 일반적 자본합리화운동과는 그 내용을 달리 한다고 할 수 있다. 그러나 그 본질은 여전히 자본합리화운동의 궤적 위에 있을 수밖에 없기 때문에 90년대의 경영혁신운동을 자본합리화운동의 새로운 경향으로 파악하여야 할 것이다.

현재 한국의 주요 대기업들을 중심으로 추구되고 있는 경영합리화운동들은 유연화전략(특히 자동화, 성력화 또는 소인화 정책)과 기업문화전략을 통한 일본화로 특징지을 수 있을 것이다. 유연화전략과 기업문화전략으로 대분되는 경영혁신운동은 주로 일본 기업의 우량성에 대한 모방욕구로부터 출발한다. 그것은 곧 생산방식에서의 유연성에 대한 관심과 노동자들의 자발적(?) 몰입의 기제로서 사풍(社風)에 대한 관심이다. 양전략이 개별기업의 수준에서 전략화하고 있는 것에 대해 간략하게 살펴보자.

## 1) 유연화전략

유연화를 추구하는 다양한 방법들이 있으나 크게 분류하면 고용관계 자체를 유연화하고자 하는 일차적 유연성(primary flexibility–하도급, 파트타임 고용)과 내부노동시장의 유연한 관리와 크게 관련된 이차적 유연성(secondary flexibility)으로 나누어질 수 있다.11) 다시 내부노동시장의 관리를 통한 탄력적인 노동력 관리는 시장수요에 즉각적으로 연동하여 고용수준을 변화시키는 수량적(numerical) 유연성과 다품종의 생산수요와 기술의 변화에 적응할 수 있는 본공의 다능공화를 꾀하는 기능적(functional) 유연성, 그리고 임금의 총량적 합리화를 달성하고자 하는 임금(financial/pay) 유연성 등으로 집약되고 이의 원활한 실현을 위한 국가정책적 차원의 장치들이 마련됨으로써 사회제도적 측면에서 유연한 노동력 관리의 실현조건 등으로 정리된다. 생산의 합리화는 필요 노동력에

---

11) 다양한 유연성 개념과 연관된 이론적·경험적 연구들을 보려면 P. Blyton & J. Morris(eds.), *A Flexible Future?: Prospects for Employment and Organization*, Berlin: Walter de Gruyter & Co., 1991을 참조할 것.

대한 총량적 평가를 통해 고용의 유연화를 꾀한다. 이와 같이 신기술의 도입에 따른 노동력 절감의 효과와 수요량에 터해 노동투입량을 유연화하려는 전략적 의도는 수량적 유연성으로 표현된다. 수량적 유연성은 필요한 최소 수준의 노동력만을 고용하고 경기변동에 따라 주변부 노동력을 탄력적으로 활용하는 것이다. 수량적 유연성의 달성을 위해 기업은 다양한 고용형태의 개발을 시도함으로써 고용불안을 야기하며 고용의 불안은 노동자들에게 협조적 노사관계로의 변형이 용이해질 수 있는 내재적 조건을 형성한다.

유연적 생산방식이 성공적으로 작동할 수 있기 위해서는 다양한 과업을 수행할 수 있는 다능공과 생산가동중에 생기는 기술적 문제에 즉각적으로 대응할 수 있는 고숙련의 노동력이 필요하게 된다.12) 기능적 유연성이란 바로 이 다능공과 고숙련의 형성을 의미한다. 유연화전략에서의 생산 합리화는 기업의 총인건비를 통제하려는 시도로 이어진다. 즉 장기 근속에 따라 생산성과 무관하게 상승하는 노무비를 통제하기 위해 임금체계를 합리화하려는 임금유연화 시도는 구체적으로는 연공급체계를 직능자격제도와 결합된 직능급임금체계로 변경시키려는 의도들에서 잘 드러난다.13) 작업자가 보유하고 있는 능력에 대한 평가에 따라 직능자격을 부여하고, 기본급이 이 자격에 따라 결정되는 직능급 임금체계는 일본적 생산방식에서 잘 드러나듯이 제도 자체의 주관성(직능의 등급화의 주관성) 그리고 인사고과에 의한 직능평가의 자의성으로 인하여 경영전권에 의한 영향력만을

---

12) 유연적 생산방식의 이식에 있어서 기능적 유연성의 필요성은 다음과 같이 정리할 수 있다. ① 도입된 신기술의 정상적인 가동을 보증-신기술의 도입을 노동력 수요의 측면에서 볼 때, 전생산공정을 이해하고 상황변화에 능동적으로 대처할 수 있는 기능적 유연성, 즉 다능공이 필요하게 된다. ② 다품종의 생산에 따른 과업의 다양성, ③ 최소인력으로 최대의 가동률을 유지, ④ 단순반복적 노동에 따른 노동능률의 저하 및 노동자 저항에 대한 대처.

13) 대표적으로 현대그룹 계열사들의 승진적체로 인한 임금부담의 예를 들 수 있을 것이다. 이에 대해서는 다음을 참조할 것. 최종태, 「현대중공업 직능평가제도에 관한 연구」, 서울대학교 노사관계연구소, 1993.

높일 뿐만 아니라, 작업자간의 경쟁을 야기하여 노동강도를 대폭적으로 강화시키는 효과를 발휘할 수 있다.14)

유연화전략은 그 원형적 형태로서 생산방식의 유연화를 지향하나 그 현실태는 주로 노동력 관리의 유연성을 통한 노무비 절감으로 집중되고 있는 듯하다. 이에 따라 유연적 생산방식의 성공적인 이식의 조건으로서 탄력적인 노동력 관리와 협조적 노사관계라는 이데올로기적 보증을 요구하는 것이다. 노동력 관리의 유연성은 시장수요에 즉각적으로 연동하여 고용수준을 변화시키는 수량적 유연성과 다품종의 생산수요와 기술의 변화에 적응할 수 있는 본공의 다능공화를 꾀하는 기능적 유연성, 그리고 임금의 총량적 합리화를 달성하고자 하는 임금의 유연성 등으로 집약되고 이의 원활한 실현을 위한 국가정책적 차원의 장치들이 마련됨으로써 사회제도적 측면에서 유연적 노동력 관리의 실현조건이 성숙된다.15) 유연화전략은 그 원형적 형태로서 유연적 생산방식을 지향하나 그 현실태는 노동력 관리의 유연성으로 드러나고 있는 것이다. 따라서 이하에서 유연화전략은 탄력적인 노동력 관리에 관련한 유연성추구로 파악한다.

생산의 합리화는 필요 노동력에 대한 총량적 평가를 통해 고용을 유연화하려는 시도로 드러난다.16) 신기술의 도입에 따른 노동력 절감의 효과와 수요량에 터해 노동투입량을 유연화하려는 자본측의 기도는 수량적 유연성으로 표현된다. 수량적 유연성은 필요한 최소수준의 노동력만을 고용하고 경기변동에 따라 주변부 노동력을 탄력적으로 활용하는 것이다. 수량적 유연성의 달성을 위해 기업은 다양한 고용형태의 개발을 시도함으로서 고용불안을 야기하며 고용의 불안은 노동자들에게 협조적 노사관계로의 변형이 용이해질 수 있는 노동자의 내재적 조건을 형성한다. 수량적 유연성의 형태와 그 효과에 대해 <표 1>과 같이 정리할 수 있다.

---

14) 신병현·김도근, 앞의 글, 1993.
15) 態澤誠, 「二つの フレキシビリティ--日本的 經營にの アプローチ」, ≪季刊 窓≫, 12호, 1992; 丸山惠也, 앞의 글, 1993a.
16) 向笠良一, 「現代合理化の 本質と その 特徵的 諸形態 の」, 1969.

**<표 1> 수량적 유연성의 형태와 효과**

| 수량적 유연성의 형태 | 효 과 | |
|---|---|---|
| | 정규 노동력 | 주변부 노동력 |
| 총고용수준의 억제 | 1. 생산량 증대: 장시간 노동<br>2. 생산량 감소: 출향, 응원, 배치<br>　전환, 인원감축, 자연감원 유도<br>3. 성과제 도입으로 생산성 독려. | 1. 외주 하청화<br>2. 임시직, 계약직, 촉탁,<br>　시간제 고용<br>3. 용역업체를 통한 파견근로 |
| | 장시간 노동을 가능케 하는 조건:<br>　1. 자기규제적 노동력 관리방식(팀제 활용)<br>　2. 생활비에 못미치는 임금수준 | |
| 신기술의 도입을 통한<br>노동력 절감 | 공정의 통폐합 | 직무재배치, 배치전환<br>→ 고용불안 |
| | 공정의 신설 | 청년층의 신규 입직자 활용<br>및 중·고령 노동력의 비기간<br>부서 배치 |
| | 가동률의 증가 ——→ 장시간 노동 | |

　유연적 생산방식이 성공적으로 작동할 수 있기 위해서는 다양한 과업을 수행할 수 있는 다능공과 생산가동중에 생기는 기술적 문제에 즉각적으로 대응할 수 있는 고숙련의 노동력이 필요하게 된다.17) 기능적 유연성이란 바로 이 다능공과 고숙련의 형성을 의미한다. 기능적 유연성의 문제는 일본적 생산방식의 도입과 관련하여 앞으로 주요한 쟁점으로 부각될 것임에 틀림없지만, 기술적 시스템의 유연성을 구축하는 문제와 맞물려 있기 때문에 아직 전면적으로 부상하고 있지는 않다. 따라서 유연화전략에 있어서 기능적 유연성의 문제는 테일러주의적 노동편성 원리에 따른 단순반복적 노동의 문제가 야기하는 노동능률의 저하 및 노동자 저항의 문제를 어떻게 해결할 것인가라는 점과 밀접하게 관련되어 있으며, 이것은 노동의 인

---

17) 각주 7) 참조.

간화라는 미명 아래 작업과정에서 개선활동, QC활동, 제안제도 등을 통한 참여의식의 고취와 교육훈련을 통한 '능력'개발의 문제로 집약되고 있다. 일본의 직능급임금체계와 연관해서 강조되는 것이 바로 이 '직무수행능력' 이다. 직무급체계에서는 직무수행자가 아닌 직무 그 자체의 평가요소별 상대적 가치평가를 기초로 하며 연공급체계에서는 연공과 경험의 증대가 직무수행에 있어서의 질의 향상을 초래할 것이라는 전제를 바탕으로 한 것인 데 반해, 직능급체계에서는 객관적으로 측정·평가할 수 없는 잠재적인 기질적 요소를 임금결정을 위한 평가의 기본 전제로 삼고 있다. 따라서 직능급도입이 시도될 경우에 모호하기 짝이 없는 '능력'이라는 기표의 의미를 둘러싼 의미의 고정화가 노사간의 담론적 투쟁의 쟁점으로 부각될 가능성이 크다. 직능급이 도입된다면 자의적인 평가로 인하여 노동자들의 종속화와 개별화가 심화될 가능성이 크다. 이러한 작업과정에서의 참여에 기초한 지식내포적 노동에서는 장시간 노동과 과밀노동 등의 고환(苦患)노동[18]으로 인한 정신적 진공상태 속에서, 인사고과와 연동된 개선활동이 강제된다. 이에 따라서 긍정적 측면(산업안전과 관련되는 개선 등)보다는 오히려 생산성을 위하여 노동자들의 정신적 노동까지 동원화함으로써 여유시간의 제거 및 과밀노동이라는 심각한 폐해를 초래한다.[19] '능력'의 개발과 관련한 기능적 유연성에 대한 자본의 주장은 현재 진행되고 있는 자본합리화의 수준에서는 다기능과 직접적으로 관련이 있기보다는 노동자의 통제방식과 연동되는 직능자격인사제도로의 직제개편의 문제와 맞물려 있다.[20]

유연화전략에서의 생산합리화는 기업의 총임금수준을 통제하려는 시도로 이어진다. 즉 장기 근속에 따라 생산성과 무관하게 상승하는 노무비를 통제하기 위해 임금체계를 합리화하려는 임금유연화 시도는 구체적으로는

---

18) 小山陽一, 『巨大企業體制と 勞動者』, 1988.
19) 이영희, 앞의 글, 1993; 강순희, 「생활빈국의 실상과 노자관계」, ≪동향과 전망≫ 제19호(봄·여름 합본호), 백산, 1993.
20) 정명호, 앞의 글, 1993.

연공급체계를 직능자격제도와 결합된 직능급임금체계로 변경시키려는 의도들에서 잘 드러난다.[21] 노동자가 보유하고 있는 능력에 대한 평가에 따라 직능자격을 부여하고 기본급이 이 자격에 따라 결정되는 직능급 임금체계는 제도 자체의 주관성(직능의 등급화의 주관성), 그리고 자본측의 인사고과에 의한 직능평가의 자의성으로 인하여 자본의 전제적 결정권을 높일 뿐만 아니라, 따라서 이러한 노동자간의 경쟁을 야기하여 노동강도를 대폭적으로 강화시킨다.[22]

결국 이러한 점들에 비추어 볼 때, 노동력 관리의 유연성의 본질은 노동력의 경제적 소비의 극대화이며 광범위한 주변부 노동의 양산과 빈곤화, 고용의 불안, 그리고 노동의 농밀화[23]라는 결과를 낳는 데 있는 것이다.


## 2. 전인격적 관리로서의 기업문화전략

경영혁신운동의 일환으로서 80년대 이후 새롭게 대두되고 있는 기업문화전략은 새로운 관리기제의 적용과 신기술 도입 등 상황의 변화에 대한 새로운 의미를 부여하고 통일된 정체감을 형성시킴으로써, 노동자들을 전략적 의도에 따라 의도된 좋은 주체로 구성하고 기존의 정체감의 전위와 자발적인 참여 및 협동을 산출해 가는 문화적 통제전략이다.[24] 문화적 통제전략의 중요한 특징은 그것이 의식뿐 아니라, 이데올로기적인 호명의 메커니즘을 통한 무의식적 영역에 대한 통제를 꾀한다는 점이다. 이것은 현실세계에 대한 다양한 의미작용의 가능성을 특정한 논리적 정합성을 지닌 관념체

---

21) 대표적으로 현대그룹 계열사들의 승진적체로 인한 임금부담의 예를 들 수 있을 것이다.

22) 金田豊, 『職能給との たたかい』, 學習の友社, 1991.

23) 유연적 생산방식의 한 전형인 도요타생산방식에 대해 '마른 수건의 물기를 짜내는' 노동력 관리방식 혹은 '출구 없는 고압력의 솥'과 같은 노동력 동원체계라고 비유되어 자동차절망공장이라고 한다.

24) 김도근·신병현, 앞의 글, 1993.

계의 부과로 의미를 고정화시키는 이데올로기적 관념화 과정에 다름 아닌 것이다.25)

신정부의 신노동정책에서 드러나는 의식개혁 및 고통분담의 강조와 노사관계제도의 개편 의도는 지금까지 개별기업 단위별로 또는 단편적인 내용을 갖추거나 기본적인 조건을 확보하는 방식으로 부분적으로 적용되어 온 자본합리화전략의 전면적인 추진에 있어서 제도적인 맥락(환경)을 조성하기 위한 것이라고 볼 수 있다. 이러한 정부와 자본의 이데올로기적 공세와 제도적 환경조성들은 단순한 구호나 여론조작의 수준을 훨씬 넘어서서 학계 및 관변연구단체들과의 조직적인 연계 속에서 치밀하고 구체적으로 진행되어 왔다. 최근의 기업문화운동 전개의 양상도 이와 유사하게 동일한 조직적 계기를 통한 주도권 확보와 대중이데올로기로의 전위를 꾀하고 있음을 볼 수 있다.26) 80년대 중반 이후 기업문화개념이 학계를 중심으로 소개되었던 시기에는 제도·정치적인 담론공간으로의 지형의 확대와 전위의 징후는 크게 나타나고 있지는 못했었다.27) 하지만 87년 '노동자 대투쟁' 이후 "기존의 전횡적이고 권위적인 기업내 명령·지시체계가 상당 정도로 침체·손상되고 노사간의 새로운 역관계가 형성되자" 몇몇 독점재벌기업들을 중심으로 종업원들의 통합과 충성심, 몰입을 회복시키거나 증진시킬 목적으로 기업문화기법이 적용되기 시작하였다.28) 이에 따라 기업들

---

25) M. Pecheux, "Discourse: Structure or Event?" in C. Nelson & L. Grossberg(eds.), *Marxism and the Interpretation of Culture*, The Univ. of Illinois Press, 1988; D. K. Mumby, *Communication & Power in Organizations: Discourse, Ideology & Domination*, Ablex Pub. Co, 1988.

26) 이데올로기적 전위의 역동성에 대한 논의로 S. Hall, "The Toad in the Garden: Thatcherism among the Theorists," in C. Nelson & L. Grossberg(eds.), *Marxism and the Interpretation of Culture*, The Univ. of Illinois Press, 1988, pp.35-57.

27) 지난 대선시에서도 드러났듯이, 주요 정당의 정책 설계에 고려되고 있는 징후는 보인다. 예컨대 보수야당의 '신바람론'이나 행정부의 기업문화운동에 대한 조직적 관여와 현정부의 신경제정책의 기조를 보라.

은 '기업문화부'를 사내에 설치하고 경영이념의 정비와 더불어 사내·외에 이것을 효과적으로 전파하기 위한 상징체계, 즉 슬로건, 기업정체성 프로그램 등을 홍보하였으며 교육훈련 프로그램의 대대적인 정비와 인사관리 체계의 변화 등을 꾀하게 된다.29)

이러한 맥락하에 기업문화에 대한 관심은 특정한 기업의 수준을 벗어나 전국적인 영역에 걸쳐 광범위하게 운동의 형태를 띠고 조직적으로 전개되고 있다.30) 기업문화운동의 전개 양상은 70년대의 새마을 운동, 그리고 Q.C.분임조 활동의 전개 양상과 유사한 모습을 보인다.31) 하지만 기업문화운동은 현금의 정치·이데올로기적 관계의 지형에 근거해 볼 때, 새로운 국가경쟁력 제고나 생산성향상 논리 및 세계화 논리 등과 같은 지배적인 경제이데올로기로 전위되어 나타나고 있으며, 그 효과나 적용의 범위와 맥락도 상당한 차이를 보이며 전개되고 있다.

기업문화운동의 물결은 최근 독점자본 및 정부의 신경제, 신노동정책 등에서 보여지는 고통분담론에 입각한 생산적 노동문화의 조성에 대한 관심과 더불어 더욱 거세지고 있다. 정부와 사용자 단체의 차원에서 건전한 기업문화(?)를 조성하려는 움직임은 매체를 통한 이데올로기적 선전과 문예활동 위주의 문화적 지형에 개입이 집중되는 경향을 보이고, 개별 기업 차원의 기업문화에 대한 관심은 노동력 동원의 최대화를 위해 노동자들의 의식과 무의식적 측면을 상징적 조작의 대상32)으로 인식하고 있다는 측면에서 새롭다. 기업문화전략은 노자간의 공유가치의 정착 및 안정화를 통해 노동자들의 의식을 기업주가 의도하는 대로 규율짓고자 하는 전인격적 관

---

28) 박상언, 「한국 대기업에 있어서 인사·노무관리전략의 역사적 변화에 관한 연구: 1970~1990」, 연세대학교 대학원 경영학과 박사학위논문, 1992, 304쪽.
29) 앞의 글, 304-320쪽.
30) 이에 대한 자세한 소개는 이 책의 「문화관리와 조직문화연구: 기업문화이데올로기 비판」을 참조할 것.
31) 이에 대한 분석은 박상언, 앞의 글, 1992, 245-273, 297-320쪽 참조.
32) CIP(Corporate Identification Progam)가 그 대표적 사례인데, 이에 대해 후술한다.

리의 성격을 띤 인사노무관리 기제의 정착과 그 효과의 보장을 목적으로
하고 있다. 즉 개별기업 차원에서의 기업문화는 가치, 언어, 의식(儀式),
그리고 신화 등의 조작과 조합을 통해 조직성원들에게 조직의 비전을 제
시하고 가치관에 대한 공통인식을 형성하게 함으로써 동기부여, 사기앙양,
조직과의 일체감을 조성하고 조직성원의 자발적 참여 및 자기관리를 유도
하는 것이다.33)

소위 신경영기법으로서 각광받고 있는 '기업문화전략'에서 관심의 주요
표적이 되고 있는 '자발적인' 참여 및 협동의 산출 메커니즘은 조직구성원
들에게 '의미'를 부여하고 '통일된' 정체감을 산출함으로써 기업인간형
(good subject: 삼성맨, 도요타맨 등)으로 구성해 가는 과정이며, 조직구
조와 작업장의 합리적(?)인 설계에서 '빠진 구멍(slot)'을 동기부여와 자발
적인 참여라는 사회통제기법을 동원하여 인간기계(cyborg)를 조형함으로
써 메우려는 관심에서 출발한다.34) 이러한 기업문화의 작동방식은 크게
문화활동과 문화적 구축물에 대한 개입, 교육훈련을 통한 일상성의 혁파
및 발상의 전환을 강제하는 의식개혁운동, 그리고 상징적 조작에 의한 무
의식적 지평의 개입 등으로 나누어 볼 수 있다.

그러나 기업문화전략운동이 이것만을 의미하는 것은 아니다. 왜냐하면
교육훈련과 문화활동을 통한 기업문화운동의 효과는 심리적 충일감일 따
름이어서, 각박한 노동현실에 부딪히면 단기간내에 소멸되어 버리고 만다
(이것을 교회 부흥회에 참석했던 경험에 비유할 수 있을 것이다). 따라서
변화된 의식에 쐐기를 박는 제도적 장치들의 변형이 필수적으로 뒤따르게
된다. 즉 기업문화의 개발과정은 노동자들의 경계심을 풀어주어 기업문화

---

33) G. Morgan, *Riding the Waves of Change: Developing Managerial
Competencies*, Jossey-Bass Pub, 1988.
34) 오우치(W. Ouchi)는 관료제가 실패하는 경우 문화적 통제로서의 씨족통제, 그
리고 그것이 실패하는 경우에는 상징적 제도화를 통한 통제가 효율성 추구논리하
에 새로운 통제지형으로 대두될 수 있음을 보여주고 있다. W. Ouchi, "Markets,
Bureaucracies and Clans," *Administrative Science Quarterly,* vol.25,
1980, pp.124-141.

에 대한 반발감을 제거하는 작업에서 시작하여 상식화된 노동자들의 의식을 해체하는 해빙의 단계, 공유가치를 불어넣는 주사의 단계, 그리고 주사된 공유가치를 경화시키는 재동결의 단계를 거치게 된다.35) 재동결의 과정은 주로 인사노무관리의 제도화된 장치들로 이루어진다. 해빙-주사-재동결로 이어지는 기업문화의 개발과정을 기업문화전략과 그 제도적 측면인 신인사노무관리로 나누어 살펴보자.

### 1) 기업문화전략이란 무엇인가

경영조직담론들에서 유포되고 있는 '기업문화'는 기업내 구성원들 사이에 '공유된' 가치관, 태도, 느낌, 행동방식 등과 같은 '공유의미(shared meaning)'이며36) '공유의미'는 ① 가치관, ② 규범 및 제도, ③ 행동방식의 삼층 구조를 형성하고 있다고 본다(<그림 1> 참조). 여기에서 '기업문화'의 핵심으로 간주되는 가치관은 경영이념, 경영자의 신조, 창업자의 유훈 등 정체성(identity)과 관련되는 기업의 기본적 호명의 내용을 형성한다. 규범은 가치관이 행동방식으로 외화되는 과정에서 옳고 그름, 좋고 나쁨 등의 판단기준을 제시하는 것이며, 행동방식이란 조직구성원들에 의해 확립된 행동의 표준 및 규칙을 말한다.37)

기업문화전략은 '공유의미의 창출'을 통한 '생산적 노동문화'의 정착에 그 목적이 있다.38) '생산적 노동문화'란 '갈등적' 노사관에 대한 발상의 전환을 통해 노사간의 연대성을 확인시켜 노사간의 공동운명체적 인식과 공유의미를 만들고자 하는 것이다.

---

35) E. Schein, "Management Development As a Processof Influence," *Behavioural Concepts in Management*, Dickinson Pub. Co, 1968.

36) L. Smircich, "Studying Organization as Cultures," *Beyond Method*, Sage, 1983.

37) 日本能率協會 總合研究所 編, 『CI 戰略實務』(안정언 외 역), 올기업문화연구원, 1991.

38) 한국노동교육원, 앞의 책, 1993.

　　기업문화전략에서 동원되는 일반적인 기제들을 앞부분에서 살펴보았듯
이 다음과 같이 요약할 수 있을 것이다. 첫째, 종업원들에 대해 보다 관심
을 갖고 작업이나 작업조건의 변화보다는 공유된 비전을 제시하여 몰입된
인력을 개발하고자 하는 정서관리—조직에의 소속감, 직무에서의 즐거움,
관리에서의 자신감을 불어넣는 것과 같이 조직의 가치, 규범을 내면화시킴
으로서 종업원들의 조직몰입을 증대시키는 것. 둘째, 상징활용, 의식 그리
고 성대한 보상 등이 호소력을 지닌다는 것. 따라서 조직 내적·외적으로
이러한 상징화 작업을 통하여 영웅으로서의 리더십을 지닌 최고경영층을
인식하도록 유도하는 것. 셋째, 회사에 관한 이야기, 신화, 전설, 회사의 제
품, 영웅 등을 통하여 가치를 전파시키고 경제적 보상과 의례와 의식을 연
결시켜 반복적으로 경험된 내용을 강화시킴으로써 모두가 승리자임을 인
식하는 것과 같은 문화적 동일화기법. 넷째, 신뢰로운 조직풍토를 창출하
기 위해 정보제공을 통하여 반권위주의적인 관리스타일을 인식시키는 것.
다섯째, 인사문제를 전반적인 사업전략 내부로 통합시킴으로써 소위 새로
운 인적 자원관리를 실현하는 것: 여기서는 조직구성원을 단순히 뇌물에
의해 유인되는 경제적 존재로만 인식하지 않고 재무적 자원과 동일한 가
치 있는 전략적 자원로 인식함으로써, 비교우위를 창출하고자 하는 조직
전체적인 수준에서 인적 자원관리를 수행한다는 것이다. 마지막으로 문화
적 통제의 핵심적인 기제로서 ① 심문과 유사할 정도의 철저한 선발과정
을 통하여 선발된 사람이 기업에 긍적적인 이미지를 지닐 가능성을 높이
고, 이와 연관하여 대학이나 경영대학원 등과의 연계를 증진시킴으로써 가
치창출 장치로 기업문화를 확장시키는 것. ② 조직내의 사회적 활동의 범
위를 확장시키는 것. 소위 경영층, 또는 관리층과 생산직 사원의 통합수단
으로서 동료집단, 저녁 술자리 등 일본기업의 오스트라시즘적인 강제적 사
교성 기법을 동원하여 공동체 의식을 조성하는 것. ③ 내부노동시장과 훈
련프로그램, 인사고과, 보상체계를 유기적으로 연결시킴으로써 충성심과
직무몰입도를 높이고자 하는 경력개발계획과 관리. ④ 조직과 개인 사이의
관계를 매개 없이 직접 연결시킴으로써 의사소통채널에서 노동조합을 배

제시키거나 조직력을 약화시키는 것—이것은 소위 정보의 공개, 사무실 문의 개방, 브리핑, 비디오, 사보, 상담실 운영 등을 동원하는 것을 통하여 이루어진다. 이러한 전략적 인적 자원관리를 도식화하면 아래 <그림 1>과 같다.

<그림 1> 전략적 인적 자원관리 사이클

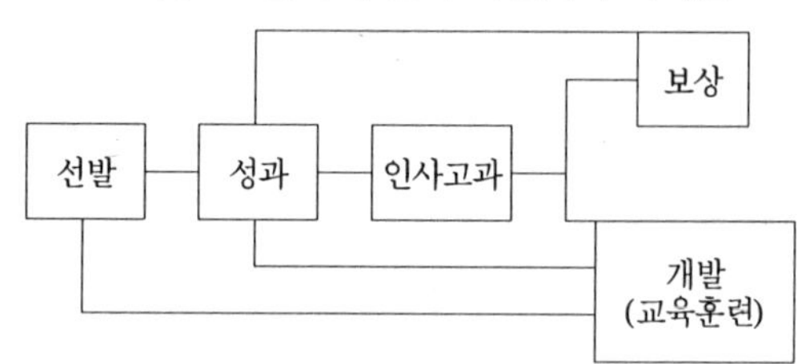


출처: Fombrun et al., *Strategic Human Resource Management*, N.Y.: John Wiley & Sons, 1984.

기업문화의 개발과정에서 재동결의 단계에 해당하는 제도화의 측면과 대인적 기교(특히 리더십과 인간관계활동)의 측면을 제외하고 전달매체를 중심으로 볼 때 공유가치는 의식화, 인격화, 상징화 등의 방식을 통해 생산된다고 볼 수 있다.

의식화는 강연, 연수 및 교육훈련의 과정을 통해 공유가치를 생산하는 방식으로서 참여의 과정과 결과를 체크한다는 점에서 강제적 동의의 산출과정으로서 파악할 수 있다. 인격화는 이명박과 같은 영웅만들기나 일화를 만들어 유포함으로써 우회적인 공유가치를 생산한다. 상징화는 두발, 복장, 회의 절차, 공간배치, 전시물, 기업의 로고, 마스코트, 사가, 이벤트행사, 캠페인[39] 등의 상징들을 통해 노자간의 동질성과 공유가치를 무의식적으로 각인시킨다.[40] 이의 구체적인 사례로서 H사에서 "한마음·한가족·

---

39) 체육대회, 야유회 등의 이벤트 행사와 캠페인을 활동상징이라고도 한다(신유근, 1990).

40) トータルメディア開發研究所,『ザ 企業文化』, ダイヤモンド社, 1985; Morgan, Frost & Pondy, "Organizational Symbolism," *Monographs in Organ-*

한목표 운동"이라는 이름으로 90년에서 92년에 걸쳐 있었던 기업문화활동을 참조할 수 있다.

<그림 2> H사의 기업문화활동

| | | |
|---|---|---|
| 교육 | 기업문화 및 한마음운동 | 의식개혁 및 기업문화에 대한 마인드 제고 |
| | 예절 교육 | 건강한 직장생활 |
| | 사사(社史) 교육 | 회사의 역사와 전통에 대한 올바른 인식 |
| | 한타 하나로 전진대회 | 의식개혁 및 화합 |
| 행사 | 사원자녀 회사견학 | 가정과 회사의 일체화(평생가족, 가족의식 확산) |
| | 사원자녀 pc교육 | |
| | 사원자녀 하계캠프 | |
| | 한가족 인센티브 여행 | |
| | 한마음 앨범 비치 | |
| | 정년퇴직자 초청 | |

| | | |
|---|---|---|
| 캠페인 | 한마음캠페인 | 의식과 행동의 개혁 사보에 원고게재 |
| | 건강캠페인 | 건강한 사회생활영위 표어 및 원고게재 |
| | 사보 집에 가져가기 | 가정과 회사와의 공감대 형성, 사보에 표어 게재 |
| | 으뜸운동 | 의식과 습관의 개혁(예절, 인간관계, loss, 대화), 포스터 |
| | 언어순화운동 | 인간관계개선 및 불합리 개선(불합리한 용어, 듣기 싫은 말 등), 사보 |
| | clean office II | 정리정돈의 생활화 부서별 자율실시후 사진촬영, 공고 |
| 홍보 | 기업문화 및 한마음 운동 | 분위기 조성 및 마인드 사보, 소책자발간 |
| | 한마음운동 홍보책자 | |
| | 사원의식 조사결과 | 조사결과의 공유 및 개선 |
| | 한마음운동 공모 | 성취감, 참여욕구 고취(마크, 포스터, 표어, 찬가 등) |
| | 한타 한가족 조사결과 | 한가족 의식의 확산 |
| | 전통풍습과 가정문화 | 전통의 올바른 이해 및 건전한 가정문화 영위 |

자료: 문화부, 1992

*izational Behavior and Industrial Relations,* vol.1, JAI, 1983.

이러한 기업문화활동은 표층적 인간주의의 이면에 노동자의 일상생활 구석구석까지 '기업 인간형'으로 호명(예를 들어 삼성인으로서 나는… 해야 한다)하여 노자공동체적 의식을 만들어 내고 노동자들의 정신적 능력까지 동원하려는 데 의도가 있다. 따라서 기업문화전략의 본질은 노동자들의 정서적 태도까지 자본의 의지대로 규율하여 초과이윤을 산출하겠다는 전인격적 관리의 욕망에 다름 아닌 것이다.

### 2) 문화적 포섭을 통한 노동자의식의 순치

가시적 기업문화운동으로서 문화지형에 대한 자본측의 개입은 일찍이 기업의 사회적 책임 혹은 부의 사회적 환원이라는 의미에서 사회적 활동에 대한 참여와 재정적 지원을 통해 수행되어 왔다. 즉 독점대기업들은 재단의 설립을 통해 장학사업, 문화진흥사업, 체육진흥사업, 학술진흥사업, 그리고 사회복지사업 등에 참여해 왔다.[41] 기업의 단위를 벗어나 일반 국민을 대상으로 하는 문화적 활동의 참여는 기업 자체적인 동기 못지 않게 사회적 요청과 정부의 요청에 의해서 이루어져 왔으나, 이것은 자본의 정당성과 기업의 이미지를 제고하려는 의도가 투사된 것이라고 할 수 있다. 작업장의 노동자들을 대상으로 하는 기업문화활동은 사용자단체 차원에서 이루어지는 순회 미술전람회, 노동자들을 위한 음악연주회, 기업순회 문학의 밤, 지역 노동센터를 중심으로 하는 강습회 등이 대종을 이루고, 기업 단위에서는 소집단활동을 통한 문예활동, 강습회, 강연회, 그리고 각종 자율적 서클에 대한 재정적 지원[42] 등이 있다. 작업장 노동자를 대상으로 하는 자본측의 문화활동은 노동자들의 소외된 문화적 욕구를 자극하여 정서적 만족감을 충족시켜 줌으로써 노동자들의 의식을 순치시키는 효과를 노

---

41) 신유근·한정화, 『한국기업의 사회참여활동』, 전경련 경사원, 1989.
42) 각종 서클에 대한 지원이 재정적 지원만으로 그치는 것은 아니다. 조직의 공식적 지위구조에 상응하는 서클 내부의 자리를 만들도록 함으로써 비공식적인 조직활동을 적극적으로 포섭하고자 한다.

리고 있다. 자본측의 사회적인 문화활동은 그 숨은 의도를 탈색시킨다면 긍정적인 일면을 찾을 수도 있겠으나 작업장을 대상으로 하는 기업문화적 차원에서 문화적 지형의 개입은 노동자들의 계급적 자각을 마비시키고 상상적 만족감을 불러일으켜는 오인(misrecognition)의 효과를 낳기 때문에 문예활동적인 측면에서의 노동조합의 종합적인 대응이 시급히 요구되고 있다. 자본측 주도의 문화활동은 그 물량적 측면에서 노동측의 대응수준을 초월하고 있기 때문에 대안부재의 난관에 부딪혀 있는 듯하나, 실질적인 임금수준의 상승이 동반되지 않고 계층적 위화감이 상존하고 있는 객관적 현실에 눈을 돌린다면 정서적 충일감은 한시적인 신분 부상효과에 그치고 말 가능성이 크다. 따라서 노동자들의 집합적 의식배양과 대안적인 노동자적 문예활동의 개발과 보급이 필요하며 더욱 중요한 것으로서 일상적 노동활동에서 대면하는 다양한 경험이나 변화들에 대한 새로운 의미부여를 통해 자본의 주도권 장악시도에 대응해 나가야 할 것이다.

### 3) 교육훈련과 기업문화이데올로기

이데올로기의 효과는 그것의 물질적 장치와 제도적 실천들에 의해 현실화된다. 교육훈련 프로그램 역시 주체로서 종업원들을 호명하고 가치, 규범, 행동유형 및 경험을 제공함으로써 통일적인 정체감을 형성시키고 동일화시키고자 하는 전형적인 관리장치의 하나이다.

노동자들을 기업인간형으로 주체화시키기 위한 방법으로 과거의 집체형 교육은 노동자들의 암묵적인 저항으로 인해 그 효과가 보증될 수 없다. 그래서 교육훈련의 방법도 공감(empathy), 마음의 변화(mentania) 등을 강조하는 체험학습방법 혹은 개방적(open-ended) 토론 등의 형태로 변화하고 있다.[43] 노사는 한배를 탄 공동운명체라는 것을 각인하기 위해 D

---

43) P. M. Senge, *The Fifth Discipline: The Art and Practice of the Learning Organization*, N.Y.: Doubleday Currency, 1990.

사는 중역부터 현장의 기능직 사원 10여 명이 낙동강에서 뗏목을 타고 21km 가량 항해하는 프로그램을 실시하고 심성전화훈련을 위해 가나안 농군학교에 노동자들을 입사시키기도 한다. 노동과정에서 대하기가 어려운 중역들과 같이 먹고 자며 인간의 기본적인 것에 대해 같이 배우며, 노동자들 자신의 사정에 귀기울여 준다는 사실만으로도 교육의 직접적 내용과 무관하게 노동자들을 기업의 편에 서게 하는 효과를 산출한다.44) 교육방법이 고도화되고 있는 것처럼 교육의 내용도 직접적 독해의 효과를 노리는 방식에서 우회적인 독해의 효과를 지향하고 있다.

기업문화에서 제시되는 이데올로기는 의도하는 좋은 주체를 호명하며 기대되는 그것의 효과는 새로운 정체감의 형성과 이를 통한 조직구성원들의 자발적 참여이다. 이때 이데올로기의 호명 내용은 첫째, 우리는 누구이며 우리를 둘러싼 세계는 어떠하며 실재하는 것은 무엇인가 등 주체를 둘러싼 세계에 대한 정체를 존재론적으로 규정하는 것이며, 둘째로 무엇이 가치있고 정당하고 선하며 올바르고 아름답고 즐거움을 주며, 그것들과 반대되는 것들이 무엇인지에 대한 규정과 호명이며, 셋째로 무엇이 가능하며 무엇이 불가능한가에 대한 규정과 호명이 주가 된다.45) 여기서 더 나아가 이에 바탕을 둔 구체적인 실천방안도 제시된다. 예를 들어 S사는 SUPEX 추구를 위해 구체적인 일처리에 관한 5단계의 요령을 제시한다. 즉 첫째, 회사는 정체성 인식, 향후 사업방향 및 자기임무의 파악. 둘째, 해야 할 일을 성공시키기 위한 핵심요소(Key Factor for Success)의 탐색. 셋째, 찾아낸 KFS의 수퍼 엑셀런트(Super Excellent) 수준설정. 넷째, 목표달성의 장애요인 파악. 다섯째, 장애요인 제거방안 마련 등을 제시한다. 또한 SUPEX 요령의 신체화를 위한 가상적 상황 속에서의 사례분석 그리고 교육이수 이후 사무실에서의 SUPEX 추진결과의 평가를 통해, 행동방식을 신체화시킨다.

---

44) 김종규, 「한마음교육으로 노사화합을」 ≪인사관리≫ 1990. 3, 13쪽.
45) 김도근·신병현, 앞의 글, 1993, 176-178쪽.

### 4) 전사적 조직개발로서의 CI

노동자의 기업내화는 불연속적인 교육훈련을 통해 주로 이루어져 왔으나 앞으로는 삼성그룹의 사례에서처럼 CI(Corporate identification)계획과 같은 전사적(全社的) 조직개발을 통해 기업의 정체성 확립의 시도가 이루어질 것으로 예견된다.46) 전략적 차원에서 공유의미의 확산과정인 CI 계획은 조직의 가치관을 확립하는 PI(President Identity), DI(Domain Identity)와 조직성원의 정체성 및 행동방식의 확립을 위한 MI(Mind Identity), BI(Behavior Identity), 그리고 기업에 대한 시각적 통일성을 만들기 위한 VI(Visual Identity) 등으로 구성된다.47) 다시 말해서 PI는 경영자가 기업이념을 설정·정립하여 기업의 존재의의와 목표를 밝히고 이에 맞는 경영을 하기 위한 기본규범을 정하는 활동이며, DI는 향후 기업의 성장·발전을 좌우할 사업영역, 사업구조 등의 변혁을 추구하는 활동이다. 또 MI는 기업이념, 기업의 지도원리 등에 대한 가치관과 규범의 제시를 통해 조직성원들에게 기업과 노동자의 의식을 적극적으로 동일화시키며, BI는 행동규범과 방식에 대한 적극적 제시를 통해 노동자들을 규율화하고, VI는 기업의 모든 상징을 시각적으로 통일하여 기업의 영속성과 우월성을 일상화한다. H공사의 CI개발은 MI로서 H공사 특유의 가치의식 통합을 위한 한마음운동, VI로서 상징특성을 동일화하여 한가족으로 결속하는 한가족운동, BI의 측면에서 개척자적인 정신으로 행동방식의 혁신을 추구하고 최고를 지향하는 신사고운동으로 전개되고 있다.48)

CI계획을 통한 정체성 확립의 시도는 지각이라는 감각(이미지가 담긴 회사의 마크 등 상징)을 자극하는 무의식적 지형과 교육을 통한 의식적 지형 그리고 처벌이나 보상을 통해 행동방식을 신체화시키는 전면적 인간

---

46) 김성환, 「사회적 합의의 관점에서 본 신경영패턴들의 논리적 성격」, ≪한국노동연구≫ 제2집, 1991.
47) 송백규, 「기업문화가 경쟁우위의 원천」, 『기업문화 추진사례모음』, 문화부, 1992.
48) 정용현, 「한마음, 한가족, 신사고운동」, 『기업문화 추진사례모음』, 문화부, 1992.

통제의 시도일 수 있다는 데 문제의 심각성이 있다.


## 3. 기업문화의 제도화로서 신인사노무관리


이데올로기는 그 물질적 장치와 제도적 실천에 의해 그 효과성이 발휘
된다. 따라서 보다 구체적인 수준에서 이데올로기적 장치들의 작동방식과
그 효과성의 확인, 그리고 그에 근거한 실천 대안의 모색이 필요하다.[49]
기업문화전략에서 의도하는 좋은 주체의 형성은 기존의 '인적 자원관리'
기제 및 관련 제도를 둘러싸고 새로운 의미작용을 연출함으로써 '의도된
주체'를 형성하려는 문화적 방식의 통제이다. 즉 기업문화전략은 작업장의
일상화된 관리기제들을 동원하여 조직변화 및 개발[50]을 수행하여 노동자
들의 헌신성 및 경쟁심의 조직화 그리고 노조의 무력화라는 의미작용을
산출함으로써 이데올로기적인 보장을 획득한다. 이러한 기업문화전략과
연동된 인사, 노무관리제도의 개발을 신인사노무관리라고 칭하고자 한다.
신인사노무관리는 노동자들의 일상적인 삶과 무의식적인 심층의 부분까지
포섭의 대상으로 한다는 점에서 과거와 구별된다.
　　신인사노무관리는 코스별 채용, 경력개발, 조기퇴직우대제도, 전문직 제
도 등 노동력의 유연한 관리와 연동되어 있다.[51] 신인사노무관리에 대한
자본의 선전에는 임금의 합리성, 능력의 개발, 노사관계의 안정화[52] 등의

---

49) 김도근·신병현, 앞의 글, 1993.
50) 조직개발은 현대 인적 자원 관리라는 이름하에서 기제들의 상호유기적인 관계
　　성을 강조하는 방식으로 운용될 것이 강조된다. 기업문화전략이 추구하는 것이
　　바로 이러한 인사노무관리의 유기성을 확보함으로써 그 효과를 보장하는 데에
　　있다. 이러한 의도들을 잘 보여주는 글은 C. J. Fombrun et al., *Strategic
　　Human Resource Management*, N.Y.: John Wiley & Sons, 1984, 이에
　　대한 소개와 비판으로는 J. Storey(ed.), *New Perspectives on Human
　　Resource Management*, London: Routledge, 1989 참조.
51) 稻上毅, 『轉換期の勞動世界』, 有新堂高文社, 1989.
52) 임금의 합리성: 생산성과 무관하게 상승하는 중·고령층의 임금을 통제하고 능

기표가 난무한다. 이러한 신인사제도는 젊은 노동자층의 저임금의 불만을 흡수하고 중장년층의 승진욕구와 숙련의 요구를 내용적으로 결합시켜 홍보하기 때문에 개별 노동자들의 의식 속에 무리 없이 반영되는 경향이 보인다. 그러나 그 본질은 노동력 관리의 유연성과 자본의 전제적 권력을 확보하여 노동자들의 단결력을 무력화시키는 데 있다.[53] 신인사노무관리는 탄력적인 노동력 관리의 실현이라는 자본합리화의 구전략[54]과 노동자들의 일상적 삶의 구석구석까지 자본의 의지를 관철하려는 신전략의 절묘한 절합이라고 할 수 있다.

경영담론으로서 신인사노무관리는 우수기업의 주요 성공요인(Criticsl Success Factors)에 대한 탐색의 과정에서 발굴된 조직성원들의 업무와 조직에 대한 몰입의 관심에서 출발한다. 즉 신인사노무관리는 사업환경의 변화[55]에 따른 인적 자원의 중요성과 기업의 중요성공요인(CSFs)으로서의 인적 자원의 육성과 전략화[56]가 기업전략의 전면으로 등장하여 중요성을 띠게 되며, 동시에 전략적 인적 자원관리(Strategic Human Resource Management)가 체계적으로 추진된다. 인적 자산의 육성과 전

---

력에 맞는 처우를 함으로써 임금관리의 합리성을 기한다. 능력의 개발: 기술 및 사회변화의 다양성에 따라 기업이 요구하는 노동력의 질적 향상과 노동자들의 숙련 및 사회적 지위상승의 요구에 부응한다. 노사관계의 안정화: 되풀이되는 노사쟁의를 안정화시키고 생산성의 향상을 통해 노사 모두가 증진된 생산성의 과실을 나눈다.

53) 丸山惠也, 앞의 글, 1993.

54) 60년대 일본의 철강업계를 중심으로 한 고용관계의 유연화를 중심으로 한 자본합리화는 70년대 감량경영의 시대에 접어들면서 일반화되었고, 서구에서 일본기업 우량성의 발견과정에서 주요 성공요인의 하나로 부상했다. 우리나라의 경우, 노동력 관리의 유연화는 비교적 최근 유연화전략의 추구 속에서 이식되고 있으나, 독점자본주의 자본운동의 일반적 경향이라는 측면에서 자본합리화의 구전략이라고 할 수 있을 것이다.

55) 사업환경의 변화에 대한 많은 다양한 논의는 미래학자들에 의해 선도되어 왔고, 이들의 주장은 조직의 활성화를 목적으로 하는 조직개발과 인적 자원의 의식개발을 대상으로 하는 기업문화의 실행 프로그램에 녹아들어 있다.

56) 池川勝, 『職能賃金制度の設計』, 同文館, 1992.

략화는 전문적 지식과 기능만이 아니라 조직에 대한 충성심(organiza-tional royalty)을 배양하는 과정이다.57) 따라서 어떠한 제도적 장치를 통해서 노사관계를 안정화시키고 기업의 경쟁력확보의 측면에서 어떻게 조직을 활성화시킬 것인가라고 하는 점이 바로 신인사노무관리의 관건적 요소이다. 신인사노무관리는 기업의 경쟁력강화를 위하여 노동력 관리의 유연성과 선별과 차별·배제에 의한 노동력의 자발적 동원체제를 구축하고자 한다.

신인사노무관리제도의 이식과 관련하여 노자간에 현안 쟁점으로 부각되고 있는 지점은 직능자격제도를 근간으로 하는 직제개편이다. 이러한 직제개편의 시도는 노동력의 탄력적 관리라는 유연화의 전략과 노동자들에 대한 전인격적 관리의 욕망인 기업문화전략의 제도적 측면으로 파악할 수 있다. 직제개편은 제도적 측면에서 탄력적 노동력 관리의 안착과 그에 따른 노동자들의 저항의 제거뿐만 아니라, 나아가 노동자들을 기업주체화시키려는 의도 속에 진행되고 있다. 푸코(M. Foucault) 및 들뢰즈와 가타리(G. Deleuze & Guattari)가 말하는 사이보그 주체 생산의 욕망이 전형적으로 드러나는 관리가 바로 일본적 신인사노무관리일 것이다.58)

일본에 있어서 직제개편이 노자관계59)에 어떠한 변형을 초래했는지에 대해 닛산의 사례를 잠깐 살펴보자. 노자협조적 관계에 있었던 닛산은 경영권을 둘러싼 노동조합과 경영층간의 알력으로 인하여 자본은 노동조합의 권력을 분쇄하기 위한 직제개편을 두 차례에 걸쳐 일방적으로 단행하게 된다. 두 차례 직제개편의 결과, 무소불위의 권력을 누리고 있던 노동조합의 염로(鹽路)노선이 패배하여 노동조합 주도의 노자협조형이 자본주도의 노자협조형으로 바뀌었다.60) 닛산뿐만 아니라 일본의 많은 사례에서

---

57) 직능자격제도의 이식을 강력하게 주장하는 최종태(1991)의 글을 보면 이러한 내용을 잘 확인할 수 있다.

58) 이에 대해서는 본서의 5장, 「팀조직과 작업장체제」를 참조할 것.

59) 일본의 노자관계는 노자유착형으로 이야기되나, 크게 살펴보면 도요타의 노자 일체형과 닛산의 노자협조형으로 나누어 볼 수 있다(牧野富夫, 1991).

60) 戶塚秀夫·兵藤釗, 『勞使關係の 轉換と 選擇』, 日本評論社, 1991; 牧野富夫, 『日

노조운동의 무력화에 직제개편이 떨친 위용을 확인할 수 있다.61) 따라서 신인사노무관리의 이식 시도로서 이루어지는 직제문제에 대한 인식과 대응이 매우 시급하다고 할 수 있기 때문에 이에 대해 보다 상세히 살펴보도록 한다.

### 1) 직능자격인사제도

직제개편과 관련하여 노자간의 접점을 형성하고 있는 지점으로서 직능급으로의 임금체계 개편만이 현안 문제로 등장하는 경향이 있다. 그러나 직제개편은 직능자격제도의 도입과 직능급, 그리고 운영의 매개로서 인사고과의 전면화를 특징으로 하는 인사제도의 토탈 시스템(total system)화라고 볼 수 있다.62) 따라서 직능급이나 직능자격제도의 용어로만 직제개편의 시도를 파악하게 되면 인사관리 기제들의 불균등한 절합에 의해 생산되는 직제개편의 효과를 제대로 파악하지 못하게 될 가능성이 크다. 직제개편의 시도는 당연히 직능자격인사제도로의 개편이라고 불러야 한다.63)

직능자격인사제도는 직능자격기준을 배치·이동과 능력개발 및 육성의 지표로 삼고, 다른 한편으로 직무수행능력의 신장도를 평가기준으로 하여 승격, 승진, 임금, 처우64)를 연결시키는 일련의 시스템이며 다음과 같이 구성된다.

---

本的 勞使關係の變貌』, 大月書店, 1991.
61) 金田豊, 앞의 책, 1991.
62) 池川勝, 앞의 책, 1992, 30-34쪽.
63) 직제개편의 시도를 직능자격제도라는 용어로 담아낼 때, 직능의 육성과 개발이라는 기표가 전면에 부상하여 그 의미작용을 효과적으로 제어하는 데 어려움을 낳게 될 것이다.
64) 연공적 인사제도에 있어서 승진, 승격, 승급은 서로 연동되어 있기에 실무에 있어서는 승진이라는 용어로 이들을 다 포괄하는 경향이 있다. 그러나 직능자격인사제도에 있어서 각각은 엄밀히 구분된다. 즉 승진은 직위의 상승이며 승격은 급여등급(혹은 자격등급)의 격상을 의미하고, 승급은 직급의 격상을 말한다.

<그림 3> 직능자격인사제도의 구성

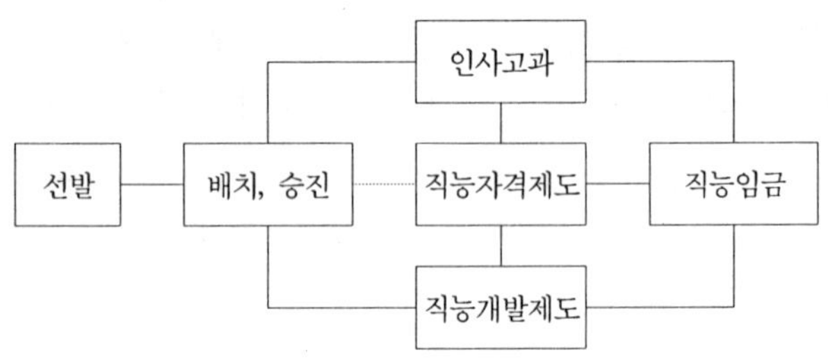


직능자격인사제도는 ① 직능의 평가: 인사고과를 통한 직무수행능력과 일의 과정·결과의 공정한 평가, ② 직능의 개발: 교육훈련에 의한 해당자격 등급자에게 알맞는 직능의 육성, ③ 직능의 활용: 적재적소의 배치 및 조직적·계획적 직무순환을 통한 직능의 활용, ④ 직능의 처우: 총합적으로 평가된 직능에 대한 적정한 처우(기본급과 상여금 등)의 결정 등의 네 가지 점을 중심으로 체계화된다.[65]

직능자격인사제도는 실력 본위의 평등한 처우의 확립을 통해서 적성배치, 능력중심의 승진, 승급, 강등, 강격을 행함으로써 업적주의에 철저한 직능자격승격, 능력의 발휘도에 의한 개인별 차별관리를 의도하는 능력주의 관리이며,[66] 또 사무직의 경우에 직무직계[67] 코스별로 노동자를 분단하는 코스관리는 일에 준하는 임금이라는 구실하에 이루어지는 차별적인 고용, 인사, 임금관리에 다름 아니다.[68] 이러한 신인사관리는 운영체계로

---

65) 竹內裕, 『職能資格人事制度』, 同文館, 1990.
66) 平尾武久, 「日本における勞務管理の 發展」, 『勞務管理の日韓比較』, 有斐閣, 1992.
67) 직능자격인사제도에서는 코스별 제도란 총합직과 일반직으로 나누어 사원을 모집하고 채용하여 처우하는 제도를 말하는 것으로 구체적으로는 직렬(혹은 직장)도 그러한 기능을 수행한다. 직장(職掌)은 채용구분과 배치관리의 구분기준 및 인사처우의 구분기준을 직무의 종류에 따라 종적으로 분할하여 구분한 것을 뜻한다.
68) 米澤幸悅, 「女性の 賃金差別是正の たたかい」, 『勞動運動』, 1993. 한국은행의 경우에 이러한 코스별 관리의 형태를 확인할 수 있다.

서 인사고과의 전면화를 그 핵심으로 한다.

직능자격인사제도의 각 기제들이 산출하는 효과를 살펴보자. 코스별 관리 및 직종별 능력개발 프로그램은 선발과정에서 기업인간형으로의 호명이 어려운 노동자를 사전에 배제하고 교육훈련을 통해 능력의 개발상에 대한 제시를 통해 '하면 될 수 있다'는 식의 주체화 효과를 낳는다. 인사고과는 기업인간형에 대한 가시적 사례의 제시를 통해 구체적 호명의 내용을 제시한다. 승진과 승격의 분리운영을 통해 노동자들의 분할지배라는 구제도의 효과와 함께 승진과 무관한 승격에 따른 심리적 부상효과를 동시에 조합함으로써 노동자들 사이의 경쟁을 신체화시킨다. 또 직능임금제도는 생활보장적 요소를 통해 노자공동체 의식을 유포하고 직능적 요소를 통해 노력동원을 물질적 통제수단화한다. 직능자격인사제도는 이러한 각 기제들이 산출하는 효과가 불균등·비대칭적인 방식으로 절합하여 노동자들간의 경쟁을 일상화하고 개별 노동자에 대한 평가를 일상화함으로써 노동자들의 단결력을 침해한다.

## 2) 직능자격제도

직능자격제도에서는 직무의 곤란도, 복잡도, 책임도 및 직무수행능력의 정도를 축으로 하여 직능자격의 단계를 구분하고 각 자격등급에 해당하는 직무수행능력의 내용 및 기대수준을 명확히(?) 하는 직능자격등급 요건기준을 설계하여, 이 자격등급기준에 기초하여 인사처우하는 직능지향의 능력주의 인사제도의 골간을 형성한다는 것이다. 직능자격제도는 직무조사·분석을 거쳐 <그림 4>와 같은 단계를 통해 설계된다.

직능자격제도에서 '능력'이 무엇을 의미하는 것인지를 명확히 하는 것이 중요한데 여기에서 말하는 '능력'이란 해당기업의 경영상 필요로 하는 일의 수행능력이다.[69] 기업에서 기대되는 직능상은 세 가지 측면에서 파악

---

69) 日經連職務分析センタ 編, 『職能資格制度の職務調査』, 1990, 12쪽.

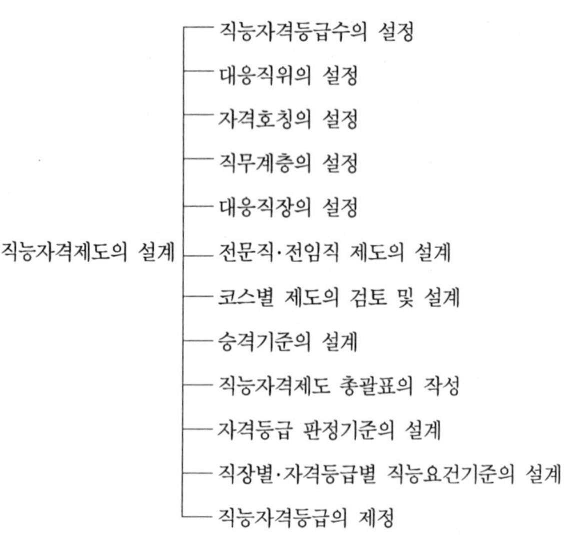

<그림 4> 직능자격제도의 설계



자료: 池川勝, 1992, 36쪽, 45쪽.

된다.[70] 첫째는 등급기준의 직능으로서 직종별·등급별 직능요건의 표준적 기대상이라는 측면이다. 둘째는 등급기준을 기본으로 하여 목표면담을 통해 설정된 개인별 기대상인 직무기준의 측면이다. 셋째는 생애에 걸친 경력개발의 직능상인 직군기준의 측면이다. 즉 직능자격제도는 노동자들에 대한 평가기준임과 동시에 기업이 필요로 하는 능력의 육성이라는 목표관리이며, 또한 개별 노동자들에 대한 생애경력 관리인 것이다.[71] 또 직능자격제도에서 말하는 '직능'은 지식·기능요건만이 아니라 능력 및 태도요건, 대인적 기능 그리고 업무책임이라는 기준으로 설계되어 전인간적인 인간평가로 결부되고,[72] 직무의 이해가 운용자의 가치관에 따라서 가변적이

---

70) 楠田丘, 『新時代の 賃金管理』, 日本生産性本部, 1989, 36-40쪽.

71) 金田豊, 앞의 책, 1991, 144-145쪽.

72) 谷本寬治, 「日本型企業システムにおける 勞動者の コミツトメント次元」, 『經濟評論』, 1992.

다. 따라서 실제로 고과는 기업에의 공헌도를 중심으로 하는 속인적 요소가 직능의 승격을 결정하게 된다.[73]

직능자격제도에서는 T/O제에 묶여 승진적체현상을 보이는 조장-반장-주임으로 이어지는 직위의 승진사다리와 담당-기원-기사직 등으로 이어지는 직능자격등급상의 승격사다리를 분리하여 직위가 상승하지 않아도 자격요건에 따른 등급의 승격이 가능하다. 승진과 승격의 분리는 자본측이 선전하는 것처럼 직위의 부족문제를 해결한다기보다는 승진과 승격이라는 이중의 장치를 통해 노동자들을 더욱 분할하고 개발된 직능에 따라 가능하다는 승격에서의 누락을 개인의 실패 탓으로 돌리는 개인적 귀인(attri-bution)의 장치로 기능한다.

결국 직능자격제도는 자격등급을 중심으로 노동자들을 세분화시키고 승격자체를 일상적 통제의 수단화하여 노동자들간의 경쟁을 신체화시키는 효과만을 낳을 가능성이 농후한 것이다. 따라서 직능자격제도는 기술적 시스템의 유연성에 연동되는 기능적 유연성의 필요에서라기보다는 중고령층의 임금을 통제하고 노동자들간의 경쟁을 조직화하여 총노무비의 절감과 전제적 자본권력의 확립에 그 목적이 있다고 볼 수 있다.

3) 인사고과

인사고과는 직능과 일을 적확하게(?) 평가하고 그 평가결과에 따라 처우함으로써 노동의욕의 고취와 업적의 향상을 꾀하는 데 목적이 있다고 정의된다. 지금까지 인사고과는 업무에 관계없이 일률적으로 근무자세, 인간관계, 업무능력 등을 평가하는 종합평가제였으나, 직능자격인사제도에서의 인사고과는 능력의 개발, 육성, 그리고 목표달성도를 평가하기 위해 직능평가와 업적평가 그리고 성격 및 태도평가로 나누고 실시한다.[74]

---

73) 戸塚秀夫·兵藤釗, 앞의 책, 1991.
74) 三浦武盈, 『勞務戰略の 展開』, 森山書店, 1984; 竹內裕, 앞의 책, 1990.

직능평가는 능력의 개발 및 능률의 향상을 도모하기 위한 미래지향적인 성격의 평가이며 평가결과는 승급, 승진, 승격의 결정에 직접적으로 반영된다. 직능평가는 지식 및 기능의 기본적 능력과 정신적 습숙도(이해력, 판단력, 결단력, 표현력, 절충력, 섭외력, 계획력, 기획력, 지도력, 관리통솔력 등)에 대한 평가를 한다. 업적평가는 당기 혹은 반기의 목표달성도를 평가하는 현재의 실적평가이며 일의 양과 질, 창의공부, 리더십, 부하육성 등의 요소를 평가한다.75) 그 결과는 주로 상여금의 결정에 반영되고 승진, 승격에 간접적으로 반영된다. 협조성, 책임감, 순종성, 성실성, 적극성, 명랑성, 민첩성 등의 성격 및 태도 요소는 능력과 업적에 영향을 미치기 때문에 평가되어야 하지만, 그것들은 능력과 업적을 매개로 하여 발현되기 때문에 단독으로 평가되지 않고 업적평가와 실적평가의 과정 속에 용해되어 있다.

직능자격인사제도에서의 인사고과는 승급, 승진, 승격, 상여 등의 처우를 결정할 뿐만 아니라(<그림 5> 참조),76) 그 결과에 따라 직능개발의 의욕과 실천을 교육훈련 및 경력개발의 과정으로 결합시킨다. 즉 고과의 전면화와 일상화를 통해 능력의 육성을 일상화시킨다는 것이다. 그러나 처우, 승진, 교육훈련에 있어서 고과의 전면화 및 일상화는 노동자들에 대한 자발과 강제라는 노무관리의 노골화이다.77) 승진, 승격이라는 선별의 기능을 통해 기업인간형에 대한 구체적인 상을 제시하고 승진, 승격으로 이중화된 사다리에 의해 더욱 계층화된 노동자들에게 자격등급의 상승을 통해 심리적 충만감을 유포하고 자신의 능력개발에 의한 승격 가능성을 강화(reinforcement)시키는 자발성의 효과를 노린다. 또 감급, 감격이라는 강

---

75) 丸山惠也, 앞의 글, 1993b.
76) 한국 기업들의 경우는 대표적으로 현대그룹 노사관계 진단연구단, 『현대그룹 노사관계진단 연구보고서』, 1994, 204-210쪽을 참조할 것. 그런데 한국의 경우는 아직 직능자격인사제도를 생산직까지 전면화하여 실시하지 않고, 시행 기회를 기다리고 있는 실정이어서 확실한 자료를 제시하는 데는 다소 무리가 따르기 때문에 굳이 예시하지 않았다.
77) 丸山惠也, 앞의 글, 1993b; 金田豊, 앞의 책, 1991.

제와 승급에 있어서 차별은 자본의 규율을 신체화시키는 효과를 낳는다.

<그림 5> 직능자격제도에서 인사고과의 과정과 영향

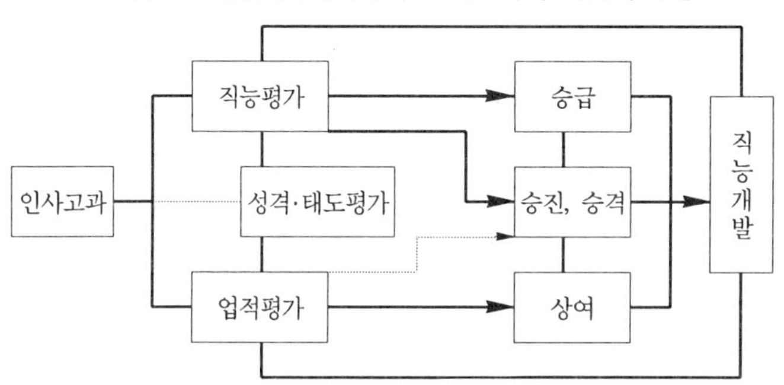


자료: 三浦武盈, 1984, 219쪽; 竹內裕, 1990, 164쪽.

인사고과가 직무수행실적에만 국한되는 것이 아니라, 잠재적 능력에서 태도 및 성격에 이르기까지 전인격적인 평가라는 특징이 있다. 특히 태도 및 성격평가의 요소는 '규율을 준수하는 정신(규율성),' '책임을 완수하려는 의지(책임성)' 등 객관화하기 곤란한 것들이어서 노동조합의 규제력이 없는 직장에서는 인사고과의 전횡을 막을 수 없다. 그래서 서비스잔업에 대한 거부나 업무가 많을 때의 휴가신청은 책임감의 결여 등으로 평가된다.[78]

평가는 기업의 무제한적인 요구에 대한 장기간의 평가이기 때문에 '패자부활전'이 보장된다. 즉 장기간에 걸친 평가의 효과는 동료와의 비교 속에서 처진 부분을 만회하려는 경쟁을 촉진하는 효과를 낳는다.[79] 이렇게 볼 때, 직능자격인사제도에서의 고과는 현장관리체계의 강화, 개별통제를 통한 인격적 종속 및 노동자들간의 경쟁의 조직화에 그 본질이 있는 것이다.

---

78) 丸山惠也, 앞의 글, 1993b.
79) 앞의 글.

### 4) 직능급

　직능임금제도란 직책과 직무의 곤란도, 복잡도, 책임감 및 직능의 정도 등을 축으로 하여 직능자격의 등급을 나누고, 자격등급에 대응한 적정한 처우를 행함으로써 직무수행능력의 실태에 기초한 공정하고 공평한 임금 배분을 실현하는 것이다. 즉 직능급은 직무담당자의 직능의 종류(職掌, 職係)와 정도(능력단계)를 기준으로 하는 임금이다.[80] 직능급은 기본급, 일시금, 퇴직금 등 모든 보상에 직능적 요소를 도입하는 것이고 인사고과, 승진, 승격, 교육훈련, 배치이동의 제도와 연동하는 것이다. 이러한 직능급의 핵심은 기본급이 직능적 요소에 의해 결정된다는 점에 있다.[81]

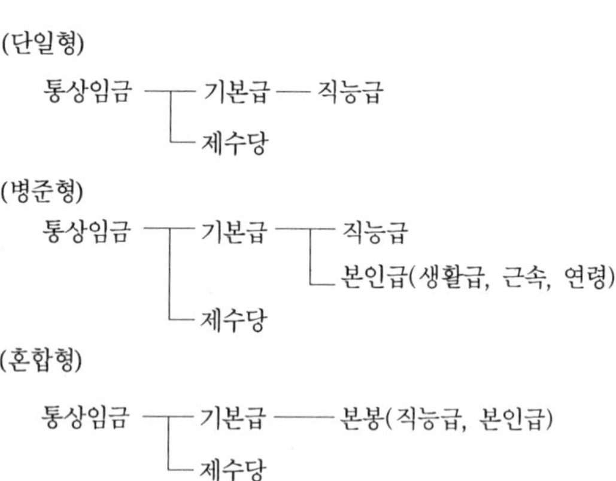

<그림 6> 기본급의 결정기준으로 본 직능급 형태



자료: 池川勝, 1992, 60-64쪽.

　기본급의 결정기준을 중심으로 직능급의 형태를 나누어 보면 단일형, 병존형, 혼합형 등이 있다. 연공적 관행의 현실을 감안할 때 자본은 노동자들의 격렬한 저항에 맞부딪힐 단일형의 직능급을 곧바로 도입하기는 어

---


80) 佐護譽, 「日本の賃金管理」, 『勞務管理の日韓比較』, 有斐閣, 1992, 209쪽.
81) 池川勝, 앞의 책, 1992, 30-34쪽.

렵다. 따라서 직능급의 도입은 연공적 요소가 병행되는 혼합형이나 병존형의 직능급 도입에서 출발하여 기본급내 직능적 요소의 비중을 키워가는 방식을 통해 단일형의 직능급으로 서서히 이행할 것이다. 따라서 임금체계 개편의 요구는 단일호봉제라는 기표의 획득 문제에만 집중되어서는 안되며 단일호봉제의 내용을 어떻게 채우느냐 하는 점이 연동되어야 한다.

직능급은 기업내 노동력구성에 있어서 고령화현상에 대한 대책의 일환으로서 선택정년제의 도입, 배치전환의 활성화, 출향, 직책이 배제된 전문직 제도의 도입 등의 합리화운동과 일체가 되어 총임금비용을 억제하는 데 본질이 있다. 노동자들의 장기적인 능력개발과 임금지급을 체계적으로 연관시켜 노동자의 능력개발을 자극한다는 자본측의 선전은 자동화와 연동된 단순 표준작업을 수행하는 대다수의 노동자에게 있어서는 단지 선전일 따름이며,82) 일본에서 보이는 것처럼 다능공화와 관련되기보다는 과밀노동만을 초래한다.83) 노무관리의 측면에서 직능급은 노동자들의 생애임금에 있어서 차별지배를 낳고 개별 노동자들간의 승급경쟁을 야기하는 물질적 강화수단으로 기능한다.

지금까지 경영혁신운동으로 통칭되고 있는 자본의 저성장기 합리화전략이 과거의 그것들과는 다르게 유연화전략뿐 아니라, 인간의 욕망을 의도적으로 통제하려는 문화적 통제기법을 동원하는 기업문화전략을 포함하고 있다는 점에서 새로운 자본합리화운동의 경향으로 파악되어야 함을 강조하였다. 그리고 기업문화론의 주요 전략적인 표적은 노동자들의 '자발적인' 참여 및 협동의 산출을 동원하는 동기부여과정임을 살펴보았다. 이것은 다름 아닌 새로운 관리기제의 적용 및 신기술의 도입으로 변화하는 상황에 대한, 즉 기표들에 대한 의미를 부여하고 통일된 정체에 대한 느낌을 형성시킴으로써 의도된 좋은 주체로서 구성해 가는 과정이기 때문에, 이러한

---

82) 丸山惠也, 앞의 글, 1993a.
83) 노동조합과 임금체계연구회, 『임금체계의 새로운 논의』, 나라사랑, 1993.

자발적으로 참여하는 주체로의 형성과정은 이데올로기적 관계의 효과로서 생산지점에서 동의를 산출하고 재생산하기 위한 개입 및 통제장치들과 연관되어 있음이 강조되었다. 따라서 이에 대한 이론적·비판적 분석도 문화와 관련된 다양한 이데올로기적 관념화과정에 초점이 두어져야 하는 것이다.84)

경영 및 조직 담론들을 통해 유포되고 있는 관념론적 문화관은 문화를 주관적으로 공유된 의미 및 상징의 체계, 유형화된 가치지향성 및 행동양식, 규칙의 체계 등의 일반화된 정의를 통하여 문화론의 연구대상을 가시적이고 경험되는 문화영역, 문화적 사실이라는 실존적 현상으로 설정함으로써 문화적 사실과 실제적인 과정으로서의 문화과정을 혼동하고 있다. 따라서 우리는 이러한 경험주의 인식론에 터한 이데올로기적 관념화과정이 중요한 연구대상으로 설정되어야 함을 강조할 필요가 있다. 이러저러한 문화현상의 기술(記述)과 문화과정에 관한 관념(통념)들을 생산하는 과정의 물질성을 인식하면서 유물론적 문화론에 근거한 이데올로기 비판의 형태로 관념론적 문화연구의 이론담론과정과 그 구성체, 그리고 이의 정치·이데올로기적 효과에 대한 비판과 개입이 필요한 것이다. 우리가 이데올로기는 항상 장치들 속에, 그리고 그 장치들의 실천들 속에 물질적으로 존재한다는 점, 그리고 이데올로기적 사회관계는 이데올로기 영역에서의 계급투쟁이고 그것의 지속적인 실천의 물질화된 효과들로서의 이데올로기적 장치는 지배계급의 지배이데올로기가 가차 없는 지속적인 이데올로기적 계급투쟁 속에서 '획득해 내고(wins out)' 실현되는 장소인 동시에 지배를 실현하는 장소이며 수단이라는 점을 인정한다면,85) 노사간의 쟁점이나 대립의 지점들은 어디까지나 자본합리화의 제반 전략들이 구체화되어 표현되는 인사노무관리제도의 변화와 그것들이 일상적인 노동현장내에서의 노동자 활동에 미치는 효과, 그리고 이러한 것들이 일상적, 비일상적 노동조

---

84) 김도근·신병현, 앞의 글, 1993, 167-171쪽.
85) 앞의 글, 173-178쪽.

합활동에 미치는 효과 측면들에 있다는 것을 볼 수 있을 것이다. 따라서 우리는 이데올로기 분석을 보다 구체적인 수준에서 수행하기 위한 탐색적 과정으로서 경영 담론구성체를 지배하고 있는 이데올로기의 물질적 장치들의 작동방식을 대표적으로 직제개편과 연관된 신인사노무관리제도들에 대한 분석을 통해 살펴보았던 것이다. 그러나 이 글에서는 신인사노무관리와 관련된 부분이 구체적 현장의 문제의식들을 수렴하는 방식으로 전개되지 못하였으며, 각 단사가 처해 있던 현실의 문제점을 풀어나가는 원칙적인 개선방안으로 제시되지 못하였다는 한계를 지니고 있다. 따라서 현장적 문제의식을 충분히 담아 현하의 직제문제와 관련한 노동측의 대응방향을 노동자적 원칙에 근거하여 탐색해 가는 연구가 수행되어야 할 것이다.

자본의 합리화전략에 의한 공세가 신정부의 신경제/신노동정책을 통한 전국적인 수준에서의 사회제도적 환경의 조성과 조직적 기업문화운동과 병행하여 나타나고 있음을 보았듯이, 이에 대한 노동측의 대응과 향후 정책적 방향성의 모색도 역시 동일한 수준에서 이루어져야 함은 당연하다. 특히 경제이데올로기적 공세와 의식개혁 및 고통분담, 노사관계의 개편과 같은 제도적 환경의 조성시도에 대해 단위사업장의 수준에서 대응해 나가기는 불가능하다. 설사 단위사업장 수준에서 구체적인 대응이 그때그때 이루어진다고 하더라도 그러한 대응에서의 응집성과 일관성을 확보하기는 어렵다. 따라서 기존의 기업별 노동조합체제의 한계들을 극복하는 공동투쟁의 방안이 조직적·사업적인 차원에서 다각적으로 모색될 필요가 있는 것이다. 현시기의 노동조합운동에서 산업별 노동조합체제로의 개편은 당위론적인 과제인 듯 싶다. 산별체제로의 이행을 둘러싼 다양한 논의가 있을 수 있다. 그러나 우선적으로 산업별 노동조합체제로의 발전전망이라는 기본적인 원칙하에서, 보다 낮은 수준에서 각 단사 노동조합들의 연대를 강화할 수 있는 보다 구체적인 공동대응방향들이 모색될 필요가 있다. 이러한 점에서 볼 때, 공동연구를 통한 조직화와 공동집행 및 공동투쟁의 조직화와 같은 대응방안을 보다 적극적으로 모색할 필요가 있는 것이다.

# 문화와 정치형태로서의 노동자교육*

　노동력 재생산에 대한 문제인식의 중요성이 새삼 강조되고 있음을 볼
수 있다.[1] 이것은 생산영역뿐만 아니라 소비 및 일상생활의 전영역에 이
르기까지 확장되고 있는 지배이데올로기에 의한 노동자의 포섭과 종속화
라는 문제를 제기한다. 한편 최근의 변화된 정치·이데올로기적 지형위에
서 전개되고 있는 국내의 경영합리화운동들을 보면, 과거의 그것과는 다르
게 유연화전략뿐 아니라, 인간의 욕망을 의도적으로 통제하려는 문화적 통
제기법을 동원하는 기업문화전략을 포함하고 있다. 이러한 경영합리화운
동에서는 노동과정은 물론 기업활동의 연장하에 노동자들의 여유시간과
일상적 생활까지도 포섭하고 이데올로기적으로 통제하려는 전인격적 관리
경향이 나타난다. 인격적 종속을 꾀하고자 하는 관리의 욕망은 비단 현재
의 경영관리기법에서만 드러나는 것은 아니다. 하지만 현대의 기업문화 기
법이나 일본적 관리스타일은 기업의 이윤추구 목적에 노동자들 및 가족구
성원들을 제도적·상징적 자원의 의도적 계획하에 동원함으로써 무의식적
측면까지도 조작하여 이데올로기적으로 종속시키고자 하며, 더 나아가서
이러한 욕망은 지역사회 주민과 국가 전체적인 차원으로 확장되는 경향을

---

* 이 글은 숙명여대 교육학과 고경임 강사와 같이 J협회를 대상으로 사례연구한 결
　과이다.
　1) 최근 국내에서 이와 관련된 논의로는 백욱인(1994: 45-69)을 참조할 것.

띠고 전개된다는 점에서 과거의 것들과 차이를 갖는다. 이러한 양상은 대중의 일상생활의 거의 전영역들이 자본의 식민지화됨에 다름 아니다. 세계 여러 나라들의 경영관리자들이 일본적 생산방식이나 조직문화론으로부터 배우는 중요한 교훈 중의 하나가 노동자들에게 틈새나 여유를 갖지 못하도록 쉴 새 없이 어디에나 뛰어 다니며 통제하면 무엇인가 성과로 남는 것이 있다는 점일 것이다.[2] 이러한 이데올로기적 통제기법들은 마치 '노동자 대중들이 관리의 시선에서 조금이라도 벗어나서는 불안해서 못견디는 것'처럼 노동자 대중의 삶의 전영역을 자본의 통치와 관리하에 두고자 하는 권력의 욕망을 구체화하고 있는 기법들이다.

이러한 점에 근거해 볼 때, 이데올로기적 각축장으로서의 문화적 지형은[3] 노동운동 및 민중운동에서 새롭게 문제를 제기하는 주요 영역으로 부각될 수밖에 없다. 그러나 노동운동 진영에서 전개해 온 기존의 문화운동이나 교육활동을 통해서는 자본의 다양화·세련화되는 노동통제기제와 정치·이데올로기적인 총체적 공세에 적절히 대처해 내기에 너무나도 미흡할 뿐 아니라, 대체로 대안 부재에 봉착해 있는 것이 현실태라고 볼 수 있다. 그 중에서도 특히 노동자교육 활동부문에서는 90년대 초부터 "노동자교육의 체계화, 전문화, 과학화"의 기치 아래 대중적 지향을 띠고 새로운 교육방법과 내용을 모색하여 왔지만 극히 제한적인 교육효과만을 거둘 수 있을 뿐, 현재의 변화된 국면에서 적절한 대안을 마련하지 못하고 있는 실정이다. 그뿐 아니라 보다 심각한 문제는 이러한 대중성을 표방하고 있는 노동자교육활동이나 노동자 문화운동들이 과거의 수공업적·서클주의적인 조직화방식 및 운영원리에서 크게 벗어나지 못하고 교육을 단지 조직화의 수단으로만 조급하게 활용하려는 경향이 지속적으로 재생산되고 있다는

---

2) P. Thompson & D. McHugh, *Work Organizations*, London: Macmillan, 1990.
3) I. Wallerstein, "Culture as the Ideological Battleground of the Modern World System," in M. Featherstein(ed.), *Global Culture*, London: Sage, 1990.

점이다.

이러한 경향은 도구주의적이고 실용주의적이며 주체중심주의적4) 교육론과 교육활동의 실천적 편향들에서 벗어나지 못함으로써 야기되는 경향이다. 따라서 대중적 정치·이데올로기라는 보다 폭넓고 새로운 문제인식의 지평위에서 문화적·정치적 형태로서 교육이 개념화되고 조직과 정책적 프로그램이 이에 수반될 때 노동자교육운동과 문화운동의 보다 구체적이고 적절한 대응이 모색될 수 있을 것이다.

따라서 여기서는 조직중심적이고 실용적 경험주의를 바탕으로 하고 있는 기존의 노동자교육론, 나아가 민중교육론이 지니고 있는 문제들이 오히려 노동운동의 발전에 장애요소로 작용할 수 있음을 강조하고자 한다. 또한 이러한 논의는 새로이 변화된 정치·이데올로기적 지형에 기초한 문화·정치적 형태로서 노동자교육, 노동자 문화운동, 노동자조직의 문제로 기존의 문제인식들을 전위시켜 사고함으로써 보다 구체적인 교육방법론, 교육기법, 교육 프로그램의 생산을 준비하는 교육론적 탐색의 성격을 띤다.

이 부분의 구성은 다음과 같다. 첫째, 노동자교육의 방향전환을 요구하게 된 노동현장의 변화, 즉 기업에서의 정치·경제·이데올로기적 지형의 변화를 살펴보고 노동자교육이 지닌 문제점과 원인들을 진단한다. 둘째로는 노동조합의 교육활동을 중심으로 교육현장에 대한 참여관찰 자료를 통하여 그 논의들을 뒷받침할 것이다. 셋째, 노동자교육의 문제의 근거로서 기존 교육론을 비판적으로 검토하고 문화·정치 형태로서의 대중적 노동자교육론의 방향을 탐색한다. 마지막으로는 대중적 노동자교육론과 관련하여 노동조합운동에 대한 정책적 함의를 찾아보려고 한다.

---

4) 여기서 말하는 주체중심주의는 단순히 자원주의(voluntarism)를 뜻하는 용어가 아니다. 이것은 인간주의와 경험주의적 편향, 그리고 이를 반영하고 있는 관념론적 대중동원이데올로기를 지칭하고자 하는 용어이다. 따라서 흔히 언급되는 변혁주체나 프롤레타리아트라는 통념들에 부착되어 있는 모순성과 환상성을 비판적으로 인식하지 못하는 경향을 지적하고자 하는 용어이다.

## 1. 왜 노동자교육이 문제인가?

### 1) 노동현장의 변화와 교육의 새로운 요구

현재 노동자교육의 문제는 세계 경제구조의 재편에 따른 정치·이데올로기적 지형의 변화, 그리고 그에 따른 노동운동진영의 위기와 맞물려 있다. 세계 각국에서 전개되고 있는 노동시장 및 노동과정의 유연화, 자본이동의 국제화, 지역주의적 경제블록화, 국가정책의 신보수주의화 등에서 드러나듯이 자본축적 구조의 유연적 재편이 전세계적으로 전면화, 현실화되어 가고 있다. 특히 포드주의적 축적체제를 특징지었던 개입주의적 복지국가 및 안정적 노사관계 유지정책이 퇴조해 가고 노동시장 및 노동과정에서의 유연화 공세는 선진자본주의국들에서조차 노동운동에 심각한 위협을 주고 있으며 노동자들에게는 직무 및 고용불안을 야기하고 있다.5) 우리사회의 경우도 예외가 아니어서 독점대기업들을 중심으로 '경영혁신운동,' '의식개혁,' '생산성증진운동,' '노사관계의 안정화' 등의 구호로 치장한 각종의 자본합리화운동이 지속적으로 전개되어 왔으며, 동시에 신정부는 문민정부라는 명분에 힘입어 경제 및 관료엘리트들의 '국가경쟁력' 이데올로기를 전면에 내걸고 전국가적 동원체제의 구축을 꾀하고 있음을 볼 수 있다.6)

다른 한편으로 최근 수년간 국내외의 역사적 경험(사회주의권의 몰락, 문민정부의 등장 그리고 민중운동의 부진 등)들에 의해 특징지을 수 있는 정치·이데올로기적 지형의 급속한 변화는 기존 노동운동의 노선 및 전략들을 냉철하게 재평가할 것을 요구하고 있다. 이러한 사정들은 보다 세련화되고 다양화된 노동통제기법과 이데올로기적 공세에 대한 대응 방향을

---

5) 이러한 경향에 대해서는 대표적으로 하이만과 훼너의 다음 책을 참조할 것. A. Ferner & R. Hyman(eds.), *Industrial Relations in the New Europe*, Cambridge: Basil Blackwell, 1992.

6) 신병현·김도근, 「자본의 합리화 운동의 신경향: 기업문화전략을 중심으로」, ≪동향과 전망≫ 가을호, 1993.

적극적으로 모색하도록 강제하고 있으며, 미분화된 기존의 운동방식과 운동영역들의 분화를 가속화시키고 있다.

이러한 정치·경제·이데올로기적 지형의 변화에 대해 적절하게 대응하지 못하는 노동운동진영의 모습은 87년 급격한 고양 이후 상대적인 침체를 보이는 노동운동의 전개양상과는 별개의 맥락에서 파악될 필요가 있다. 노동운동계의 대응부재와 조직형식주의적인 진단 자체가 노동운동 및 노동조합운동과 관련된 조직론·이데올로기론적 공백과 곤란을 보여주는 것이기 때문이다. 또한 저간의 노동운동조직들의 이합집산과정을 통해 드러나는 민중운동을 둘러싼 정치·경제·이데올로기적 맥락의 급속한 변화들은 기존의 조직과 이데올로기관에 대한 전면적인 검토를 요구하고 있음을 알 수 있다. 노동운동 및 노동조합운동과 엇물려 있을 수밖에 없는 노동자교육 및 노동자문화운동은 교육활동 자체가 지닌 문제와 더불어 이중적인 위기에 봉착해 있는 것이다. 이러한 정치·이데올로기적 지형의 변화들은 노동운동진영으로 하여금 현재 급속하게 진행되는 자본합리화가 야기하는 수많은 문제들에 대응하지 못하는 한계를 노정케 하고 주로 교육(의식화) 또는 조직형태의 개편 등에 국한된 조급한 대안탐색으로 이끄는 듯하다.

최근의 신경제정책의 구호와 논리는 주요 대기업에서 전개되고 있는 경영혁신운동, 그 중에서도 기업문화전략에 근거한 구호 및 논리와 정확하게 일치한다. 이러한 점으로부터 우리는 현단계의 자본합리화운동으로서 경영혁신운동의 성격이 과거와는 다른 요소를 포함하고 있음을 읽어낼 수 있다. 그것은 곧 생산방식과 경영관리에서의 유연화를 실현가능하게 만드는 조건들을 적극적으로 형성하려는 자본의 총체적인 정치·이데올로기적 자원 동원의 모습이다.

또한 주요 대기업들을 중심으로 추구되고 있는 자본합리화운동은 유연화전략(특히 자동화, 성력화 또는 소인화 정책)으로 특징지을 수 있다. 다기능화를 통한 소인화 정책은 과거보다 적은 인원으로 기존의 작업량을 달성하도록 강제함으로써 고도의 과밀노동을 이끌고 있고, 그에 따라 생활임금의 보전을 위한 장시간의 노동을 초래하고 있다. 그리고 이같은 유연화전략을 구체적으로 실현하는 장치로서 능력주의적 인사관리에 기초한 신인사제도의 도입이 추진되고 있다. 여러 직종의 직무들을 관련된 주변 직무들과 통·폐합함으로써 직종 수를 줄이고 다기능화에 의한 숙련형성을 꾀하고자 하는 신인사제도(특히 직능자격제도)는 공정과 시설의 합리화 조치와 결합되면서 자본합리화의 효과를 상승시키게 된다. 그러나 이러한 신인사제도로의 개편시도는 경직된 분업구조와 단순반복적인 작업수행에 기초한 전통적 숙련구조를 해체하고 지속적인 숙련형성을 가능하게 하는 업무수행체계로의 근본적으로 개편을 추진하는 것이 아니다. 기업들에 의해 모색되고 있는 일련의 방향들은 숙련형성과 노동의 인간화를 위한 공정개선과 직무재설계와는 무관하다. 아울러 신인사제도가 지닌 능력주의적 요소는 노동자들간의 경쟁을 조직화함으로써 노동자들에 대한 개별적이고 차별적인 관리를 가능하게 한다. 신인사제도의 핵심적 내용이라고 할 수 있는 인사고과권의 강화는 현장의 노동통제체제를 재확립하기 위한 수단으로 이용되고 있다. 결국 이러한 전략적 시도들은 작업장 권력을 관리자 및 감독자 중심으로 재편하여 현장으로부터 노동조합을 배제하고자 하는 노동조합배제적 합리화조치들인 것이다.

좀더 구체적으로 이데올로기적 통제기제들을 살펴보자. 먼저 교육훈련의 경우, 기업에서 이루어지는 대부분의 교육훈련 프로그램들은 관리직, 감독직 중심으로 운영되고 있으며 생산직을 대상으로 하는 경우는 형식적으로 운영되거나 심지어는 기본적인 훈련 프로그램조차 갖추어지지 않은 경우도 많다. 교육훈련 내용을 보면 여러 기업들에서 실시된 바 있는 다물교육, 한마음교육처럼 주로 정신교육에 치중되고 있는 실정이어서 작업시 요구되는 지식이나 숙련형성과 관련된 내용과는 거리가 먼 기업문화적 이데올로기 통제차원으로밖에 이해할 수 없는 교육훈련들이 실시된다. 기업의 교육훈련뿐만 아니라 제안제도나 분임조활동과 같은 인센티브적 성격을 띤 참가제도들도 그것의 강제성과 비자발성, 실질적 개선 및 제안활동에 대한 지원부재, 그리고 능률급제를 통한 반별 경쟁의식 강화효과 등에 기초하여 볼 때, 경영합리화전략과 기업문화적 이데올로기 통제의 결합으

로서 그 성격을 올바르게 파악할 수 있다. 품질향상운동이나 생산증진운동
은 과거 새마을운동의 일환으로서 사상적·이데올로기적 측면에 중점을 둔
동원운동적 성격이 컸다. 그러나 최근 들어 전개되고 있는 품질향상 또는
경영혁신운동들은 '일본 따라잡기, 의식개혁, 노사화합, 정리정돈, 근무기
강확립, 포상의식 치르기, 배지달기' 등에서 드러나듯이 의식화, 행동의 규
율화, 신체화, 습관화, 상징화 등 기업문화적 통제장치들의 정교한 배치를
통해 이데올로기적 동원체제를 구축하려는 시도이며, 그와 더불어 품질향
상과 공정개선을 통한 생산성향상과 원가절감을 추구하려는 것으로 볼 수
있다.7)

　　이데올로기적 통제장치로 이용되는 것은 이에 국한되지 않는다. 교육훈
련이나 복리후생관리의 경우도 이와 유사한 양상으로 전개되어 왔음을 볼
수 있다. 생산직을 대상으로 제공되는 복리후생 혜택은 사실상 부족한 생
활임금을 물질적·문화적 형태로 보전해 주는 성격을 지닌다. 따라서 노동
자들은 회사에서 제공되는 복리후생 혜택을 큰 무리 없이 향유할 수 있는
것이다. 그러나 여러 기업들에서는 이를 기업문화적 통제의 장치로 이용하
기도 한다. 이벤트 행사나 노동조합을 우회한 노동자들과의 직접적인 대면
적 접촉을 꾀함으로써 인간관계를 개선하고 유대감을 형성시키고자 하는
경향이 드러나고 있으며, 심지어 가족구성원이나 지역사회 전반에 영향을
미치는 기업행사가 추진되기도 한다.8) 이러한 것들이 초래할 수 있는 부
정적 효과는 노동자들의 노동조합의식을 약화시키고 노동자들과 노동조
합, 지역공동체 구성원과 노동자들간의 관계를 소원하게 만들 수 있다는
점이다. 물론 이와 같은 가족·지역공동체를 통제하고자 하는 기업문화적·
이데올로기적 통제시도는 노동조건 개선과 지역사회발전에서의 실질적 노
력이 동반되지 않는 한, 그 의도가 지속적으로 의심받을 수밖에 없다. 그
러나 어느 노동조합도 이에 대한 직접적이고 효과적인 대응책을 거의 마

---

7) 이에 대해 보다 상세한 논의는 신병현·김도근(1993b)을 참조할 것.
8) 이의 대표적인 예로서 현대중공업, 대우자동차 등을 들 수 있다.

런하지 못하고 있는 것이 노동운동의 현상태이다.

기업문화전략에서는 노동과정을 포함하여 노동자들의 삶 전반이 이데올로기적 통제의 표적이 된다. 따라서 단순한 몇 차례의 교육이나 문건을 통한 홍보만으로는 노동조합의 적절한 대응이 될 수 없다. 자본의 공세는 노동과정에서 이루어지는 구체적인 경험(관리자 및 동료들과의 관계, 인사관리 및 제도와 관련된 문제 등), 그리고 가족생활, 문화생활, 소비활동, 지역사회활동 등 일상생활 전반에서 대면하는 다양한 경험이나 변화들에 대한 이데올로기적인 전위의 시도에까지 이르고 있기 때문이다. 그런데 과거의 풍물이나 강연, 강습 등의 문예활동 위주의 노동자문화운동이나 교육은 더이상 효과적일 수 없다. 왜냐하면 노동운동의 고양시기에 투쟁성을 고취시키기 위한 선전활동 측면으로 협소하게 국한된 문예활동 및 교육활동은 노동자들의 일상적 삶의 과정에서 겪는 다양한 경험을 포괄하기 힘들며 변화된 이데올로기적 지형하에서 기존의 문예 및 교육활동은 선동의 수단이라는 이미지를 쉽사리 탈각하기 어렵기 때문이다.

이처럼 자본합리화와 정교해 가는 이데올로기적 통제 시도들에 대해 노동조합들은 총체적이고 중장기적인 정책을 수립하고, 그에 기초한 적절한 대응이 시급하게 요청받고 있는 것이다. 그 중에서도 신인사제도나 기업문화전략과 같이 노동자들의 노동과정 및 일상생활의 전영역에 이르는 이데올로기적 통제를 꾀하는 시도들은 노동조합의 매개 없이 직접적인 인간관계를 통해 노동자들을 포섭하고 이데올로기적으로 종속시키려는 장치들이라는 점에 특히 주목해야 할 필요가 있다. 그것들의 효과는 곧 노동조합의 현장권력의 약화와 나아가서는 노동조합의 파괴에까지 이를 위험을 내포하기 때문이다. 설사 노동조합이 존속된다고 하더라도 뷰러웨이가 보여주듯이 노동자들에 의한 잉여가치의 창출을 확보하고 그것을 은폐하는 이데올로기 장치로 전락할 위험이 다분히 있는 것이다.[9] 이와 같이 노동과정뿐 아니라 노동자들의 일상생활 전영역에 걸쳐 전개되고 있는 자본의 이

---

9) M. Burawoy, *The Politics of Production*, London: Verso, 1985.

데올로기적 통제시도는 기존의 문화활동 및 교육활동으로는 도저히 감당하기 어려운 수많은 문제들을 제기하고 있는 실정이다.

### 2) 노동자교육의 현실과 문제

노동자교육이란 용어와 개념은 아직 학계나 실천활동 어느 부분에서도 정리되어 있지 않다.[10] 우선 용어의 측면에서 보면 이 용어와 가장 혼용되고 있는 노동교육은 '노동과정 전체에 발생하는 제반 교육문제들'을 포괄하고 있지만 노동자교육이라는 용어와 함께 노동운동진영에서 일반적으로 통용되고 있다. 한편 학계에서 쓰이는 노동자교육은 대상에 따른 다양한 사회교육의 한 형태로 분류되고 있으며, 따라서 자본과 국가에서 수행하는 노동자 대상의 모든 교육을 포함한다. 단지 실시주도권을 누가 갖고 있느냐에 따라 구분할 뿐이다. 그러나 최근 자본측이 주도하는 노동자대상 교육은 '기업교육,' '산업교육'이란 용어로 특정화되고 있으며,[11] 정부주도의 노동자교육에서는 노동자교육이란 용어사용보다는 교육내용과 목적 중심으로 '직업기술교육'이나 '노사관계교육'으로 직접 사용한다. 따라서 현재 우리나라에서 노동자교육이란 용어는 노동자측 주도의 교육을 의미하는 편이다.

또한 노동자교육에 대한 개념도 마찬가지로 명확하게 정리되어 있지 못하다. 왜냐하면 노동자교육이 특정한 교육이론에 의해 정리되고 그것을 실천하는 교육활동이기보다는 노동운동의 일환으로 추진되고 있는 다양한 활동 중의 교육적 요소나 의미가 있는 활동을 인위적으로 명명한 것이기 때문이다. 이러한 관점에서 볼 때 노동교육의 개념은 선험적인 규정보다는

---

10) 정우현, 「노동교육의 사회교육적 의의」, 『사회교육론』, 교육과학사, 1993; 김민호, 「노동자교육에 대한 정치경제학적 접근」, ≪사회교육학연구≫ 3(2), 1993; 박세현, 「노동운동의 현황과 노동자 대중교육의 과제」, 김성재 편, 『평화교육과 민중교육』 풀빛, 1990.
11) 한준상, 『산업인력자원개발』, 양서원, 1993.

노동자교육을 수행하고 있는 담당자들이 '자신의 교육활동을 어떻게 정의 내리고 어떠한 활동을 교육으로 규정하는가'에 따라 규정될 필요가 있다. 그런데 지금까지 노동자교육은 '노동대중의 투쟁과 조직을 강화·확대하기 위한 노동자의 주체적 의식화 과정,' '대자적 계급의식을 갖게 하는 목적의 식적 실천활동' 등으로 개념화되어 왔는데, 이같은 개념화는 주로 조직과 의식범주에 입각한 것이었다. 이 글은 최근의 이데올로기와 문화에 관한 이론들에 터하여 노동자교육을 의식의 범주만이 아니라 무의식적 과정과 일상적 문화범주를 통해 계급주체를 형성하는 제반과정 및 활동으로 재정 의하려고 한다.

그러면 현장의 변화에 대해 현재 노동운동진영의 노동자교육은 구체적으로 어떠한 문제와 대응양상을 보이고 있는가? 87년의 노동자대투쟁을 계기로 등장한 각종 노동상담소와 연구소, ○○학교, ○○교실 등은 민주 노동운동을 지원하는 노동자교육을 활성하는 데 많은 기여를 해왔다. 그러나 90년대 초 노동운동의 퇴조와 함께 활동이 침체되어 오면서 새로운 방향모색을 추구하게 된다. 그 한 양상은 노동자교육의 '체계화, 전문화, 대중화'의 기치 아래 '자취방의 학습소모임 방식'의 소수 선진노동자를 대상으로 한 이념편향적 교육에서 벗어나려는 시도였고 전국적 노동조합조직의 체계와 관련하여 다수의 노동대중을 대상으로 구체적이고 대중적인 교육을 수행하는 것이다. 하지만 여전히 피교육자인 노동자들에게 교육이란 '현실적으로 도움이 안되는 것,' '딱딱하고 어려운 것,' '이미 아는 사실을 때가 되서 다시 한 번 되풀이하는' 연례행사쯤으로만 여겨질 뿐이다. 그리고 '현실과의 괴리'를 보이는 교육의 문제를 노동자들은 오히려 당연한 것으로 인식하고 있는 실정이다. 따라서 노동자교육의 궁극적 효과인 노동자로서의 계급적 정체성 형성[12]은 물론 현실에서 노동자들이 부딪히는 실천

---

12) 계급정체감은 노동자가 '나는 누구이고, 지금 왜, 어디에서 무엇을 하고 있는가' 등에 대한 것을 제반 사회적 관계 속에서 질문하고 확인하여 스스로를 노동자계급의 일원으로 인식하고 운명을 긍정하는 것이다. 이는 의식, 태도, 가치, 행동양식 등을 다 포함하는 개념인데, 만(H. Mann, 1980)은 이를 계급의식의 4범주의

적 문제를 해결하기 위한 매개로서, 그리고 노동자의 조직화과정이자 수단으로서 교육의 효과는 거의 담아내지 못하고 있다. 이러한 교육의 문제를 단적으로 표현한다면 '교육과 실천 혹은 교육과 현실의 괴리'일 것이다. 이는 "투쟁기에 교육을 많이 함에도 불구하고 투쟁에 도움이 안되었다," "교육을 받고 사업장에 돌아가서 실천으로 결합되지 않는다," "교육내용과 체계가 형식화와 타성에 치우쳐 교육의 성과가 거의 없다" 등으로 표현되고 있다. 그러나 이러한 다양한 언표 속에 전제되어 있는 것은 노동자교육이 노동자들의 현실을 극복하기 위한 의식고양과 이를 위한 실천으로 투쟁과 조직을 강화해야 함에도 불구하고 교육현실은 그렇지 못하다는 인식이다. 이는 흔히 교육에 대한 홍보의 어려움, 즉 아무리 그럴듯한 교육 프로그램과 강사진으로 기획한다 해도 교육받을 노동자들이 참여하지 않는다는 곤란으로 나타난다.

그러나 노동자교육이 그 실천적 효과를 가져오지 못한다는 문제는 오늘에 와서 새롭게 제기된 것은 아니다. 오히려 노동자교육이 존재한 이래 지속적으로 제기되어 온 일반적인 문제이면서, 최근의 이데올로기 통제 중심으로 나타나는 노동현장의 변화에 따른 대응이라는 차원에서 노동자교육의 필요성은 더욱 부각되고 있는 것이다. 이러한 노동자교육의 문제를 극복하기 위한 최근의 시도들을 살펴보면 추상적인 수준에서 두 가지 유형으로 분류할 수 있다.

첫째, 노동자교육을 현실화하기 위해서는 교육의 내용과 형식을 개발하고 이를 전문화해야 한다는 견해이다. 즉 교육대상에 적합한 교육내용과 효과적인 교육방법을 개발하여 노동자들의 참여도를 높이고 현장에 보다 더 가까이 다가가야 한다는 견해이다. 이러한 입장은 교육의 효과를 담지하는 피교육자와 그들의 현실에 준거한다는 점에서 그 정당성이 인정되지만 반복되는 교육과 실천의 괴리라는 문제를 정면으로 또는 이론적으로

---

하나, 즉 계급정체성(class identity), 계급적대(class opposition), 계급총체성(class totality), 대안적 사회인식(conception of an alternative society) 중의 하나로 한정하기도 한다.

인식하지 않고 단지 경험적 반성의 수준에서, 그리고 방법론적 전환을 통해 타개할 수 있다고 보는 낙관적 태도를 드러낸다. 이러한 태도는 노동자들의 의식변화에 큰 효과를 거두는(?) 자본측의 기업교육을 기법차원에서 차용하여 노동교육에서 도구적으로 활용하는 방안을 모색하는 것으로 과도하게 논리가 전환되기도 한다.

둘째, 실천과 괴리된 노동자교육의 문제는 '올바른 노동자 이념과 이론'이 교육되고 있지 못하다는 인식하에 더욱 체계적인 노동자 이념교육을 수행해야 한다는 견해이다. 즉 현재와 같이 노동운동과 교육이 침체된 상황에서는 오히려 그 어느 때보다도 '올바른' 노동자 이념을 체계적이고 순화된 언어로 정리하여 교육시켜야 한다는 것이다. 물론 이는 첫 번째의 낙관적인 입장에서 배제된 이론적 반성을 고려한다는 점에서 의미를 지니지만, 노동자교육과 그 이념이 노동자들의 실천과 융합 속에서 모순적으로 구성되는 것으로 보지 않고 하나의 완결된 이론적 체계로 인식함으로써 변화 속에서도 정통만을 고집하는 교조적 편향성을 띤다는 것을 지적할 수 있을 것이다.

그러나 이러한 노동자교육의 방향에 대한 두 가지 견해는 문제의 본질을 인식하지 않는 공통점을 지니고 있다. 노동자교육과 이론을 노동운동과 실천을 연결시키는 단선적인 전달벨트로 인식하고 노동자교육의 문제를 방법론적 측면에서의 효율성 제고만으로 극복할 수 있다고 보거나, 올바르지 못한 편향을 이론적 정통성의 회복으로 바로잡아 보려는 것은 교육과 실천을 등가적으로 대립시키는 것이다. 이를테면 기계적 변증법 논리에 의해 타개해 보겠다는 동어반복적·관념론적인 편향에 다름 아닌 것이다. 노동자교육은 단지 특정한 기능이나 또는 교육이란 순수한 관념의 형태로 존재하는 것이 아니라 기존 노동운동의 한계와 가능성, 즉 자본주의의 계급적 실천을 규정짓는 조건과 형태, 그 효과에 의해 부단히 규정되는 동시에 영향을 주면서 새롭게 전화되어가는 모순적 구성물 그 자체로 인식되어야 할 것이다. 그러나 노동자교육의 문제를 노동운동 속에서 존재해 온 이론과 실천의 불균등한 모순으로 인식하지 못하는 것은 그동안 노동자교육을 규정해 온 노동운동 및 그 이론적 난점과 관련된 것으로 파악해야 할 것이다. 이러한 점은 노동자교육에 대한 제반 규정과 이론 및 실천에서 그대로 드러나고 있다. 즉 의식화과정으로서 노동자교육은 이데올로기론과 조직론의 공백 속에서 의식을 담보하는 실체로서, 그리고 노동자계급을 조직화하는 수단으로만 기능함으로써 노동자교육 스스로의 위기를 초래하고 있다. 더구나 교육이란 것 자체가 그 목적과 대안을 뚜렷이 갖고 있다 하더라도 그것을 서로 공유하는 교육자와 피교육자의 경험과 상태, 그들간의 상호 작용, 교육의 구체적 상황과 조건에 의해 영향을 받아 그 효과가 직접적이고 즉각적으로 나타나는 것이 아니라 불확실하고 유동적인 것이란 점이 어려움을 가중시키고 있다.

이러한 곤란을 좀더 구체적으로 파악하기 위해서는 노동자교육이 현실적으로 어떻게 이루어지고 있는지, 노동현장의 제반문제가 교육의 장면에서 교육자와 피교육자라는 교육참여자에 의해 어떻게 서로 공유되고 인식되는지, 그 과정에서 나타나는 난점은 무엇이고 이것이 어떻게 처리되는지, 궁극적으로 그러한 교육활동의 경험으로 인해 피교육자에게 노동자적 정체성이 과연 확보될 수 있는지에 대한 문제를 해명하는 과정이 요구된다. 따라서 우리는 이러한 문제들을 보다 구체적으로 인식하는 데 도움을 얻기 위해 실제 노동자교육을 실시하는 대표적인 기관과 그곳의 교육 프로그램을 참여관찰하였다.


## 2. 노동자교육의 사례분석
### -노동조합교육활동을 중심으로

### 1) 연구대상과 방법

참여관찰(participants observation)과 면담(interview)은 연구방법론상 질적 방법(qualitaive method)에 속한다. 우리는 새로운 문화적 요

소를 지닌 노동자교육활동에 대한 이론적 분석틀이 부재하다는 점, 그리고 기존 노동자교육활동을 지배하는 담론과 실천의 재구성이 필요하다는 점에서 질적 연구의 방법을 선택했다. 왜냐하면 질적 연구방법의 장점은 실험이나 설문조사 등의 양적 방법론이 객관적 조건과 사회적 관계를 무시한채 조직성원들의 주관적 태도나 지각적 반응의 측정결과에만 의존함으로써 객관적 조건과 주관적 태도의 역동적 상호관계와 현실구성과정을 규명해낼 수 없다는 한계를 극복할 수 있기 때문이다. 우리가 참여관찰13)한 연구대상은 'J협회' 교육국의 교육활동이다. 94년 2월 한 달간의 짧은 연구기간이지만 2개의 교육 프로그램과 교육관련 회의 및 활동에 참여하여 일상적인 면담과 각종 문서자료14) 수집 등을 통해 현장에서 이루어지는 교육의 과정을 개괄적으로나마 인식할 수 있었다.

J협회는 1990년 초 민주노조의 결집체로 창립된 이래 현재까지 많은 어려움 속에서도 민주노동운동의 발전과 확산의 구심체로서 그 활동을 전개해 왔다. 그 중 한 사업부서인 교육국은 87년 이후 급속하게 활성화되었던 각종 상담소와 연구소, 교육단체 등의 교육활동이 90년 이래 정세변화에 따라 침체 또는 중단상태에 놓여 있는 상황임에도 불구하고 단사와 산하 지역협회의 조직체계를 통하여 여전히 활발한 노동조합교육을 실시해왔다. 주로 이 곳은 단위사업장 노동조합의 간부와 교육담당자, 산하 지역협회 교육담당자들을 대상으로 1년에 4회 정도의 중앙교육15)을 실시하고,

---

13) 그러나 질적 방법에 의한 현장연구(field work)는 직접적인 자료의 대면과 생생한 일상성 관찰의 질을 높이기 위한 전제조건인 '이론에 구속 없는 직관적 자연주의'를 극복하기 위해 체계적인 문제의식의 설정, 이론적 분석틀의 구축 등이 이루어져야 하는데, 본 연구에서는 이 점이 철저하게 보장되지 못한 한계를 지닌다.

14) 그동안 실시된 교육사업보고서, 교육 프로그램, 교안, 교육활동사례, 교육관련 회의자료, 교육신청서, 참가자 사업장 소개서, 교육평가서 등이다.

15) 주로 임금투쟁시기와 노동법개정투쟁시기의 투쟁을 준비하기 위한 교육이 '배치'되는데 이를 상·하반기로 나누어 일반간부교육(수련회)과 교육역량강화교육을 각 2회 실시하고 있다. 특히 후자의 교육은 전국 노동조합의 교육담당자를 위한 교육으로 J협회 교육국의 가장 핵심적 교육이며, 따라서 90년부터 현재 상반

일반조합원들에 대한 교육은 주로 지방이나 개별 단사에서의 교육요청에 따라 출장강의의 형태로 지방순회교육16)을 수행하고 있다.

또한 교육국은 교육담당자교육 이외에 J협회 각 부서의 교육활동도 지원하여 조직, 문화, 선전, 여성, 조사통계, 산업안전 등 J협회의 제반 노조 활동의 교육사업을 총괄17)하고 있는 셈이다. 이러한 활발한 교육활동에도 불구하고 이 곳 역시 최근에 들어서는 여타 노동자교육기관과 마찬가지로 교육활동의 새로운 방향을 모색하고 있다. 이 곳은 단사와 산하 지역협회의 긴박한 현장적 요구로 인해 다른 교육기관보다 새로운 교육활동과 정책적 대안마련에 더욱 고심하고 있다는 점에서 현노동자교육이 처해 있는 문제상황에 보다 첨예하게 직면해 있기 때문이다. 이에 대한 J협회의 문제의식은 다음의 면담내용에서 잘 나타난다.

"자본의 발전추세에 비교하면 우리의 사업방식들은 낡은 것이라고 보여집니다. 특히 교육이란 부문은 중장기적으로 계급역관계를 결정지을 수도 있는 중요한 부문이기도 할 것입니다. 따라서 교육의 기획과 진행, 강의 방식과 기법 등에 대해 가능하다면 자본에서 진행하는 방식과 비교·평가할 수 있는 조건을 확보한다면 무척 도움이 될 것입니다."

이러한 문제의식을 느끼면서 J협회 교육국에서는 '자본을 능가하지는

---

기까지 7차에 거쳐 수행해 왔다(91~93년도 J협회 사업보고서).

16) 지방순회교육의 경우에도 실상은 교육담당자 및 간부를 대상으로 한 교육이다. 주로 강사지원, 또는 교육기획 및 지원의 형태로 이루어지고 있는데(93년도 현황을 보면 강사지원교육은 93회 이상, 교육기획 및 지원은 5회 이상을 수행했다. 교육국의 성원이 3인으로 구성되어 있는 현상황으로 볼 때 정기적인 중앙기획교육과 함께 단사·지역교육 지원사업까지 수행한다는 것은 많은 어려움이 뒤따를 수밖에 없다) 조합원 교육은 이 교육을 받은 교육담당자들이나 간부에 의해 이루어진다. 그러나 J협회 교육활동가가 조합원 교육을 실시하는 것은 지역순회강연을 통해서 이루어질 뿐이다(93년도 J협회 사업보고서).

17) 그 외에도 교육자료집(교안지침서, 교육사례집)과 매체(비디오, 슬라이드, 만화)를 제작하고 교육정책연구사업으로 교육현황실태조사, 교육내용과 형식에 대한 연구활동을 하고 있다.

못하더라도 최소한 이에 대응할 수 있는,' 그러면서도 동시에 '노동자들의 요구와 사상을 반영할 수 있는' 교육에 대한 연구나 정책사업의 필요성을 절실히 느끼고 있었다. 그러나 이에 대한 준비와 사업계획을 세울 틈도 없이 노동현장에서 긴급하게 요구되는 교육지원사업을 감당해내기에도 힘든 것이 현재의 조건이다. 이러한 어려움 속에서 진행되는 교육자들의 고민과 갈등, 피교육자들의 교육에 대한 욕구 등이 참여관찰한 「제○○기 교육역량강화교육」에서도 잘 드러나고 있다.

### 2) 교육 프로그램의 진행과정

이 교육은 94년 2월 26일부터 28일까지 2박 3일 동안 서울 근교 교외 수련관에서 이루어진 숙박교육으로, 94년도 임투준비기를 맞이하여 노조 교육 담당자들의 실무역량을 강화하기 위해 마련한 것이다. 교육국에서는 이와 같은 교육을 매년 상·하반기로 나누어 각 2회 정기적으로 실시하고 있는데, 그 내용은 교육담당자들의 교육기획능력과 강의능력을 훈련시키기 위한 것으로 마련[18]되어 있다. 교육의 기획과정은 매년 투쟁의 이데올로기적 지형을 밝혀주는 정세교육과 시범강의의 내용을 제외하고는 비슷한 내용과 방법(실습교육)으로 이루어지고 있기 때문에 거의 관례적인 일들로 처리된다. 그러나 올해의 특이한 점은 예년에 비해 훨씬 많은 교육생들이 교육참가를 신청했다는 것이고,[19] 이는 많은 사업장의 간부들이 새

---

18) 이번에 참관한 교육 프로그램인 「94 임투승리를 위한 제○○기 교육역량강화교육」의 내용을 살펴보면 다음과 같다. 첫째 날은 ① 참가자 소개, ② 강의 1: 94 임단투를 둘러싼 정세와 투쟁의 방향, ③ 강의 2: 94년 임단투 교육활동 어떻게 할 것인가? ④ 함께 어우러지기: 분반활동으로 구성되고, 둘째 날은 ①분반실습: 교육사업계획 수립훈련, ② 시범강의: 국가경쟁력강화 비판과 대안, ③ 교안작성 실습: 정부·자본의 논리 반박, ④ 단결의 밤: 친목시간으로 구성되어 있다. 셋째 날은 ① 강의 실습, ② 종합토의, ③ 평가회 및 수료식으로 진행된다(J협회 교육 국 「94년 임투를 위한 제○○기 교육역량강화교육 교안집」 참고).

19) 교육참가생이 예년에는 약 30~40명 정도였는데 이 정도의 인원은 현재 J협회 교육국의 인원(3명)으로 실습위주의 교육을 하는 데 그다지 무리가 없었다. 그러

롭게 교체되어 이들 신임간부 대부분이 교육에 대한 강한 요구를 갖고 있
다는 이유 이외에, 그동안 자본과 정부에 의한 이데올로기 공세와 제도개
편 시도들이 대기업뿐 아니라 지방 중소기업까지 확산되고 있는 상황에
처하여 이에 대한 대응책을 마련해야 한다는 현장의 강한 요구를 반영하
고 있음을 보여주는 것이다. 다음과 같은 한 교육생의 진술은 이러한 점을
보여주고 있다.

> "교육생 A: 지금 현장에서는 한마음운동이다, 조기청소다 하여 우리들을 조이
> 고 있고 국가경쟁력인지 하는 것으로 임금억제를 시도한다고 하는데 어떻게 해
> 야할지 모르겠어요. 더구나 이제 교육부장이 된지 얼마되지 않아 뭐가 뭔지 아무
> 것도 모르는 상태에서 임투준비를 해야 한다는 것이 너무 부담스럽기도 하고…
> 그렇다고 그냥 있을 수도 없고 아무튼 다른 곳에서는 어떻게 하나 들어보고 배우
> 려고 왔어요"

이러한 요구를 바탕으로 교육역량 강화교육이 시작된다. 우선 이 교육
의 성격은 현장력과 지도력을 갖추어야 할 노조간부 및 교육담당자를 대
상으로 임무수행능력을 높이기 위한 전문적 실무교육이다. 따라서 교육의
목적이 '실무력을 갖춘 노조간부와 교육담당자를 형성함으로써 다가오는
임단투 승리를 위해 필요한 조직적이고도 다양한 교육사업을 수행할 수
있게' 하려는 것에 있다. 이 교육이 실무교육이라는 점에서 본 연구의 관
심인 '교육을 통한 노동자적 정체성' 확보의 문제[20]가 직접적으로 드러나

---

나 올해의 교육참가생은 50~60명이었으며 현교육국의 실무진으로는 거의 교육
을 감당하기 어려운 상태였다.
20) 이러한 점은 흔히 노동자의 이념교육 또는 정치교육이라는 부문을 보면 확실히
파악할 수 있을 것이다. 그러나 현재의 정세에서 노동자를 위한 이념교육은 거의
실시되지 않고 있고, 실시한다 하더라도 J협회처럼 체계적이고 지속적으로 이루
어지거나 현장의 노동자들만을 직접적으로 대상으로 하지 않는다는 점에서 본
연구의 대상으로 적합하지 않았다. 또한 J협회를 비롯하여 노동자교육을 지속적
으로 하는 기관에서는 거의 노동조합 간부를 대상으로 노조를 운영하는 데 필요
한 실무교육 위주로 실시하고 있다는 점에서 교육을 통한 노동자적 정체성 형성
이란 주제에 적합하지 않았다. 그러나 현 노동조합교육에서는 실무교육 이외의

지 않을 수도 있다. 그렇지만 J협회의 교육은 노동자집단의 계급적 성격을 강조하고 있는 협회의 이념에 따라 아무리 실무교육이라도 기능적인 교육만을 하는 것이 아니라, 그 실무적 내용 속에 '계급성이 녹아들어가게' 하려고 노력하고 있다는 점에서 연구대상이 갖는 한계를 어느 정도는 보완할 수 있을 것이다. 또한 교육대상이 현장의 대중노동자가 아닌 노조간부 중심이기 때문에21) 일정 정도 한계를 지니지만 노조간부 또한 노동자로서 자기 정체성을 지녀야 하는 존재라는 점에서 많은 한계에도 불구하고 본 참여관찰의 의미를 찾을 수 있다.

교육의 프로그램은 크게 네 부분으로 분류되는데 ① 강의, ② 분반토론과 실습, ③ 참가자들의 어우러지기와 단결, 그리고 ④ 의례적 행사들이다. 우선 강의를 보면 정세강의와 노동자교육의 원론에 대한 것, 실습에 필요한 시범강의로 나누어진다. 강의는 각 주제에 맞게 지명도가 있고 전문적인 내부강사를 적절히 배치하여 교육에 대한 기대와 신뢰도를 높이고 있다. 먼저 강의의 첫 프로그램인 정세강의는 주로 노동자계급이 처해 있는 주·객관적 상황과 이를 유지하는 지배이데올로기에 대한 비판, 그리고 이를 극복하기 위한 노동자계급의 단결과 실천방향을 제시함으로써 교육생들에게 노동자계급의 일원이라는 의미를 부여하는 데 주요한 역할을 한다. 이 강의는 "초보자에게 도움이 많이 되었다"라는 교육생들의 반응을 얻어 냈다.

정세강의에 뒤이은 노동자교육론에 대한 강의는 교육실습을 위한 원론적 지침을 제시하는 내용으로 구성되어 있는데, 이는 교육활동가로서 적극적인 역할과 기능을 인식시켜 주기 위한 것이다. 즉 실제 교육담당자로서 임무와 그들이 겪는 어려움을 노동자교육의 기본관점과 그 구체적 사례를 통하여 설명함으로써 노동자교육활동가인 교육생이 갖는 실질적 요구와

---

것은 거의 실시하고 있지 않는 상황이고, 이러한 현상 자체가 바로 현재의 한국 노동자교육의 현실로 인식해야 할 필요가 있었다.

21) 노동조합의 교육은 대상별로 지도자, 조합간부, 조합원 대중으로 분류할 수 있고 각 부서별, 업종별 교육으로도 분류할 수 있다.

경험에 터해 구체적 실천방향 등을 설정하도록 강의가 진행된다. 이에 대해 교육생들은 "교육담당자의 역할이나 중요성을 인식시켜 주었다"라는 반응을 보인다.

시범강의는 정세분석과 노동자교육의 원리를 결합하여 구체적인 교육활동에 대한 사례를 제시하는 것으로, 실제로 교육담당자가 교안을 구성할 때 지켜야 할 원칙들을 예시적으로 보여준다. 따라서 이 강의는 관점 및 인식과 실천행동을 매개하여 교육생들의 정체감을 직접적으로 확인시켜 주고 있다고 볼 수 있다.

두 번째는 교육 프로그램의 가장 중요한 항목인 분반토론과 실습이다. 이것은 강의를 통해 막연하게 인식한 자신의 정체성을 직접적 체험과 몰입을 통해 확인해 나가는 과정이다. 교육의 둘째 날과 셋째 날 전반부까지 모든 프로그램은 분반토론과 실습으로 이루어지는데, 분반활동은 조교[22)] 의 도움 아래 팀장 및 구성원들이 스스로 진행한다. 분반토론과 실습은 '교육계획 잡기'와 '교안작성'을 위한 것으로, 이는 노조교육 활동가가 수행해야 하는 일상업무이지만 교육생들은 강의내용에서 얻은 인식과 동료들과의 토론과정을 통해 그동안 자신이 수행해 온 활동을 반성 또는 확인하면서 자기나름의 활동원리를 체득해 간다. 이 두 가지의 훈련(기획과 강의)과정이 짧은 시간을 통해 집중적으로 이루어지기 때문에 교육생들은 정신 없이 과제를 수행해 내야 한다. 그리고 그 내용을 완벽하게 소화해 내지 못한 자신을 확인하면서 앞으로 상당한 노력과 훈련이 필요함을 절감하기도 한다.

세 번째, 참가자들의 어우러지기와 단결, 친목의 시간은 교육생들의 긴장을 해소하는 과정이다. 물론 이 시간은 단순히 먹고 노는 자리가 아니라

---

22) 분반활동에 참여하는 조교는 J협회 산하 지노협의 교육부장들로 구성된다. 이들은 각자 현장 교육활동을 통해 축적된 교육방법(know-how)으로 분반구성원들과의 상호작용 속에서 일정한 교육효과를 갖는다. 물론 분반활동에서 조교의 영향력은 조교의 관점과 경험, 지도방식, 분반성원들의 구성 및 성향 등 여러 요소들에 의해 다양하게 나타난다.

노래와 연극 등의 조별 장기자랑을 통해 '노동자적 의식과 문화'를 공유하고 학습하는 과정인 동시에 교육자와 교육생들이 인간적 만남 속에서 현장의 문제를 토론하는 자리이기도 하다. 따라서 교육생들은 한결같이 "대화의 시간을 많이 가졌으면 좋겠다," "여러 사업장의 동지들과 만나 서로 의견을 나누고 고민을 이야기한 것이 많은 도움이 되었다"라는 의견을 보인다.

그 외 중요한 교육 프로그램은 의례적 행사들이다. 이는 교육이라는 일련의 과정에서 필요한 의례(ritual)로서 입소식과 참가자 소개, 매 교육의 노동가요 부르기와 간단한 체조, 교육생들의 분반별 교육진행,23) 단체사진 촬영, 수료식과 수료증 수여 정도인데, 간단한 행사이지만 교육 전체의 시작과 진행과정, 마무리를 자연스럽고 익숙하게 느끼도록 하는 문화적 경험이다. 이 의례행위들은 주로 교육에 임하는 자세와 마음가짐을 정돈하도록 하는 데 그치지 않고, 교육을 통해 함께 묶여진 공동체 의식과 J협회 교육에 대한 상징적 의미부여24) 과정이기도 하다.

## 3) 노동자교육의 효과분석

이처럼 일련의 체계적 교육 프로그램으로 구성되고 진행된 J협회의 교육과정은 교육자와 피교육자의 상호작용 속에서 어떠한 의미와 효과를 갖는가? 과연 교육의 목적이 교육과정에서 의도한 대로 피교육자인 교육생

---

23) 교육생들이 교육진행의 일부를 맡아 참여하는 것은 J협회 교육의 주요한 특징 중의 하나이다. 교육생들은 조별로 분담된 교육시간에 한하여 진행을 하는데 주로 밖에 있는 사람을 강의실로 모으고 노래와 구호를 선동하며 가벼운 체조를 구상하여 교육받을 분위기를 조성한다. 그리고 시작될 강의의 제목과 강사의 소개로 진행을 마무리한다.

24) 이는 수료식에서 받는 수료증으로 특히 드러난다. 수료증은 J협회 교육의 총체적 경험을 객관화하는 상징으로 교육에 끝까지 참여하지 못하는 교육생의 경우에도 수료증을 받아가려는 사람들이 있다. 이는 J협회의 상징적 의미가 클 때일수록 객관적 표상으로서 의미가 커지는데, 어떤 교육생들에게는 수료증을 액자에 끼워 집에 걸어 둘 정도로 의미부여를 하기도 한다

들에게 수용되고 실현되고 있는가? 그러한 교육활동의 경험으로 인해 피교육자는 과연 노동자적 정체성을 확보할 수 있는가? 먼저 다음과 같은 교육생들의 반응을 보자.

"교육생 C: 여기서 많이 기대를 하지는 않았어요. 여기말고도 여기저기 교육하는 곳을 기웃거려 봤지만 그렇게 가슴에 와닿는 곳이 없었거든요. 그런데 여기에 와서도 역시나 하고 포기하게 됩니다."

"교육생 B: 여기서는 별로 기대를 안해요. 실제로 도움이 되는 것은 우리 지역의 단체가 있는데 그 곳에 가서 이야기하고 토론하면 구체적인 이야기를 공유할 수 있어 마음도 편하고 그래요. 여기는 단지 전체 돌아가는 움직임을 좀 파악할 수 있고, 나 혼자만이 아니라 다른 사람들이 있다는 것을 보면서 용기를 얻는 정도죠."

여기서 교육은 학습이나 무언가를 배워가는 곳이 아니라 단지 하나의 위안, '카타르시스'로 작용할 뿐이다. 물론 교육의 목표가 노동조합활동의 투쟁과 조직화를 지원하는 역할이라고 보면 교육에 의한 카타르시스는 중요한 정서적 효과를 산출하는 기능을 갖는다. 그러나 이는 오히려 교육생들이 본래 의도한 교육효과를 전위시킴으로써 획득되는 부수적인 효과일 뿐이다. 그러면서도 바로 이러한 점 때문에 교육생들은 교육내용에 대해서 불만을 토로하는 이중적인 반응을 보인다. 즉 "정세와 현장의 상황에 대한 정확한 자료와 구체적 분석이 부족한 것 같다," "현장감과 구체성이 부족하다," "사례로 든 노조의 현황 및 조직상태가 우리 전체가 인식할 수 있는 평균현황 및 조직 상태였으면 한다," "우리에게 구체적으로 도움이 안된다" 등에서 볼 수 있다. 이는 교육의 내용과 자료가 현장의 문제를 제대로 반영하고 있지 못하다는 것을 의미한다. 이처럼 교육생들은 교육의 내용을 자신들의 구체적인 현실에 견주어 평가하고 그것이 자신의 현실과 동떨어져 있다고 느끼면 아예 교육 자체를 수용하려 들지 않는 것이다. 그리고 만약 현장성 없는 교육을 '스스로 참아내어' 새로운 지식과 기능을 습득했을지라도 구체적인 현장에서 이것을 어떻게 활용하느냐의 문제는 별개로 남는다.

교육생들은 노동자교육으로부터 그들 자신의 문제의식, 즉 그들이 일상적인 노조활동과 현장 속에서 느끼는 요구와 경험에 조응할 수 있는 교육내용을 원하고 있고, 거기서 자신들이 직면하고 있는 문제들에 대한 해결의 실마리를 찾고자 한다. 바로 이것이 가능할 때 교육생들은 교육의 목적과 의도를 적극적으로 수용하고 이해할 것이다. 하지만 J협회 교육의 과정에서 보여지는 교육생들의 교육에 대한 인식과 태도는 "교육이 우리의 현실을 너무 모른다"라는 표현으로 나타난다. 그리고 이는 교육에 대한 비판과 실망이나 체념과 방관, 더 나아가서는 거부 등 다양한 형태로 나타난다.

"교육생 D: 교육이란 게 다 그렇죠, 뭐 별다른 게 있나요? 물론 회사에서 하는 교육이나 노총에서 하는 교육도 다 빤한 거지만, 거기 내용은 그래도 유명한 교수나 강사가 나와 인생이니 철학이니 하면서 이야기를 하면 삶을 돌아볼 수 있게 한다거나 그런 계기를 좀 줍니다. 그리고 거기도 요새는 무조건 노동자 나쁘다고 안해요. 적당히 정부비판도 하면서 그러죠. 이런 것에 비하면 우리는 좀 변해야 해요"

"교육생 E: 생각보다 어려웠어요. 예시된 사례가 우리 사업장과는 차이가 나고, 그래서 무얼 말하는지 문제점을 파악하기조차 어려웠습니다. 제대로 분석하지도 못하고 시간에 쫓겨 문제점을 만들어내는 데 급급했어요. 나중에는 신경성 두통까지 발생하더라구요"

교육생들이 교육의 의도를 직접 수행하고 몰입하여 교육내용을 체화해야 하는 실습과정에서 오히려 포기하거나 아예 과제를 대충 수행하는 경우, 그리고 교육진행팀의 자료불충분을 비난하는 경우, 또는 자신이 단사에서 수행해 온 관행을 고집하면서 이를 관철시키려는 경우 등 다양하게 나타난다. 한편으로 교육생들이 교육의 과정에서 자신의 문제의식 및 경험과 구체적으로 연계시키지 못했을 때 교육은 부담스럽고 '머리 아프게' 하는 것이 되어 교육의 과정 자체에 거부감을 갖기도 한다. 교육의 내용이 교육생의 관심과 결합되지 못함으로써 나타나는 거부의 행위란 교육자들이 교육의 진행과정에서 지속적으로 강조하는 '목적의식적이고 노동자적 규율성'에 대한 요구에도 불구하고 이를 의식적·무의식적으로 깨뜨리는 행위를 말한다. 즉 모든 성원이 주체적이고 협조적으로 임해야 할 분반토론시 방관적인 태도나 엉뚱한 이야기, 또는 잦은 바깥 출입으로 토론의 분위기를 깨뜨리고 친목의 시간에 퇴폐적인 행동(노래방이나 디스코장에서 하는 듯한)을 하여 집단적 야유와 호응을 동시에 받기도 한다. 또는 교육의 전체일정을 지키지 않고 개인적인 사정으로 교육받는 중간에 퇴소하여 남아 있는 교육생들에게 심리적 동요를 주기도 하고, 수료식을 몇 분 앞두고 몰래 빠져나가 교육자체의 의미를 무시하는 듯한 행동을 취하기도 한다.

한편으로 교육생 대부분은 '어려운 교육'의 문제를 자신의 '소양부족'으로 자책하면서 '참고 배워야 한다'는 성실한 학습자로서의 자세를 보이기도 한다. 그러나 후자의 반응 역시 교육의 지난한 훈련과정으로 미화할 수만은 없을 것이다. 오히려 이러한 교육은 노동자들이 일상적으로 경험하는 현 사회에서의 모순을 노동자교육의 장에서도 그대로 반복하는 것이며, 노동자 스스로의 정체감을 형성해야 하는 교육에서조차 노동자들이 자신의 무능력을 인정하도록 만드는 것이다.

이러한 교육생들과 교육의도 사이의 불일치, 갈등으로 점철된 교육의 과정과 경험은 노동조합활동가로서 자기정체성을 단지 '학습'하는 과정일 뿐 그 내용을 수용하여 실천하는 것은 별도의 문제로 남는다. 노동자들은 자신이 속한 업종, 직종, 기업규모별로 의식과 경험에서 많은 편차가 나타나고 있다. 이 교육과정에서도 영세 중소기업의 신임 노조간부는 대기업 노조의 전문적(?) 노조간부의 문제의식과 심한 괴리감과 열등감을 느끼고 있었다. 사무직 노동자와 생산직 노동자들간의 괴리도 커서 생산직 노동자 중심의 J협회 교육에서 사무직 노동자들은 이질감을 느끼고 교육생들과도 잘 어울리지 못하여, 전반적인 교육활동에 적극적이지 못한 경향을 보인다. 이러한 피교육자가 처한 상태나 교육에 참여할 당시의 요구 등에 의해서만 교육효과가 보장되는 것이 아니다. 오히려 참여자들의 교육과정에 대한 재해석과 전위의 과정들 속에서 교육의 효과는 나타나는 것이다.

이러한 점 때문에 교육을 진행하는 교육자들 스스로도 교육효과의 보장을 위한 제반 장치와 실천에 대한 문제를 제기한다. 즉 이들도 한 번의 교육을 통해 의도했던 효과가 달성되리라고 기대하지 않고 있다. 자신들의 의도와 의미가 고정화되기 위한 일련의 지속적인 후속작업이 이루어질 필요가 있음을 인식하고 있다.

> "교육자 B: 우리들은 이 교육을 통해서 노동자들이 유능한 교육부장이 되리라고 생각하지 않아요. 단지 교육이란 것이 어떻게 진행되어야 할 것인가에 대한 감만 익히면 다행입니다. 이건 실무훈련이기 때문에 일일이 봐주고 고쳐주고 토론하고, 그리고 단사에서 직접 교육을 수행하는 것을 지원해 주면서 그것을 스스로 시행해 본 후에나 실무라는 것도 익혀집니다. 그런 후에도 계속 연습과 훈련을 해야 자기 나름대로 교육자로서 능력을 갖추게 되고 계속적인 시행착오과정에서 조합원들과의 만남이 이루어져 진정한 노조교육의 활동가로서 인식이 확립될 거예요"

이처럼 노조교육활동가로서 자기정체성 확립이 그다지 쉬운 일은 아니며 일회적인 교육을 통해서는 확보되지 못한다는 것이다. 더구나 교육의 환경적, 내용적 측면에서 드러나는 열악함을 통해서 볼 때 이는 더욱 어렵다고 할 수 있다. 그러나 교육자들은 이러한 문제를 해결하기 위한 교육과정 전반과 그 효과에 대해 치밀하게 고민하기보다는 현상적으로 장애가 되고 있는 재정적 빈곤과 노조원의 교육시간 확보의 문제로 상황적·외적인 요인들로 기인시키는 것에 자위하고 있다.[25]

---

25) 교육자들은 교육장소와 시설, 숙소의 불편함을 교육효과에서 가장 중요한 장애요인으로 들고 있고, 회사에서 노조원의 교육시간이 확보되지 못함으로써 적은 시간내에 많은 내용의 교육을 받아야 하는 것이 문제라고 보고 있다. 충분한 교육시간과 환경이 확보된다면 지금의 노동자교육 문제는 한결 수월해질 것이라는 판단이다. 이와 아울러 교육자들이 교육의 내용과 방법을 위해 연구할 수 있는 최소한의 조건을 확보하지 못하는 현실도 중요한 요인으로 지적된다.

지금까지 J협회 교육사례를 중심으로 살펴본 노동자교육의 현실과 문제는 J협회의 교육에만 한정되는 것이 아니다. 다른 노동자교육기관인 H협회, P협회 등에서 나온 자료나 J협회 산하 지역협회, 참관노조 교육부장단 회의자료에서도 "현장감 있는 교육, 구체적인 교육, 대중의 요구에 입각한 교육"의 필요성을 중요하게 제기하고 있다. 따라서 노동자들의 요구 및 문화적 경험과의 괴리, 이로 인해 나타나는 교육효과의 불안정성 등은 노동조합 교육, 더 나아가 노동자교육 전반에 일반화된 문제로 해석될 수 있을 것이다.

현재 노동자교육을 실시하고 있는 교육자들은 이러한 교육이 처한 전반적인 문제를 정면으로 대면하여 해결하려 하기보다는 열악한 노동조합운동과정에서 필요한 조직의 보존과 확대의 긴박성에 초점을 맞추어 기계적으로 교육과 연계함으로써 해소하려는 듯하다. 조직의 수단으로서 교육에 대한 강조는 다음과 같은 교안 내용에서 잘 드러나고 있다.

> "노동조합교육은 **조직의 교육**이라는 관점에서 출발해야 합니다. 이는 조직적으로 준비되고 집행되며 조직의 활동과 결합하고 조직의 성과로 수렴되는 교육을 의미합니다."(J협회 「제○○기 교육역량강화교육」 교안)
> "노동교육은 **조직의 발전**을 목표로 해야 합니다. 모든 운동은 조직이 있어야 합니다. …또 조직화 자체만 중요한 게 아니라 조직을 어떻게 확대하고 강화하느냐 하는 것이 중요한 과제입니다."(H협회, 1992 교안)
> "노동자로서의 의식을 고양시키고 투쟁력과 **조직을 강화**하고 사상적 이론적 수준을 향상시키기 위해서는 **교육활동**을 그 첫째로 삼아야 할 것이다."(K노조교육부장, ≪주간 노동자신문≫, 1994. 4. 15)(강조는 인용자)

물론 J협회의 교육에서도 '조합원들의 요구와 문제의식에서 출발하는 관점'을 분명히 제시하고 있고, 다른 교육기관의 교안들에서도 이를 빼놓지 않고 제시하고 있다. 그렇지만 이것을 주제설정과 방법, 내용개발의 기술적 측면으로만 논의하고, 더욱 중요한 '교육과 조직화의 관계, 그리고 이를 기반으로 한 교육론'에 대한 논의는 간과함으로써 조직화와 관련한 교육에 대해 실질적 논의를 전개시키지 못하고 있다. 또한 당장 교육의 효과가 나타나지 않는 현실에 대해서는 '교육활동 노조의 백년지대계'라는 대기론과 준비론적 사고로 문제를 전위시켜 '장기적인 교육계획의 수립, 전폭적인 예산상의 투자, 교육자료의 공개' 등의 문제로 그 해결방안을 제기하고 있으며[26] 따라서 대중조직화를 위해 절실한 교육의 임무 역시 방기되고 있는 것이다.

## 3. 대중교육론에 입각한 노동자교육

### 1) 기존 교육론에 대한 비판적 검토

그러면 지금까지 사례를 중심으로 살펴본 노동자교육의 문제는 어디에 근거하는 것일까? 현실과 괴리된 교육, 구체적이지 못한 교육, 교육의 장(site)에서 나타나는 행동과 그밖의 생활장면에서 나타나는 노동자들의 모순된 행동과 사고, 궁극적으로 교육적 실천이 노동자의 총체적 삶으로 체화되지 못하는 교육의 무력감 등은 어디에서 비롯하는 것인가? 즉 교육효과의 불안정성의 요인은 무엇인가? 이를 검토하기 위해서는 그동안 노동자교육을 실천한 활동가들이 교육에 대해 어떻게 생각하고 있는지를 살펴보아야 할 것 같다. 면담과정에서 나타난 한 노동자교육 활동가의 다음 견해에서 기존 교육론의 관점이 잘 드러나고 있다.

> "현 자본주의사회에서 노동자들은 지배이데올로기에 젖어 있습니다. 우리도 분명 노동자들이 모두 자기의 존재에 기반한 노동자적 의식, 즉 계급의식을 갖고 있으리라고는 기대하지 않습니다. …또한 정치적 의식이 각성되었다고 그것이 그 노동자의 총체적 삶을 무장시켰다고 판단하지도 않죠. 그들도 좋은 차 타고, 좋은 옷 입고, 편안해지고 싶어합니다. 그러나 그럴 수 없는 것이 현실이죠. 이걸

---

26) 《주간 노동자신문》, 1994. 4. 15일자에서 K은행노조 교육부장의 글을 참조.

자신의 무능함으로 한탄하게 할 뿐입니다. 이러한 상황을 극복하도록 하기 위해서는 자신들이 억압받고 착취당하고 있다는 사실을 구조적으로 인식해야 합니다. …그건 분노의 계기를 촉발시켜주는 것, 그래서 이것을 가능하게 하도록 밖에서부터 부어넣어주는 것, 이것이 없으면 노동자적 각성은 불가능합니다. 교육은 바로 그런 것이죠."(J협회 교육활동가, 강조는 활동가)

이 노동자교육 활동가는 노동자들의 모순된 정체성을 자신의 존재기반과 괴리된 허위의식(false consciousness) 상태로부터 비롯되는 것이라고 보고 있고, 이것이 바로 지배이데올로기의 부과(imposition) 때문이라고 인식하고 있다. 자본주의 자체가 노동자를 이러한 지배이데올로기로부터 벗어나지 못하게 하고 있다는 것이다. 이러한 종속상태로부터 각성하도록 하는 데 필요한 계기가 교육이며, 이 계기를 형성하기 위해서는 지배이데올로기를 분석할 수 있도록 하는 사상과 이론이 요구된다고 보는 것이다. 이러한 사고들은 흔히 '노동자교육은 노동자의 주체적·계급적 의식화'라고 정식화된다.

"교육의 임무는 노동대중의 요구를 투쟁전화하고 조직을 강화·확대하기 위하여 자본측과 권력으로부터 가해지는 사상공격에 올바르게 대응할 수 있는 **노동자로서의 주체적 자각**을 고양시키는 데 있다.
  ① 주체의식의 촉진, 노동자 요구 실현의 근본적 의미, 올바른 행동을 조직하기 위함이다.
  ② 투쟁의 과제와 결합된 과학적 이론에 대한 교육
  ③ 반노동자적인 자본가의 사상공격에 대한 효과적 대응을 담당하여야 한다.
  ④ 단결과 조직의 의미가 충분히 각인되고 진정한 노동자로 서기 위함이다."
  (J협회, 1994년 「제○○기 교육역량강화교육 교안」, 강조는 필자)

여기서 말하고 있는 교육이란 '노동대중의 계급의식을 강화함으로써 자본측과 권력으로부터의 이데올로기 공세에 효과적으로 대응하고, 노동자적 사상과 이론으로 현실의 모순을 철폐하기 위한 행동과 실천을 조직하는 것'이다. 그러나 이러한 목표하에 노동자교육을 실시함에도 불구하고 노동자들의 계급적 의식고양은 물론 그에 맞는 실천과 행동이 따르지 않는다는 데 곤란이 있는 것이다.[27] 그러나 오히려 이러한 상황일수록 노동자교육은 더욱더 노동자적 의식과 실천을 체화한 계급주체 형성이라는 임무를 강하게 부여받는 현실에 직면해 있다.

그런데 이와 같은 노동자들의 존재와 괴리된 모순적 행동과 의식이 과연 지배이데올로기의 부과에 의해서 형성된다고 말할 수 있는가? 그리고 이러한 지배이데올로기는 '노동자적 사상과 이념'을 집약적이고 체계적인 교육내용을 통해, 또는 다양하고 효과적인 교육방법에 의해 극복될 수 있는 것인가?

이러한 문제를 '계급의식과 이데올로기의 관계'에 관한 서구 맑시즘 논의들을 통해 좀더 상세하게 검토해 보도록 하자.

그람시의 헤게모니(hegemony)개념에서 볼 수 있듯이 서구 자본주의 사회에서의 지배는 강제력(force)에 의해서만 관철되는 것이 아니라, 피지배계급의 동의(consent)를 확보함으로써 이루어지는 것이다.[28] 이러한 헤게모니개념은 지배이데올로기를 협소한 계급적 이해로 인식하는 것으로부터 거리를 두고 있는 개념으로, 계급적 지배에서 생산력만이 아닌 의식과 문화, 이데올로기의 중요성을 부각시켜 준다. 그람시에게서 의식은 물질적 조건이나 일상생활로부터 분리된 사고의 추상적인 패러다임의 영역이 아니라 관념, 신념, 감정 등의 복합적인 생활세계의 구성요소라 할 수 있는데, 이는 정치적인 힘으로서 실천의 필수조건이며 피지배계급을 정치적 투쟁과 혁명적 주체로 이끄는 핵심적 매개체로 간주된다.[29] 의식의 영역 중에서 계

---

27) 위의 사례분석 대상이었던 J협회의 교육에서는 덜한 편이지만, 노동자교육장이나 집회에서 고스톱을 치거나 지나치게 술을 먹는 행위, 소위 '노동자적 규율'을 위반하는 행동이 나타나기도 한다.

28) A. Gramsci, *Selections from Political Writings*, 이상훈 역, 『옥중수고1』, 거름, 1986; 신혜영, 「그람시의 계급의식론에 대한 일 연구」, 고려대학교 대학원 석사학위논문, 1991.

29) J. Larrain, *Marxism & Ideology*, London: The Macmillan Press, 1983, p.82; E. Laclau & C. Mouffe, 『사회변혁과 헤게모니』(김성기 외 역),

급의식의 최고단계로서 헤게모니는 자기계급의 경제적 이해관계를 벗어난 보편적 지평위에서 피지배계급의 이익으로도 의식하도록 하는 지배의 상태이다. 이를 통해 지배계급은 정치적·경제적 목표의 일치만이 아니라 지적·도덕적 통일성도 확보한다는 것이다.

여기에서 주목해야 할 것은 계급의식의 고양을 위한 출발점으로 '상식(common sense)'의 영역을 제시한다는 점이다. 상식은 피지배계급이 사회내 도덕, 관습, 제도화된 규칙을 가장 광범위하게 무비판적으로 수용하는 대중의 철학(popular philosophy)[30]으로서 지배계급의 헤게모니 원칙에 의한 이데올로기적 영향에 노출된 영역이다. 그러나 단순히 지배계급의 이데올로기와 동일시되는 것이 아니라 민속, 언어, 민중종교처럼 다양한 형태를 지니는 것이다. 또한 상식은 고정불변하는 것이 아니라 복합적인 혼합물처럼 일상생활의 일부를 이루고 있는 과학적 이념이나 철학적 견해와 더불어 끊임없이 변형되는 대중의 '모순적 의식(contradictory consciousness)'이다.[31] 따라서 피지배계급의 대항헤게모니는 바로 대중들의 상식에서 형성되는데, 바로 이 지점에서 피지배계급의 의식이 지배이데올로기하에서 어떻게 표현되며 상대적으로 자연발생적인 요소는 무엇인지에 대해 인식해야만 대중에 대한 비판적 개입이 가능한 것이다.[32]

그람시는 이러한 상식의 개념을 유기적 이데올로기(organic ideology)로 확대시키고 있다. 여기서의 유기적 이데올로기는 특정한 사회블록의 세계관으로서 모순적 의식인 상식 속에 잠재해 있는 적극적 현실인식과 의

---

터, 1990, 67-112쪽.

30) 그람시는 상식과 대비적인 개념으로 양식(good sense)을 제시한다. 양식은 상식에서의 미신과 습속적 요소가 배제된 과학적 철학(scientific philiosophy)이다. 교육은 바로 상식에 입각하여 이를 양식으로 변화시키는 데 있다(이에 대해서는 M. Sarup, 1987: 208-266; Apple, 1989, 1993 참조).

31) A. Gramsci, 이상훈 역, 앞의 책, 1986.

32) 여기서 그람시는 로자 룩셈부르크의 자생성과 레닌의 의식성이라는 이분법적 도식을 배제하고 노동자계급의 실제의식과 경험, 실천, 그리고 잠재적인 사회주의적 계급의식 사이를 연결하고 상호관계를 확립하려고 했다(몰리뉴, 1986; L. Gruppi, 1986: 90).

식을 이데올로기 투쟁을 통해 이끌어내어 계급의식으로 고양시키는 대중의 실천이데올로기이다. 이처럼 그람시는 계급의식을 단순히 지배이데올로기를 벗겨내는 것으로 제시하지 않는 것이다. 계급의식은 대중 속에 잠재해 있는 모순적 의식에서부터 정치·이데올로기의 투쟁을 통해 유기적 이데올로기로 발전함으로써 형성된다. 따라서 이러한 그람시의 논지를 따른다면 노동자교육은 바로 이러한 이러한 노동자계급의 실천이데올로기의 발전과 변혁적 주체의 형성에 대한 비판적 개입과정으로 간주되어야 할 것이다.33)

이러한 그람시의 계급의식과 관련한 논의는 알튀세(L. Althusser)의 이데올로기에 대한 문제의식에 의해 더욱 발전된다. 알튀세는 '프롤레타리아의 무소유와 무환상성이라는 전제 위에서 프롤레타리아 계급이 즉자적 계급에서 대자적 계급으로 완전히 이행되는, 즉 경제적 계급으로서 노동자계급에서 역사적·정치적 혁명의 절대적 주체로서 형성된다'고 보는 관념론적 맑스주의의 계급론을 비판한다.34) 그리고 이에 터하여 「이데올로기와 이데올로기적 국가장치」라는 글에서 이데올로기가 전도된 의식으로서의 허위의식이 아니라, 오히려 실재구성의 필연적 요소로서 현실의 존재조건에 대한 개인들의 상상적 관계로서의 표상체계(representation)라는 적극적(positive) 의미로 정의하고 있다.

이데올로기는 사람들의 머리 속에 특정한 아이디어나 체계적으로 왜곡된 형태로 존재하는 것이 아니라 항상 이데올로기적 장치와 그 장치들의 실천 속에 존재하는 무의식적 속성을 지닌다. 그리고 이데올로기는 사회적·물질적 행동이며 관행과 같이 특정한 사회제도적 장치에 제도화되어 있는 실천이다. 이때 이데올로기적 사회관계는 이데올로기 영역에서 이루어

---

33) M. Sarup, 『신교육사회학론』(한준상 역), 문음사, Marxism/Structuralism/Education, 1987, 257-261쪽.

34) 특히 이는 루카치의 『역사와 계급의식』에 대한 비판적 분석으로 집중된다. E. Balibar, 『역사유물론의 전화』(서관모 편), 민맥, 1993a; E. Balibar, 「동시대성」, 윤소영 편, 『알튀세르와 마르크스주의의 전화』, ≪이론≫ 1993b.

지는 계급투쟁이다. 그리고 그것의 물질화된 효과들인 이데올로기적 장치
는 이데올로기 일반의 실천이 아니라 지배계급의 지배이데올로기가 가차
없는 지속적인 이데올로기적 계급투쟁 속에서 획득되고 실현되는 장소인
동시에 지배를 실현하는 장소 및 수단이다. 이러한 이데올로기적 장치와
실천들 속에서 개인들은 하나의 주체(subject)로 호명(interpellation)되
어 특정한 행위를 수행하거나 구조적 요청에 스스로 복종하는 주체적 존
재로 규정된다.[35]

이러한 그람시의 헤게모니개념과 상식개념에 근거한 계급의식 논의와
알튀세의 이데올로기에 대한 문제인식에 입각한 주체구성의 논의는 기존
노동자교육의 핵심범주인 의식화와 주체화 논리의 난점을 지적해 준다. 즉
노동자교육에 대한 통념들뿐 아니라 70년대 한국 민중운동의 교육활동에
서부터 그 이론적 뿌리를 두고 있는 의식화 교육론, 또는 실천교육론은 헤
겔과 엥겔스의 자유와 필연의 변증법 도식내에서 인간의 실천을 필연과
당위적 차원에 놓고 주관적 의식을 통해 필연적 실천에 도달하고자 하는
선험적이고 관념론적 덫에 갇혀 있는 것으로 볼 수 있다. 여기서 간과되고
있는 것은 오히려 의식과 주체형성의 조건과 그 메커니즘 자체이다. 지배
이데올로기의 헤게모니화 과정이 이데올로기적 국가장치와 같은 물질적
장치를 수반하고 있으며 노동자계급의 일상적인 삶의 세계인 상식의 영역
에서 이데올로기 투쟁을 통해 지배력을 확보하고 있다는 점에서 그러한
의식과 주체를 형성하는 기제의 중요성이 강조될 필요가 있다.

노동자교육의 목적인 계급의 의식화와 주체형성은 바로 이러한 과정과
다를 바 없다. 교육을 노동자계급의 사상과 이념을 '외부로부터 불어넣어
주는'[36] 과정으로 인식하기보다는 모순적 의식으로 구성되어 있는 대중의
철학에 천착하여 그 곳으로부터 계급적 주체를 구성해 나가도록 도움을
주는 이데올로기 투쟁으로서의 교육, 그리고 이에 기반한 대중의 실천이데

---

35) L. Althusser, 「이데올로기와 이데올로기적 국가장치」, 김동수 역, 『아미앵에
　　서의 주장』, 솔, 1991.
36) I. Lenin, 『무엇을 할 것인가』(김민호 역), 백두, 1988.

올로기에 대한 비판적 개입과정으로서 교육을 사고해야 할 것이다. 이를 사고하지 못하는 노동자교육은 엘리트주의에 입각한 계몽주의적 교육론으로 귀결되고 노동자 의식 및 실천과 괴리되는 노동자교육의 문제를 적극적으로 해명하지 못할 것이다.

이러한 노동자교육의 난점을 해명하기 위해 필요한 또 하나의 요소는 '조직화로서의 노동자교육관'이다. 이는 의식화로서 노동자교육 개념의 파생범주이다. 노동자계급의 조직은 노동운동을 담보하는 실체로서 노동자의 의식과 실천을 매개한다. 따라서 노동자의 의식과 실천 속에 위치하는 노동자교육 역시 노동자계급의 조직과 분리될 수 없고, 노동자교육의 현실적 힘과 효과는 노동운동의 제반 실천적 조직들 속에서 나타나는 것이라고 볼 수 있다. 그러나 문제는 노동운동과정에서 노동자교육이 노동자 대중의 의식과 조직적 실천을 활성화하는 매개적 기능을 수행해 내지 못하고 있다는 데 있다. 이는 "조직적 교육37) 자체가 설득력을 잃어버리거나 식상해져 버리고," "노동조합교육 그 자체에 대해 조직의 교육이란 관점이 없는 상태"로 나타난다. 이러한 상황에서 실시한 교육은 실제 다양한 조직활동과 연계되지 못하고 단지 "교육을 실시하는 자의 자족적 사업"으로 그치는 경우가 많다.

이러한 문제는 노동자운동조직에서 대중과 계급의 문제, 선진적 전위와 노동자 대중의 관계를 재검토하도록 한다. 레닌은 자생적 의식에 머물러 있는 프롤레타리아계급이 부르주아 이데올로기의 영향력을 벗어나기 위해서는 외부에 존재하는 변혁적 인텔리겐차에 의한 변혁적 의식의 도입이 필요하다고 보았다. 이러한 레닌의 전위주의(vanguardism)에서는 변혁적 의식의 소재지(main locus)이자 선진 인텔리겐차로 구성된 당조직에 일체의 지식과 변혁적 의식이 집중된다.38) 따라서 대중교육의 기능은 도구적이고 부수적인 것으로 간주될 수밖에 없다.

---

37) 여기서 사용하는 조직적 교육이란 J협회 교안에 근거해 볼 때 세 가지 개념으로 나타난다.

38) I. Lenin, 앞의 책, 1988.

이에 대해 그람시는 유기적 지식인이라는 개념을 통해 이들이 단순히 노동자 대중을 지도하기만 하는 것이 아니라 그들의 일상적인 사회생활 속에서 하나의 포괄적인 계급의식을 창조하고자 노력하는 존재로 상정하고 있다. 노동자들의 계급의식은 새로운 의식이 외부로부터 노동자 대중에게 주입되거나 선전되는 것이 아니라, 동일 환경에서 노동하고 생활하는 유기적 지식인에 의해 프롤레타리아 문화, 생활양식, 언어, 전통 등 그 구조와의 통합 속에서 형성된다. 따라서 당내 지식인은 프롤레타리아와 가족적, 제도적 연대를 통해 그들의 생활양식을 표출하도록 하여 당의 아래로부터 연계를 유지할 수 있도록 해야 한다는 것이다.39) 이러한 유기적 지식인은 대중의 일상적 삶들에 개입해야 하며 이를 통해 대중은 프롤레타리아로서 조직화될 수 있다는 것이다.

더구나 노동자계급이 다양한 형태로 분화된 현사회에서 노동자조직의 구성은 모순적인 영원한 간격과 이질성이 항상 존재할 수밖에 없다. 노동자계급의 조직은 언제나 순수하게 노동자들에 의해서만 구성되지 않고, 지식인 집단과 선진노동자, 노동자 대중간의 갈등적인 융합을 통하여 구성된다. 이 점은 발리바르의 대중정치에 대한 문제설정, 즉 단순히 대중운동에의 호소나 대중추수가 아니라, 계급투쟁을 대중운동으로 발전시키면서 대중운동 속에서 계급투쟁을 유지할 수 있는 조건들에 대한 문제의식과 관련될 수 있다. 이는 대중의 욕구와 경험에 대한 집단적 표상으로서 대중의 실천이데올로기와 그 형성조건에 대한 문제를 제기하는 것으로, 노동운동 조직은 바로 이러한 대중이데올로기를 담보하는 대중조직이어야 함을 의미하는 것이다. 발리바르도 그람시와 마찬가지로 노동자계급의 의식과 이론이 노동자운동의 외부에서 형성되어 그것으로 도입되는 것이 아니라, 대중의 경험과 실천을 통해서 노동운동의 내부에서 형성되고 이것이 조직을 매개로 대중이데올로기로 전화해야 물질적 힘으로 역사에 개입할 수 있다

---

39) J. V. Femia, *The Politics of Education*, Bergin & Garvey Publishers, 1985.

고 파악한다.40)

　이러한 문제제기는 한국 노동자교육, 특히 조직화의 한 형태로 전개된 노동자교육을 발본적으로 새롭게 사고할 것을 요구한다. 80년대 후반 각종 정파의 조직화 사업으로 전개된 교육활동의 폐해, 이는 조직노선의 부재와 함께 노동자교육의 부재현상으로 귀결되어 왔으며 이러한 사정을 배경으로 하여 정치적 노선의 선전, 선동에 국한된 교육활동은 대중의 요구와 상태를 도외시하고 대상화하여 교육을 오로지 동원의 수단으로서 제한하는 경향을 나타내기도 했다. 또한 이러한 경향은 선진노동자와 조합간부를 주 대상으로 하는 교조적 이념교육과 실무교육 위주의 교육편향을 낳게 되었다. 이로 인하여 노동자교육은 비계급적 요소와 절합된 대중의 요구를 담아내지 못함으로써 대중교육을 방치할 수밖에 없었고 대중과 조직의 편차를 좁히지 못하고 있는 것이다.

　따라서 현 노동자교육에서 요구되는 것은 다양하게 분화된 채로 존재하며, 다양한 요소들로 과잉결정된 문화적 경험과 요구들에 의해 형성된 대중이데올로기를 바탕으로 대중을 계급으로 전화시키고자 하는 대중정치에 대한 문제의식인 것이다.


## 2) 대중교육론: 문화적·정치적 형태로서의 교육


　교육의 과정에서 나타나는 다양한 담론과 행동들은 무한한 의미작용의 가능성을 그 속에 내포하고 있다. 교육의 과정은 물론 특정한 방향으로 교육효과를 보장하기 위해, 즉 의미의 고정화를 노리며 진행된다. 푸코가 말하는 특정한 담론의 보급이나 허용·금지 사항들과 관련하여 볼 때, 교육은 사회적인 대립과 투쟁의 특정한 노선에 따라 진행된다. 따라서 모든 교육제도는 그것에 수반되는 지식이나 권력과 더불어 담론의 습득과 운용을

---

40) E. Balibar, 앞의 책, 1993; 김세균, 「국가, 대중 그리고 마르크스주의적 정치」, ≪이론≫ 제1권, 1992; 서관모, 「마르크스주의 계급이론의 현재성」, ≪이론≫ 제1권, 1992.

유지·수정하는 하나의 정치적 수단이며 지배를 위한 주요한 관리 장치이다.[41] 그러나 이와 같은 이데올로기적 종속 장치로서의 교육이라는 제도적 영역은 동시에 지배이데올로기와 기타 실천이데올로기들과의 지속적인 투쟁이 전개되는 변형의 장이기도 하다.[42] 이렇게 볼 때, 노동조합에 의해 수행되는 노동자교육은 노동자들의 실천이데올로기가 지배적인 조직 또는 교육장치 속에서 전개되는 이데올로기투쟁과정으로 개념화될 수 있을 것이다.[43]

물론 투쟁적 실천과 조직강화 실천의 상호발전도식은 일반화된 원리로서 그 타당성을 인정받고 있지만, 여기서 문제가 되는 것은 투쟁 그 자체가 아닌 투쟁의 조건을 확보하는 것이다. 노동자 대중의 동원은 노동자적 세계관에 근거한 주체적 정체감의 형성에 기초한다. 주체적 정체감은 다양한 삶의 경험에 대한 적극적인 의미부여와 특정한 방향으로의 고정화, 그리고 기존에 형성된 정체감의 변형과 전위를 통하여 형성되고 변화된다.[44] 그런데 노동자들의 삶의 대부분을 형성하는 일상생활과 작업장에서의 일상적 경험들은 그 자체가 주도권을 획득해야 하는 정치·이데올로기적 각축장이다. 따라서 이 영역은 정책수립과 노동조합 활동에서 고려해야 할 핵심적인 영역이다. 아니 더 나아가 대중적 정치관점에서 볼 때 전부라고까지 말할 수 있을 것이다. 결국 노동자교육은 문화과정이며 정치의 한 형태로 적극적으로 인식되어야만 하는 것이다. 이미 살펴보았듯이 노동자교육은 노동자 일상생활의 경험에 대한 이데올로기적이며 비판적인 개입이다. 노동자교육은 담론적 과정을 통한 노동자적 세계관과 노동자 권력, 그리고 그 장치의 물질화된 효과이며 이에 의한 의미작용의 고정화 과정이라 볼 수 있다. 따라서 노동자교육은 문화과정의 핵심적 측면이며 이데올로기·정치

---

41) 미셸 푸코, 「담화의 질서」(김화영 역), ≪세계의 문학≫ 7(1), 1982, 116쪽; 미셸 푸코, 『감시와 처벌』, 강원대 출판부, 1989.
42) M. Pecheux, *Language, Semantics and Ideology,* St. Martin's Press, 1982, p.101.
43) 신병현, 「조직분석방법론 서설」, ≪현상과 인식≫ 15(4), 1991, 57쪽.
44) 김도근·신병현, 「이데올로기와 주체형성」, ≪문화과학≫ 제3호, 1993a.

적 투쟁의 주요 형태인 것이다. 즉 노동자교육은 노동자적 세계관에 근거한 새로운 의미부여와 문화활동 영역의 확장을 통해 노동조합이 적극적으로 개입해 들어가는 것, 즉 노동자 대중의 삶에 깊숙이 천착해 들어간 연구와 정책개발, 그리고 그 속에서 이루어지는 교육자와 피교육자 사이의 경험과 의미부여, 교류과정의 총체라고 할 수 있다.

여기서 문화는 기존의 개념처럼 단순한 지배논리의 반영으로서의 상부구조나 낭만적인 일상생활이 아니다. 오히려 피지배집단이 헤게모니적 이데올로기에 도전하고 사회적 정체성을 실천적으로 재구성해 가는 투쟁과 변형의 각축장이다. 그러나 그동안 교육활동과 이론에서는 이러한 문화연구와의 관련성이 부족했던 것이 사실이다. 교육과 정치경제적 조건간의 관계에 대한 편향적 관심 속에서 이데올로기와 문화적 작용이 교육과정에 미치는 복합적이고 다양한 측면을 간과해 왔다.[45] 이는 한국의 노동자교육에서 나타나는 정치적 선전·선동을 위한 도구적 수단으로서 교육이 기능했던 것에서 극단적으로 나타난다.[46]

그러나 문화적이며 정치적인 형태로서 교육을 인식하는 것은 이론과 실천 사이의 관계를 단선적으로 파악하는 기계적론인 교육론과 단지 조직화의 수단으로서 강조하는 도구주의적 교육론에서 소홀히 다루어 왔던 주체적인 것의 특수한 측면들, 즉 주체성의 반영이며 자기(또는 집단) 내적 표현으로서의 정체성, 그리고 그와 관련된 담론성의 문제를 보다 적극적으로 사고할 수 있게 한다. 즉 주체는 특정한 사회역사적 환경과 조건에 의해 이미 주어지고 통일된 정태적인 것이 아니라 다양한 의미와 경험, 권력,

---

45) CCCS(1980)에서 문화연구의 역사에 대해 참조.

46) 그러나 70·80년대 한국의 민중교육실천과 이론에 한 흐름을 차지했던 프레이리(P. Freire)의 비판적 의식화 교육론은 문화 및 언어의 연구와 분리되어 있지 않다. 따라서 이는 민중교회운동의 교육적 실천으로서 소규모의 분산적인 민중(주로 농민, 빈민)의 '삶과 함께 하는 교육'의 한 형태로 이루어져 왔다. 그러나 80년대 노조결성과 대규모 조직의 노동자교육에서는 수공업적이고 장기적 형태를 띤 프레이리의 교육론이 그 적합성을 상실하고 맑시즘의 정통 정치론과 이데올로기론에 입각한 정치적 선전·선동의 형태로서 교육이 자리잡게 된다.

이해와 정체성이 함께 절합되어 구성된 모순적이고 분절된 주체이다. 그리고 이러한 주체의 반영이며 표현으로서의 정체성도 인간의 의지와 행동의 단일한 결정적 원천에 의해 형성되는 것이 아니라, 물질적 실천으로서 언어를 포함한 다양한 담론, 이데올로기적 투쟁을 통해 지속적인 변형과 변화의 과정을 거쳐 사회역사적으로 형성되고 변화하는 것이다.47) 의미의 역사적 조건들 자체가 담론들 사이의 갈등과 대립, 담론을 가로지르는 상이한 입장들 사이의 투쟁을 통해 형성된다는 관점하에서 보면, 서로 다른 사회적·제도적 실천의 구체적인 형식들에 따라서 서로 다른 의미작용이 이루어진다. 교육은 바로 이러한 서로 다른 사회적·제도적 실천의 구체적인 형식들에 따라서 특정한 방향으로 의미작용을 고정화시킴으로써 주체와 정체성에 비판적으로 개입하는 '주체 없는 과정'이라고 할 수 있다.

이처럼 문화적이고 정치적인 형태로서 개념화되는 교육에 대한 관점하에서의 교육은 이데올로기적 계급투쟁이 이루어지는 문화과정인 동시에, 사회적 생산관계의 지속적인 재생산과 변형이 이루어지는 과정으로서 그 의미를 지닌다. 애플은 교육의 과정을 그람시의 상식의 개념에 근거해 일상적이고 모순적인 상식의 영역에 개입하는 과정으로 묘사한다. 즉 사람들의 실천적 의식을 좀더 체계적인 방향으로 변형시키고 재구성하기 위해서는 지배이데올로기가 지속적으로 재생산 또는 변형되는 지점, 즉 대중들의 모순적인 일상의식과 실천영역인 상식에 대한 개입을 통해서만이 대중의 지의 새로운 형태가 창출될 수 있으며, 이를 통해서 비로소 대중의 실천이데올로기인 유기적 이데올로기가 형성될 수 있다고 제시한다.48) 이는 이전에 수행된 투쟁 및 협조의 모순적이고 복합적인 결과를 재구성하는 것

---

47) 유물론적 담론에 대해서는 다니엘 맥도넬, 『담론이란 무엇인가』(임상훈 역), 1992; 신병현·김도근, 앞의 글, 1993 참조.

48) M. Apple, *Official Knowledge-Democratic Education in a Conservative Age,* Routledge, 1993; M. Apple, "The Politics Common Sense: Schooling, Populism and the New Right," in H. Giroux & P. McLaren(ed.), *Critical Pedagogy, the State & Cultral Struggle*, The Univ. of N.Y. Press, 1989.

이고, 대중의 실재와 무관한 허위의식이 아니라 현실적이고 모순적인 삶의 경험(lived experience)에 직접적이면서도 비판적인 형태로 개입하는 과정일 것이다.[49)]

지금까지의 논의는 대중교육으로서 노동자교육이 부딪히는 곤란과 그 극복방향을 풀어나갈 실마리를 제공해 준다. 현재 한국 노동자교육, 특히 노동조합교육이 부딪힌 문제는 노동자의 삶을 해방시키고 자신들의 정체성을 확보하기 위한 노동자의 교육이 자신들의 구체적 삶과 괴리되어 이루어짐에 따라 노동자 스스로가 교육을 수용하지 못하는 상황이라고 볼 수 있다. 이는 노동자 대중의 계급적 의식화와 주체형성, 그리고 이를 실천적으로 물질화하는 조직화의 매개과정으로서 노동자교육에 어려움을 부과하고 있다. 이것을 극복하기 위해 교육현장에서는 '다양한 방법론 개발'이라거나 '더욱더 체계적인 노동자 이념의 교육' 등으로 해결방안을 모색하고 있다. 그러나 이러한 논의에서 빠진 공백은 바로 문화와 이데올로기에 대한 문제인식이다. 오히려 그러한 논의들에서 추구하는 노동자교육을 위해서는 바로 각종 이데올로기적 장치 속에서 지배이데올로기에 종속된 채 모순적인 삶을 살아가야 하는 대중들의 경험, 욕구, 희망 등을 중심으로 사고하는 이데올로기적 관계로서 교육을 인식해야 할 것이다. 이를 바탕으로 교육은 노동자들의 전망을 표상하는 새로운 의미와 실천의 창출에 영향을 미칠 수 있을 것이다. 교육의 과정 역시 바로 그러한 의미와 실천의 창출에 개입하는 이데올로기적·문화적 투쟁의 과정 그 자체로 위치지

---

49) 여기서 문화과정 및 정치적 형태로서의 교육에 대한 우리의 개념화와 지루가 말하는 '문화정치(cultural politics)와 문화생산(cultural production)의 한 형태로서의 교육'에 대한 논의는 일정한 차이가 있음을 언급할 필요가 있다고 본다 (H. Giroux, 1989, 1991, 1993; Aronowitz & H. Giroux, 1991; Giroux & McLaren(ed.), 1989). 그가 준거하고 있는 라클라우와 무페와 동일하게 그의 문화정치 개념은 담론정치를 통한 사회적 관계의 변형을 관념적으로 상정하고 있으며, 이데올로기 장치 속에서 전개되는 이데올로기 투쟁의 물질성을 제대로 고려하고 있지 못하다. 이는 곧 권력과 지배의 욕망이 작용하는 관리과정에서 이루어지는 담론적 의미고정효과를 은폐하는 포스트주의에 근본적인 맹점을 공유하는 것이다. 자세한 논의는 신병현(1993)을 참조할 것.

어져야 할 것이다.

이러한 교육에 대한 관점의 확대, 즉 문화적 과정으로서 그리고 정치의 일 형태로서 교육을 인식하는 것 자체가 현재 노동자교육의 난점을 헤쳐 나가는 중요한 계기가 될 것이다. 이는 이전의 선전활동의 측면에 협소하게 국한된 문예활동을 위한 문화교육과는 현격히 구별되는 것이다. 오히려 기존의 문화활동에서도 포착하지 못하였던 노동자 대중의 일상적 삶의 과정과 그 과정에서 겪는 다양한 경험과 요구에 기반하여 이데올로기적 전위를 시도하는 교육의 과정 또는 문화활동을 의미하는 것이다. 이러한 새로운 교육관이 정립되었을 때, 비로소 노동자들 스스로 참여하고 몰입하는 교육의 내용과 형식, 방법론이 구성될 것이고 노동자들을 계급적 주체로 호명하는 이데올로기교육도 가능하게 될 것이다. 또한 이러한 확장된 교육을 통해서만이 선진노동자들이 노동자 대중의 교육을 위해 비판적으로 개입할 수 있는 구체적 지점들이 탐색될 수 있다. 이는 교육과 조직의 형식 자체도 이데올로기적 투쟁과 변형의 장으로 새롭게 사고할 수 있도록 한다.50)

지금까지 살펴보았듯이 노동운동계에서의 교육은 대체로 지극히 근시안적이며, 실용적인 목적하에서 기획·시행되거나 조직화를 위한 단순한 도구로서 인식되어 왔다고 해도 과언이 아니다. 교육자와 피교육자는 서로를 고려하지 못한 채, 일방적인 방식으로 일종의 의례로서의 교육이 진행되고 있는 것이다. 물론 이것은 노동자교육 여건의 열악함에 대부분 기인하는 것이다. 하지만 강조할 것은 교육이 교육자에 의해서만 이루어지지는 않는다는 점이다. 교육자에 의한 교육의 내용은 교육자와 피교육자의 만남으로 인하여 야기되는 다양한 측면의 극히 일부분일 뿐이다. 파업투쟁과 노동조합 사무실에서 노동자 대중과 조합간부와의 일상적 대면과정의 많은 부분이 중요한 교육효과를 창출한다는 것은 일반화된 상식이다.

---

50) 조직과 이데올로기 개념에 관해서는 신병현, 앞의 글, 1993을 참조할 것.

또 한편으로 교육자에 의한 교육효과의 보장도 불확실한 것임을 강조할 필요가 있다. 노동운동의 상대적 퇴조나 부진에 관한 진단들이 지적하는 노동자 의식화와 교육의 중요성에 대한 단순한 강조는 노동운동의 조직론과 이데올로기적 관점의 부재나 곤란의 징후들을 보여주는 것에 지나지 않는다. 자본주의적 정치·이데올로기적 공세에 일상적으로 노출되고 소비와 향락의 욕망이 끊임없이 자극되고 있는 가운데, 노동자적 정체감을 유지하면서 일상생활의 안정성을 유지하기에는 너무나도 어려운 현실임을 적극적으로 고려해야 할 것이다. 투쟁이 촉발되지 않는 이유가 시기나 조건, 그리고 노동자 의식수준에 문제가 있다는 것과 같이 외적·상황적 요인들로 귀인시키는 것은 앞서 비판되었던 주체주의적 조직관과 이데올로기에 종속되어 있음을 드러내는 징후로 읽힐 수 있다. 이러한 상황의 지속은 노동조합 활동가들로 하여금 책임을 할당하고 책임을 추궁하는 데 대부분의 시간을 소비하게 만들 뿐 아니라 노동자들, 특히 선진적 활동가들에게 노동조합조직과 관리에 대한 염증을 초래할 위험을 낳을 수 있다.

필요한 것은 조합원 대중들의 일상생활과 노동과정상의 제반 경험들을 구체적 연구와 관찰을 통해 파악하는 것, 그리고 이에 근거한 정책 개발과 이를 통한 노동자 대중의 동원이다. 예컨대 기업문화나 신인사노무관리에 대처하기 위해서는 중장기적인 정책을 통해 사안별로 기동성 있게 현장 차원에서 대응하는 것이 필요하다. 그런데 그것을 위한 필수적인 조건들이 조직형태 문제로 단순하게 환원될 수는 없다. 교육과 문화의 문제를 보다 적극적으로 노동조합의 조직운영이나 정책수립의 중심에 놓고 사고하는 것이 필요하며, 이를 가능하게 하는 조건을 형성하는 데 보다 많은 관심과 노력이 기울여져야 할 것이다. 이를 위해서 우선적으로 다음과 같은 점이 고려될 필요가 있다고 본다. 즉 문화와 교육에 대한 기존의 편협한 이해의 틀을 해체시키고 정치·이데올로기 투쟁으로서 문화와 교육에 대한 관점을 새롭게 정립하며, 문화와 교육을 특정영역으로 고립시키는 기존의 조직화와 당면한 투쟁 중심의 좁은 범위에 한정된 교육과 문화에 관련된 정책적 지평을 확장하는 일이다. 이것은 조직과 투쟁에 치우친 기존 전술적 지향성을 해체시키고 교육, 문화활동을 종속적 위상으로 국한하는 기존의 경향들을 넘어서서 조합원 대중들의 일상생활과 노동과정에서의 구체적 경험들을 노동조합 일상활동과 정책적 고려의 중심에 놓는 것이며, 기존의 교육과 문화에 대한 조직중심적 접근의 탈중심화인 동시에 일상적 노동조합활동의 중심으로 전위시키는 이중적 성격을 띤 대중적 문화·정치 전술의 필요성을 강조하는 것이다. 결국 교육과 문화를 노동조합정책과 활동의 중심에 놓아야 한다. 교육과 문화에 대한 도구주의적이며 실용주의적 인식은 노동조합의 이에 대한 정책 부재를 야기하고 자본합리화의 새로운 경향과 이에 의거하는 정치·이데올로기적 공세에 무력함을 드러낼 수밖에 없을 것이다.

# 참고문헌

강내희. 1992, 「언어와 현실—변혁의 언어모델 비판과 주체의 역동일시」, ≪문
　　화과학≫.

강명구. 1993, 「한국 노동계급문화의 담론」, ≪이론≫ 제7권.

강석재·이호창. 1993, 「자본의 전략과 노동의 대응」, ≪경제와사회≫ 제19호,
　　한울.

강순희. 1993, 「생활빈국의 실상과 노자관계」, ≪동향과 전망≫ 제19호(봄·여
　　름 합본호), 백산.

권옥경. 1989, 「노동자대중정치 교육활동의 문제점과 기본원리」, 월간 ≪노동
　　자≫ 7월.

김도근. 1993. 4. 15, 「자본가의 문화정책—기업문화활동을 중심으로」, ≪성심
　　여대 학보≫

______. 1995, 「일본적 생산방식의 노동자 지배체제와 기업문화전략」, 서울노
　　동정책연구소(준비모임), 『일본적 생산방식과 작업장체제』, 새길.

김도근·신병현. 1993, 「이데올로기와 주체형성—조직문화론 비판을 위하여」,
　　≪문화과학≫ 제3호(봄).

김민호. 1993, 「노동자교육에 대한 정치경제학적 접근」, ≪사회교육학연구≫
　　3(2).

김성환. 1991, 「사회적 합의의 관점에서 본 신경영패턴들의 논리적 성격」, ≪한
　　국노동연구≫ 제2집.

김세균. 1992, 「국가, 대중 그리고 마르크스주의적 정치」, ≪이론≫ 제1권(여름).

김수정. 1991, 「L. Althusser의 이데올로기론의 성립과 발전과정에 대한 일

고찰」, 서울대 대학원 석사학위논문.

김진균. 1994, 「사회과학 인식의 전환문제」, 한국산업사회연구회 편, 『한국사
　　　회의 변동-민주주의, 자본주의, 이데올로기』, 한울.

노동조합과 임금체계연구회. 1993, 『임금체계의 새로운 논의』, 나라사랑.

대한YMCA연맹 노동교육실 편. 1990, 『노동조합과 노동자교육』, 대한YMCA
　　　연맹 출판부.

맥도넬, D. 1992, 『담론이란 무엇인가』(임상훈 역), 한울.

몰리뉴, J. 1986, 『마르크스주의 당논쟁사』(안택원 역), 한울.

문화부. 1992, 『기업의 성장과 문화의 역할』, 문화부.

＿＿＿ 편. 1992, 『기업문화 추진사례모음』, 문화부.

박상언. 1992, 「한국 대기업에 있어서 인사·노무관리전략의 역사적 변화에 관
　　　한 연구: 1970~1990」 연세대 대학원 경영학과 박사학위논문.

박세현. 1990, 「노동운동의 현황과 노동자 대중교육의 과제」, 김성재 편, 『평
　　　화교육과 민중교육』 풀빛.

박준성. 1991, 「대중역사교육의 전개와 과제」, 한국역사연구회, ≪역사와 현
　　　실≫ 제6호, 역사비평사.

백욱인. 1994, 「대중 소비생활구조의 변화」, ≪경제와사회≫ 제21호, 한울.

베이트슨, G. 1990, 『정신과 자연』(박지동 역), 까치.

서관모. 1992, 「마르크스주의 계급이론의 현재성」, ≪이론≫ 제1권.

서울노동운동연구소. 1991, 『노동교육 실태보고서』.

송백규. 1992, 「기업문화가 경쟁우위의 원천」, 『기업문화 추진사례모음』, 문
　　　화부.

신과학연구회 편. 1988, 『신과학운동』, 범양사.

신병현. 1991, 「조직분석방법론 서설」, ≪현상과 인식≫ 15(4).

＿＿＿. 1993, 「이데올로기, 담론, 맑스주의」, ≪동향과 전망≫ 제19호(봄·여
　　　름 합본호), 백산.

＿＿＿. 1994, 「대형사고와 실천의 논리」, ≪문화과학≫ 겨울호.

신병현·김도근. 1993, 「자본의 합리화운동의 신경향: 기업문화전략을 중심으
　　　로」, ≪동향과 전망≫ 제20호(가을).

신유근. 1993, 『한국의 경영-그 현상과 전망』, 박영사.

신유근·한정화. 1989, 『한국기업의 사회참여활동』, 전경련 경사원.

신혜영. 1991, 「그람시의 계급의식론에 대한 일 연구」, 고려대 대학원 석사학
　　　위논문.

얀치, E. 1989, 『자기조직하는 우주』(홍동선 역), 범양사.

이미숙. 1983, 「현단계 민중교육에 대한 검토」, 한완상·허병섭 외 편, 『한국민중교육론』, 학민사.

이영희. 1993, 「일본의 생산체제와 작업조직」, ≪동향과 전망≫ 제19호(봄·여름 합본호), 백산.

이용주. 1992, 「루이 알튀세와 미셸 푸코의 지식이론에 관한 비교연구」, 서울대 대학원 석사학위논문.

이호창. 1995, 「자본의 유연화전략과 일본적 생산방식」, 서울노동정책연구소(준비모임), 『일본적 생산방식과 작업장체제』, 새길.

전경련. 1993, 『기업문화백서』

정명호. 1993, 「일본적 생산방식의 국내도입실태와 적합성」, ≪동향과 전망≫ 제19호(봄·여름 합본호), 백산.

정용현. 1992, 「한마음, 한가족, 신사고운동」, 『기업문화 추진사례 모음』, 문화부.

정우현. 1993, 「노동교육의 사회교육적 의의」, 『사회교육론』, 교육과학사.

최종태. 1991, 「전략 경영시대의 인적 자원관리 추진전략」, 『전략적 인적 자원관리혁신 세미나』, 생산성배가 민간추진위원회.

푸코, M. 1982, 「담화의 질서」(김화영 역), ≪세계의 문학≫ 7(1).

______. 1989, 『감시와 처벌』, 강원대출판부.

한국노동교육원. 1993, 『생산적 노동문화와 노동교육의 과제 학술세미나』.

한준상. 1993, 『산업인력자원개발』, 양서원.

A&AT. 1992, 「92 기업문화창달 발표, 대토론회 자료(4. 21~22)」.

H사. 1993. 3. 8, 『H사 신인사고과제도 개요』.

KMA그룹 경영혁신운동추진사무국. 1991, 『신경영혁신운동 추진 매뉴얼』.

______. 1992, 『경영혁신운동 추진 매뉴얼』.

S은행교육자료. 『신조직이론』.


Althusser, L. 1991, 「이데올로기와 이데올로기적 국가장치」, 김동수 역, 『아미앵에서의 주장』, 솔.

Apple, M. 1993, *Official Knowledge-Democratic Education in a Conservative Age,* Routledge.

______. 1989, "The Politics Common Sense: Schooling, Populism and the New Right," in H. Giroux & P. McLaren(ed.), *Critical Pedagogy, the State & Cultral Struggle,* The Univ. of N.Y. Press.

Aronowitz, S. & H. Giroux. 1991, *Postmodern Education-Politics, Culture & Social Criticism*, The Univ. of Minnesota Press.

Balibar, E. 1993a, 『역사유물론의 전화』(서관모 편), 민맥.

______. 1993b, 「동시대성」, 윤소영 편, 『알튀세르와 마르크스주의의 전화』, 《이론》.

Barley, S. R. & G. Kunda. 1992, "Design and Devotion: Surges of Rational and Normative Ideologies of Control in Managerial Discourse," *Administrative Science Quarterly* 37.

Bateson, G. 1990, 『정신과 자연』(박지동 역), 까치.

Bourdieu, P. 1990, *The Logic of Practice*, Stanford: Stanford Univ. Press.

Bratton, J. 1992, *Japanization at Work: Managerial Studies for the 1990s,* London: Macmillan.

Burawoy, M. 1985, *The Politics of Production*, London: Verso.

Burrell, G. & G. Morgan. 1980, *Sociological Paradigms and Organizational Analysis: Elements of the Sociology of Corporate Life*, London: Heinemann.

CCCS. 1980, *Culture, Mediea, Language-Workong Papers in Cultural Studies: 1972~79*, Hutchinson.

Child, J. 1985, "Managerial Strategies, New Technology and Labour Process," in D. Knight et al(eds.), *Job Redesign: Critical Perspectives on the Labour Process*, Aldershot: Gower.

Collinson, D. L. 1992, *Managing the Shopfloor: Subjectuvity, Masculinity and Workplace Culture*, Berlin: Walter de Gruyter.

Duleuze, G & F. Guattari. 1994, 『앙띠 외디푸스』, 민음사.

Duleuze. 1987, *A Thousand Plateaus: Capitalism and Schizophrenia*, trans. by B. Massumi, Minneapolis: Univ. of Minnesota Press.

Femia, J. V. 1985, 『국가, 계급, 헤게모니』(임영일 역), 풀빛.

Ferner, A. & R. Hyman(eds.). 1992, *Industrial Relations in the New Europe*, Cambridge: Basil Blackwell.

Fombrun, C. J. et al. 1984, *Strategic Human Resource Management*, N.Y.: John Wiley & Sons.

Freire, P. 1972, *Pedagogy of the Oppressed,* Penguin.

______. 1973, *Education for Critical Consciousness,* The Seabury

Press.

______. 1985, *The Politics of Education*, Bergin and Garvey Publishers.

Giroux, H. & P. McLaren(ed.). 1989, *Critical Pedagogy, the State, & Cultral Struggle*, The Univ. of N.Y. Press.

Giroux, H. 1992, *Border Crossings, Cultural workers & the politics of Education,* Routledge C. H. Inc.

Gramsci, A. 1971, *Selections from Political Writings*, trans. & ed. by Q. Hoare, N.Y: International Publisher, 이상훈 역, 1986, 『옥중수고1』, 거름

Grenier, G. J. 1988, *Inhuman Relations: Quality Circles and Anti-Unionism in American Industry*, Philadelphia: Temple Univ. Press.

Gruppi, L. 1986, 『그람시의 헤게모니론』(최광렬 역), 전예원.

Hall, S. 1988, "The Toad in the Garden: Thatcherism among the Theorists," in C. Nelson & L. Grossberg(eds.), *Marxism and the Interpretation of Culture*, The Univ. of Illinois Press.

Haraway, D. 1990, "A Manifesto for Cyborg," in L. Nicholson(ed.), *Feminism and Post-modernism*, N.Y.: Routledge.

Jürgens, U. 1989, "The Transfer of Japanese Management Concepts in the International Automobile Industry," in S. Wood (ed.), *The Transformation of Work?*, London: Unwin Hyman.

Kelly, J. 1988, *Trade Unions and Political Politics*, Verso.

Laclau, E. & C. Mouffe, 1990, 『사회변혁과 헤게모니』(김성기 외 역), 터.

Larrain, J. 1983, *Marxism & Ideology*, London: The Macmillan Press.

______. 1984, 『현대사회이론과 이데올로기』(한상진·심영희 역), 한울.

Lenin, I. 1988, 『무엇을 할 것인가』(김민호 역), 백두.

Littler, C. 1978, "Understanding Taylorism," *British Journal of Sociology* 29.

Mandel, E. 1989, 「레닌의 조직이론」, 박현우 외 편역, 『사회계급론』, 백산.

Mann, M. 1980, *Consciousness and Action among the Western Working Class*, The Macmillan.

Marx, K. & F. Engels, 1989, 『독일 이데올로기 I』(김대웅 역), 두레.

Morgan, Frost & Pondy. 1983, "Organizational Symbolism," *Mono-*

262

    *graphs in Organizational Behavior and Industrial Relations,* vol.1, JAI.

Morgan, G. 1986, *Images of Organization,* London: Sage, 오세철·박상언 역, 1990, 『조직사회학』, 현상과 인식사.

______. 1988, *Riding the Waves of Change: Developing Managerial Competencies,* Jossey-Bass Pub.

Mumby, D. K. 1988, *Communication & Power in Organizations: Discourse, Ideology and Domination,* Ablex Pub. Co.

Ouchi, W. 1980, "Markets, Bureaucracies and Clans," *Administrative science Quarterly,* vol.25.

Parker, M. & J. Slaughter. 1988, *Choosing Sides: Unions and the Team Concept,* Boston: South End Press.

Pecheux, M. 1982, *Language, Semantics and Ideology,* St. Martin's Press.

______. 1988, "Discourse: Structure or Event?" in C. Nelson & L. Grossberg(eds.), *Marxism and the Interpretation of Culture,* The Univ. of Illinois Press.

Perrow, C. 1986, *Complex Organization,* N.Y.: Random House.

Sarup, M. 1987, 『신교육사회학론』(한준상 역), 문음사, Marxism/Structuralism/Education.

Schein, E. 1968, "Management Development as a Processof Influence," *Behavioural Concepts in Management,* Dickinson Pub. Co.

Seltzer, M. 1992, *Bodies and Machines,* Routledge.

Senge, P. M. 1990, *The Fifth Discipline: The Art and Practice of the Learning Organization,* N.Y.: Doubleday Currency.

Sinclair, A. 1992, "The Tyranny of a Team Ideology," *Organization Studies* 13(14).

Smircich, L. 1983, "Studying Organization as Cultures," *Beyond Method,* Sage.

Storey, J.(ed.), 1989, *New Perspectives on Human Resource Management,* London: Routledge.

Thompson, P. & D. McHugh. 1990, *Work Organisations,* London: Macmillan.

Turner, L. 1991, *Democracy at Work: Changing World Markets and the Future of Labor Unions*, Ithaca: Cornell Univ. Press.
Wallerstein, I. 1990, "Culture as the Ideological Battleground of the Modern World System," in M. Featherstein(ed.), *Global Culture*, London: Sage.
Wallerstein, I. et al. 1995, 『반체제운동』(송철순·천지현 역), 창작과 비평사.
トータルメディア開發硏究所. 1985, 『ザ 企業文化』, ダイヤモンド社
京谷榮二. 1995, 「유연성이란 무엇인가─현대 일본의 노동과정」, 서울노동정책연구소(준비모임), 『일본적 생산방식과 작업장체제』, 새길.
谷本寬治. 1992, 「日本型企業システムにおける 勞動者の コミツトメント次元」, ≪經濟評論≫.
金田豊. 1991, 『職能給との たたかい』, 學習の友社
楠田丘. 1989, 『新時代の 賃金管理』, 日本生産性本部.
稻上毅. 1989, 『轉換期の勞動世界』, 有斐堂高文社
牧野富夫. 1991, 『日本的 勞使關係の變貌』, 大月書店.
米澤幸悅. 1993, 「女性の 賃金差別是正の たたかい」, 『勞動運動』.
三浦武盈. 1984, 『勞務戰略の 展開』, 森山書店.
小山陽一. 1988, 『巨大企業體制と 勞動者』.
日本能率協會 總合硏究所 編. 1991, 『CI戰略實務』(안정언 외 역), 올기업문화연구원.
佐護譽. 1992, 「日本の賃金管理」, 『勞務管理の日韓比較』, 有斐閣.
竹內裕. 1990, 『職能資格人事制度』, 同文館.
池川勝. 1992, 『職能賃金制度の設計』, 同文館.
態澤誠. 1992, 「二つの フレキシビリティ──日本的 經營にの アプローチ」, ≪季刊 窓≫ 12號
平尾武久. 1992, 「日本における勞務管理の 發展」, 『勞務管理の日韓比較』, 有斐閣.
向笠良一. 1969, 「現代合理化の 本質と その 特徵的 諸形態 の」.
戶塚秀夫·兵藤釗. 1991, 『勞使關係の 轉換と 選擇』, 日本評論社
丸山惠也. 1992, 1993a·b, 「日本的 生産システム と フレキシビリティ 1-6」, ≪經濟評論≫ 92. 8~93. 3.

■ 지은이 소개

신병현

1958년 충북 청원 출생. 1981년 연세대학교 경영학과 졸업. 1987년 연세대학교 대학원 경영학과에서 조직론으로 박사학위를 취득. 1984년부터 현재까지 홍익대학교 경영학과에서 조직론과 인사관리, 노사관계론 등을 강의. 90년대 초부터 노동조합기업경영분석연구상담소의 자문이사, 노동정책이론연구소의 연구위원 등의 활동을 통해 노동운동을 지원. 현재 한국산업노동학회 운영위원장, 서울문화이론연구소 운영위원, 문화이론전문지 ≪문화과학≫ 편집인.

주요 논문 「조직분석방법론 서설」, 「이데올로기, 담론, 맑스주의」, 「이데올로기와 주체형성」, 「자본합리화의 신경향」, 「대형사고와 실천논리」, 「신기술과 노동과정 통제」.

21세기를 향한 새로운 사회과학 ②

# 문화, 조직 그리고 관리

ⓒ 신병현, 1995

지은이／신병현
펴낸이／김종수
펴낸곳／도서출판 한울

편집책임／오현주
편집／최서영

초판 1쇄 인쇄／1995년 8월 25일
초판 1쇄 발행／1995년 9월  6일

주소／120-180 서울시 서대문구 창천동 503-24 휴암빌딩 201호
전화／326-0095(대표)
팩스／333-7543
등록／1980년 3월 13일, 제14-19호

Printed in Korea.
ISBN 89-460-2258-2 94330

값 10,000원

보내는사람

이름 ______________________________

주소 ______________________________

______________________________

□□□ - □□□

우편엽서

우편요금
수취인후납부담

발송유효기간
1994. 6. 20 ~1996. 6. 19

서울서대문우체국승인
제222호

# 도서출판 한울 앞

서울시 서대문구 창천동 503-24 휴암빌딩 201호
전화 (02) 326-0095(대표)
팩스 (02) 333-7543  Hitel no. hanul326

1 2 0 - 1 8 0

도서출판 한울의 책을 구입하신 독자 여러분께 먼저 감사의 말씀을 드립니다. 이 엽서는 독자 여러분을 '한울 독자회원'으로 모시고 신선한 고견을 듣기 위한 것입니다. 독자회원에게는 『한울 도서목록』을 보내드리며 최근의 도서정보를 알려드리니 정확한 주소를 써주십시오. 도서출판 한울은 독자 여러분과 함께 숨쉬는, 살아 있는 책을 만들고자 합니다.

▶ 구입하신 책의 제목은?

---

▶ 이 책을 구입하신 동기는?
□ 광고를 보고(                에 실린 광고)
□ 누군가의 권유로(                의 권유)
□ 신간안내나 서평을 보고(                에 실린 글)
□ 서점에서 눈에 띄어(제목/ 표지/ 내용/ 기타                )
□ 기타(                )

---

▶ 이 책을 구입하신 서점은?                에 있는                서점

---

▶ 이 책을 읽고 느끼신 점은?
■ 내용에서 □ 만족 □ 보통 □ 불만    ■ 제목에서 □ 만족 □ 보통 □ 불만
■ 표지에서 □ 만족 □ 보통 □ 불만    ■ 책값에서 □ 만족 □ 보통 □ 불만

---

▶ 그동안 구입하셨던 한울의 책 중 인상에 남는 것은?

---

▶ 도서출판 한울에서 출판했으면 하는 책의 내용이나 종류는?

---

■ 독자번호                ■ 생년월일        년    월    일생(만    세)
■ 성별  □ 남   □ 녀   ■ 학력
■ 직업                ■ 학생은        학교        과    학년
■ 결혼  □ 미혼  □ 기혼(자녀 □ 유 □ 무)
■ 구독하시는 신문이나 잡지
■ 관심을 갖고 있으신 분야
■ 최근에 감명깊게 읽으신 책